RPA
Robotic Process Automation
하이퍼오토메이션 플랫폼

RPA

Robotic Process Automation

하이퍼오토메이션 플랫폼

백승헌 지음

PlanB DESIGN 플랜비디자인

Contents

○ 아날로그 시대에서 디지털 시대로의 전환은 과연 언제 이루어졌나?

이 격변의 시대를 살아온 나조차도, 정확하게 그 경계가 언제인지는 잘 모르겠다.

1987년 친구의 PC를 처음 만져 본 날 인지, 1999년 MP3 플레이어를 처음 들은 날인지, 아니면 2008년 큰마음을 먹고 스마트폰을 산 바로 그 날인지, 나의 경험을 기준으로 봐도 경계가 모호하기는 마찬가지다. 사실 어느 순간 가늘게 시작된 나의 디지털 인생이 몇 번의 변곡점을 거쳐 지금까지 성장해 왔다고 보는게 맞을 것이다.

스마트폰을 경험한 날로부터 10년이 지난 2018년, 나의 인생에 전혀 새로운 차원의 디지털이 또 들어왔다. 당시에는 이름도 생소했던 RPA Robotic Process Automation 가 바로 그것이다.

그리 어렵거나 혁신적인 기술로 보이지도 않는 것이, 그 이전의 어느 경험에도 뒤지지 않는 충격과 흥분을 나에게 주었다. 나는 RPA로 인해 디지털 인력이 사무업무의 주체가 되는 세상이 빠르게 현실화 될 수도 있겠다는 기대감과 두려움을 가지게 되었다. 동시에 RPA를 둘러싼 주변 기술의 혁신은 RPA를 도와 그 시기를 앞당길 거라는 확신을 갖게 했다.

당시 나는 많은 기업들이 디지털 트랜스포메이션의 목표를 높게 세우고도, 제대로 된 성과를 내지 못하는 것에 실망하고 있었다.

성공하지 못한 기업들의 디지털 트랜스포메이션을 들여다 보면, '이런 저런 신기술에 많은 투자를 해서 중장기적으로 회사의 체질을 디지털화 하겠다.'는 대부분 그렇고 그런 아름다운 계획에 불과한 경우가 많았다. 그러다 보니 기업에 필수적인 혁신과는 상당히 멀어져 있었다. 가장 많이 등장하는 AI와 블록체인 등은 분명히 혁신적인 기술이지만 그들에게 당장 필요한 것도 아니고, 갖추고 있지 않다고 해서 바로 위협이 되지도 않았다. 이러한 신기술이 경쟁 우위의 요소는 될 수 있겠지만 생존에 필요한 기술은 아니었던 것이다.

바로 그 사이를 비집고 들어간 기술이 RPA이다. 빠르고, 쉬우며, 하지 않으면 안 된다는 메시지를 주면서 말이다. 급격하게 경제활동 인구가 줄어들고, 비대면 접촉이 일상화되며 업무처리의 물리적 경계가 무너지는 세상에 우리는 살고 있다. 누구도 피할 수 없는 이러한 도전을 극복하기 위해, RPA는 모든 기업들이 가져야 하는 보편적 기술로 자리를 잡아가고 있다. 아름다운 전략과 정교한 성과 실현이 아닌 나의 민생고를 해결해 줄 수 있는 기술이 절실한 바로 지금, 매우 시의적절하게 RPA가 등장한 것이다.

국내 RPA는 대형 금융기관 혹은 그룹사에 의해 시작 및 확산되었으며, 이제는 점점 더 많은 기업과 공공 기관들이 사용함으로써 그 저변이 확대되고 있다. 이렇듯 사회 전반에 RPA가 빠르게 스며들면, 스마트폰이 개인의 삶과 주변의 생태계를 바꿔 놓은 것처럼, 디지털 인력을 창조하는 RPA가 일하는 사람에 대한 정의와 비즈니스 생태계를 바꿔 놓을 수도 있을 것 같다.

그리고 멀지 않은 미래에 법이 정한 자연인과 법인에 디지털인이 추가되는 세상이 열리지 않을까? 라는 상상도 하게 한다.

○ 2018년 RPA 시장에 발을 들인 나를 국내 RPA 1세대로 보는 분들이 있다

그런 연유로, 나는 감사하게도 2년여의 짧은 경험을 가지고도, 다양한 장소에서 RPA를 소개하고 기업의 RPA 전략을 가이드하고 있다.

다행히, 나는 RPA를 접하기 전에 국내외 기업에서 전략, LEAN, HR, 마케팅, 영업, IT 등 다양한 경험을 했다. 이런 나의 경력은 비즈니스 영역의 신기술인 RPA를 설파하는 데 생생하게 도움이 된다. 그리고 RPA 솔루션 기업에 근무하면서 접하게 된 많은 국내외 고객들 사례 또한 RPA를 기반으로 한 나의 디지털 체력을 키우는 데 피가 되고 살이 되고 있다.

나의 복잡다단한 경력과 경험이 RPA와 연결되면 제법 쓸만하지만,

RPA는 나의 경험 그릇에 바로 담으면 안 되는 혁신이어야 한다고 매번 다짐을 한다. 그래서 어떤 강연이나 교육에서도 이전에 사용한 자료를 그대로 써 본 적이 없다. 어느 단체와 청중이든 당연히 그 자리에서 듣고 싶어 하는 내용이 다를 것이기 때문에, 그들에게 도움되는 최신의 정보를 알려드려야 한다는 부담감이 항상 내 마음속에 자리 잡고 있다.

○ 커져가는 RPA에 대한 시장의 관심이 나로 하여금 책을 쓰게 만들었다

기업과 공공, 그리고 학생들에게 이르기까지 RPA에 대한 관심은 실로 놀라울 만큼 빠르게 커지고 있다. 내가 그들의 궁금증을 개별 강연 혹은 교육으로 해소해 드리기에는 수요가 너무 많아졌다. 온라인 동영상으로도 해봤지만, 체계적인 전달을 하기가 어려웠다.

마침내, 더 많은 분들에게 조금이라도 빨리, 더 많은 내용을, 잘 전달할 수 있는 방법으론 책만 한 것이 없다는 결론에 이르렀고, 감히 저자가 되겠다는 생각을 하게 되었다.

나는 이 책을 통해 독자들이 RPA를 도입하고 전개함에 있어 참고할 만한 팁을 드리고, 나아가 RPA로 인해 바뀌게 될 세상을 상상하게 해드리고 싶다.

"그래 그럴 수도 있겠군. 음, 이건 나랑은 맞지 않지만, 도움은 되는군. 이건 미처 생각 못 했는데…"와 같이 자신의 방식으로 이해하고 내용 중 일부를 실무에 활용한다면, 저자로서 더 바랄 게 없겠다.

○ 이 책의 뒷부분에는 기업과 공공기관에 드리는 조언과 당부를 담았다

이미 RPA 1단계를 거친 기업이라면, 처음에 중요하게 고려했던 부분 중에서 혹시 빠진 것은 없는지 확인하고, 확산의 아이디어와 방향을 잡는 데 이 책을 참고하셨으면 한다.

RPA 초기 단계 기업이라면 체계적인 시작과 안정적인 토대를 만드는데 이 책이 소개하는 고객 사례와 RPA 주요 요소를 참조하시기 바란다.

아직 RPA를 도입하지 않은 기업이라면 이 책을 통해 긴장감을 느끼고 지금이라도 RPA를 적극 검토하는 하나의 계기가 되었으면 한다.

공공 업무의 RPA는 기업에 비해 상대적으로 늦게 시작했다. 정부 또는 공공 기관이 내부 업무의 효율을 넘어서 시민들에게 새로운 디지털 경험을 주기 위한 혁신 방안으로 RPA를 고려함에 있어서도 이 책이 조금이나마 도움이 되었으면 한다.

○ 끝으로, RPA가 바꿀 미래의 모습을 상상해 봤다

정확하게 이야기하면 RPA라기보다는 디지털 인력이 바꿀 세상에 대한 열 가지 상상이다. 두 인류 Human, Digital 가 어떻게 공존할지, 무엇을 두고 경쟁할지, 그리고 사회 시스템은 어떻게 바뀌어 나갈지에 대한 자유로운 상상을 해 봤으니 부담 없이 소설처럼 보시기 바란다.

◦ 이 책은 어떻게 보면 좋을까?

RPA가 빠르게 확산되고는 있지만 여전히 새로운 트랜드이다 보니 알려드리고 싶은 것이 많다. 하지만, 이 책이 담고 있는 너무 많은 양의 정보가 오히려 독자들에게 혼란을 드리지는 않을까 하는 우려가 있어, 가급적 여러 장과 파트로 잘게 구분해서 썼다.

소제목을 보고, 이 책에서 얻고자 하는 부분만 선택해서 읽어 보아도 된다. 이것은 저자로서 드리는 이 책을 읽는 팁이다. 물론 세세한 부분까지 읽고 업무에 활용하는 분이 있다면, 그리고 그런 분이 많아진다면, 그것은 이 책을 쓰면서 기대한 최고의 성과이자 보람이 될 것이다.

◦ 꼭 감사드리고 싶은 분들이 있다

이 책이 나오기까지 많은 영감을 주신 고객분들, RPA 시장을 같이 열어가고 있는 파트너 분들, 그리고 항상 힘이 되어준 동료 직원들에게 우선 감사한다.

또한, 학문적으로 나를 인도하고 성장케 해 주신 유창조 교수님께 특별히 감사드린다.

항상 나의 진로와 학습에 이정표가 되어 주신 아버님, 버팀목이자 응원군인 가족, 그리고 무엇보다 '내 삶의 동기 부여' 현명한 아내와 멋진 두 아들에게는 말로 표현하기 힘든 고마움을 느낀다.

Part 1

되풀이되는 역사, 그리고
중요해진 디지털 선택지

RPA

Robotic Process Automation

🔖 신기술은 기대감과 두려움을…

인류가 도입한 신기술의 역사를 아주 멀게 본다면 처음으로 도구를 활용해 무엇이든 자르고 다듬기 시작했던 시대가 있다. 그 다음으로는 정착을 가능하게 했던 농경 시대의 출현, 저장할 수 있는 빵을 만들기 위해 곡물을 빻고 발효시키는 기술을 발명했던 시대를 이야기할 수 있겠다. 이때까지는 생존의 기술을 개발하는 과정이었고, 다른 동물들과 구분되는 영장류의 삶을 만들어 가는 시기였다.

1차적인 문제가 해결되자, 인류는 스스로의 힘을 증강시키는 시기로 접어든다. 인류는 작은 힘으로 무거운 물건을 들어 올리고, 도구를 사용해 효율을 높이는 기술의 발전과 혁신의 과정을 가속화해 나갔다.

그리고 마침내 힘과 속도의 개념을 송두리째 바꾼 산업 혁명이 등장하니, 이 시대야말로 인류 기술 역사의 한 변곡점이라 봐야 하겠다. 인간의 한계를 뛰어넘은 기계적인 힘의 출현은 기술적 진화를 가속 성장의 커브로 진입시키기에 충분했다.

그런데 그 시대의 사람들에게 이러한 변혁이 과연 처음부터 축복이었을까?

사람들은 변혁으로 인해 세대간의 단절을 경험했을 것이고, 기술적 진화에 대한 두려움과 기대감을 동시에 가지게 되었을 것이다. 그래서 두려움을 느낀 사람들이 '러다이트 운동 _{기계파괴 운동} '으로 불안감을 표출한 것이다. 하지만, 이를 기대감으로 받아들이고, 기회로 삼아 사업화 한 신세대 _{당시의 기준으로 보면 기존 세대와는 다른 '기계적 마인드'를 가진 세대} 는 이후 세상을 리드하기 시작했다.

역사의 변곡점에는 이처럼 혁신을 체질적으로 받아들이는 새로운 세대의 출현이 있었던 것 같다. 그리고 그들은 이전 인종을 뛰어넘는 타고난 DNA를 후손들에게 물려준다.

이제 시점을 현재와 비교적 가까운 과거로 당겨 보면 어떨까?

무엇을 하기 위해 필요한 물건 그 자체의 발명보다는, 사람을 중심에 두고 삶의 방식을 바꾸는 기술의 혁신이 보이기 시작할 것이다.

일할 수 있는 시간을 24시간으로 늘려버린 전구의 발명, 상상도 못했던 속도로 바다를 넘어서 이동하는 비행기의 발명 등은 시간과 공간의 한계를 뛰어넘은 혁신이다.

더 나아가서, 얼굴도 보지 않은 상황에서 대화할 수 있는 전화기, 나의 목소리를 내가 다시 들을 수 있게 해 준 축음기의 발명은 그 이전에는 상상도 못 했던 것을 경험하게 했고, 사람들로 하여금 기술의 발전이 가져올 새로운 세상에 대한 기대감을 고조시켰을 것이다.

그리고 기계식 세탁기는 여성의 일상 노동을 기계적으로 대체한, 인류 역사상 가장 크게 삶의 방식을 바꾼 혁신 중의 하나로 등장했다.

더욱 가까운 과거에는 기술 혁신이 인간의 지능을 증강하는 것에 적용되기 시작했다.

1946년 2차 대전 직후에 발명된 애니악 컴퓨터는 인간의 몸이 아닌 머리를 건드린 혁신이었다. 그동안의 기술과는 결이 다른 발명품이며, 다시 산업 혁명의 시대가 그랬던 것처럼 사람들의 두려움과 기대감을 동시에 자극하기 시작했다.

새로운 기술에 대한 평가는 기존 기술과의 비교를 통해 이루어진다. 처음으로 전기가 나왔을 때도, 전기의 효과와 효율성 입증은 촛불 아래에서의 업무효과와의 비교를 통해 이루어졌을 것이다. 그런데 프로그래밍이 가능한 컴퓨터의 발견은 비교 대상이 좀 다르다. 단지, 비용적인 효과와 효율성을 따지기 전에, 사람이 하는 일과 비교도 할 수 없이 빠르게 계산을 처리하는 이 괴물을 사람 자체와 비교해야 하는 도전이 시작된 것이다.

이에 대한 논란이 극에 달한 것은 개인용 PC가 본격적으로 보급되기 시작한 1980년대이다.

🕶 어게인(Again) 1981

스티브 잡스는 1981년 한 인터뷰에서 "사람들이 컴퓨터에 의해 통제되는 위험이 일어날 것인지?"라는 질문을 받는다.

당시 미국에는 일천 가구당 한 대의 컴퓨터가 보급되어 있었고, 스티브 잡스는 5~6년 내에 열 가구당 한 대의 컴퓨터를 소유할 것이라 예측하였다. 스티브 잡스는 우선 이동의 에너지 효율의 측면에서 아무런 도구를 사용하지 않는 인간은 다른 동물에 비해 낮은 효율을 보이지만, 자전거를 탄 사람은 1위인 콘도르콘도르과에 속하는 맹금류 보다 두 배의 효율을 낸다는 예를 들면서, 기술이 사람의 고유 능력을 증폭시킬 수 있음을 설명했다. 그리고 자신이 만든 PC는 인간 지능의 일부를 증폭시킬 것이며, PC를 사용함으로써 사람들은 더 창의적인 일에 집중할 수 있을 것이라 주장하였다.

그리고는 기술 혁명을 아주 재미있게 다음과 같이 정의하였다.

"기술 혁명은 중앙 통제로부터 민주적이며 개인적인 환경으로 바뀌어 가는 과정이다. 그리고 그 기술을 개인이 감당할 수 있는 수준의 비용으로 사용하게 한다."

한편, 같이 출현한 던햄 기자는 반대편에서 "인간이 기술을 나쁜 쪽에도 쓸 수 있기 때문에, 컴퓨터가 충분히 개인의 프라이버시를 침해할 수 있다."고 주장했다.

스티브 잡스는 컴퓨터를 사용하기 시작한 고등학생과 초등학생들의 예를 들며, "오히려 더 많은 사람들이 컴퓨터를 이해하고 사용하게 되면 스스로 프라이버시 침해를 막을 수 있을 것이다."라는 답변을 하였다.

사회자는 "컴퓨터는 가치중립적인 도구이며, 결국 그것을 사용하는 사람들의 생각과 행동에 따라 이익이 될 수도 해가 될 수도 있다."라는 것으로 인터뷰를 마무리했다.

RPA를 두고 초기에 벌어진 기대감과 두려움의 논쟁은 PC를 두고 벌어진 1981년 상황의 데자뷰 같다. 소프트웨어 로봇이 가져올 수 있는 놀라운 편리함과, 그리고 그 이면에 있을 위험성의 대립이 바로 그것이다. 하지만 최근의 논란은 이 짧은 1981년 인터뷰를 보는 순간 "아… 역사는 이렇게 되풀이되는구나."라는 걸로 쉽게 정리가 될 수 있을 것 같다. 지금은 누구도 PC를 두렵다고 생각하지는 않기 때문이다.

인터뷰 중간에 스티브 잡스가 아래처럼 정의한 기술혁명의 민주화와 개인화는 참 마음에 와닿았다.

"누구나 감당할 수 있는 비용으로 쉽게 쓸 수 있는 것이 민주화된 기술이며, 더 많은 사람들이 쓰게 되면 자연스럽게 부작용이 줄어들 것이다."

지금의 신기술 논란에 적용해도 전혀 어색하지 않은, 그가 보여준 40여 년 전의 혜안에 그저 놀라울 따름이다.

순 직업 창출(Net Job Promoter)

RPA도입 초기에 기업들과 직원들은 비슷한 이야기를 한다.

"처음에는 사람의 업무를 보조하던 로봇이 점점 직원의 일을 가져가고, 결국 사람을 대체하지는 않을까?"

이러한 논란과 우려는 PC가 도입되는 시점에도 있었다.

하지만, Mckinsey Global Institute가 1970년부터 2015년까지 PC의 등장으로 인해 사라지거나 나타난 일자리 수를 확인해 본 결과, 새롭게 창출된 일자리는 1천9백2십만 개인데 반해 사라진 일자리 수는 3백5십 만개에 불과해, 순증으로 늘어난 일자리 수는 1천5백7십만 개로 미국 전체 일자리의 10%에 해당하는 것으로 나타났다

McKinsey Global Institute: Jobs lost, jobs gained: Workforce transitions in a time of automation, December 2017.

개인용 PC는 줄어든 직업보다 더 많은 직업을 만들어 낸 '순 직업 창출' 역할을 한 것이다.

물론 RPA가 활성화되면 분명히 줄어드는 일이 있을 것이다.

로봇이 수행하는 업무 시간이 늘어날수록, 사람의 업무 시간과 그 일을 하는 직원의 수는 더 크게 영향을 받게 될 것이다. 하지만 이는 새로운 기계를 도입하거나 시스템을 개발할 때 항상 벌어지는 일이다.

다만, 기계 도입과 시스템 개발은 수시로 벌어지거나 모든 사람에게 영향을 미치는 일은 아니라는 점에서 RPA와 다르다. RPA가 좀 더 관심을 받는 이유는 모든 기업과 개인이 사용할 수 있는 보편적 기술로 발전하고 있으며, 그 적용 속도가 너무 빠르기 때문이다.

사실 RPA가 확산되면서 다시 각광을 받는 기술과 신규로 요구되는 일자리가 의외로 많다.

OCR Optical Character Recognition , 챗봇, 프로세스 마이닝과 같이 연계된 기술이 발전함에 따라 이와 관련된 일자리가 늘고 있다. RPA 개발자 또는 RPA 아키텍트와 같은 기술 전문가와 프로세스 전문가 또는 RPA 전략 컨설턴트와 같은 비즈니스 전문가 수요도 늘고 있다.

회사 내부에서는 업무 전문가가 더 중요해질 것이고, 혁신부서의 역할이 커질 것이며, 디지털 교육부서의 업무가 늘어나고, RPA를 이용하는 새로운 부서가 생길 것이며, RPA 운영 인력이 더 많이 필요해질 것이다.

이런 연유로 PC가 그랬던 것처럼 RPA 역시 '순 직업 창출자'가 될 수 있을 거라는 확신이 든다.

🎓 생산성의 독설

이제 RPA의 등장 배경을 IT 기술의 발전과 그에 대한 생산성 향상의 기대감으로 설명해 보겠다.

2000년까지의 IT 기술 발전은 '단순화를 통한 획기적인 생산성의 향상'을 가져왔다.

로터스123과 엑셀 같은 스프레드시트는 그 자체가 혁신이었고, ERP는 기업의 일하는 방식을 기초부터 다시 쓰게 했다. 국내에서는 1995년부터 삼성전자와 삼성전관 지금은 삼성 SDI 을 필두로 전사적인 ERP가 도입되기 시작하였고, 이를 통해 기업들은 사무업무를 보다 빠르고 쉽게 처리하며 기존 업무를 디지털화 할 수 있었다.

하지만, 2000년 이후부터 등장하는 IT 신기술은 '복잡성을 해결하는 미래 지향적 업무 구현'을 제시하면서도, 이전의 IT 기술이 견인했던 수준의 생산성 혁신을 가져오지 못하고 있었다.

자연스럽게 기업들은 실질적인 효과를 빠르고 크게 제공하는 새로운 IT 기술에 대한 질문을 던졌고, 그에 대한 IT 기업들의 대응은 'AI', '클라우드 Cloud' 등을 소개하는 것으로 나타났다. 하지만, 기업들이 원했던 더 빠르고 확실한 생산성 향상에는 미치지 못했고, 그에 대한 답처럼 불쑥 등장한 것이 RPA이다. RPA는 디지털 인력을 제공함으로써 가장 현실적이고 빠른 생산성 향상을 창출하고 있다. 그리고 그 자신

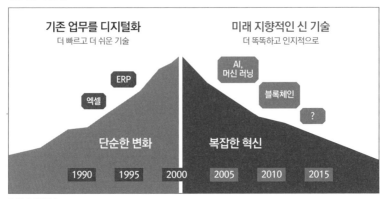

출처: 유아이패스

이 무게 중심이 되어 연결된 주변 기술의 혁신을 자극해 기업과 개인의 생산성 향상 속도를 가속화하고 있다.

🔸 절실해진 디지털 선택지

인구구조의 변화도 RPA를 견인하는 역할을 한다.

일본은 2010년 인구가 1.3억 정점에 도달하고, 그 이후 인구가 감소하고 있다. 우리나라도 2018년 마침내 인구 증가율이 1% 미만으로 떨어진 초 고령화 국가가 되었다.

그럼에도 불구하고 점점 더 복잡해지고 있는 환경을 헤쳐나가기 위해 직관과 통찰력을 발휘하는 인재 요구가 늘어나고 있다. 그럼 단순 반복적인 기초업무와 데이터 분류와 처리 등은 누가 할 것인가?

그래서 사람을 단순 반복 업무라는 민생고로부터 탈출시키고 창의적인 업무에 집중할 수 있도록 하는 기술이 필요하게 되었다. 더 나아가서는 아예 디지털 인력을 만들어 사람의 능력을 보완하고 증강시켜야 한다는 화두가 대두되었고, RPA는 그에 대응하듯 등장했다.

전통적으로 기업들은 위기 상황에 처하면, 인력을 감축하고 경비를 절감하는 방법을 통해 재무적 목표 위주의 전략을 펼치거나, 블루오션을 찾아 새로운 사업에 투자를 한다. 하지만, 전자는 직원의 사기를 떨어뜨릴 뿐만 아니라 장기적으로는 생산성을 악화시킬 수 있다. 후자의 경우는 성공률이 매우 낮으며 실패할 경우에 회사에 미치는 영향이 매우 클 수 있다.

2020년 세상을 강타한 코로나 바이러스는 아예 이러한 전통적인 접근 방법이 결코 통하지 않을 전혀 새로운 환경을 만들어 내고 있다. 그동안 소수의 기업 혹은 소수의 직장인들만 경험해보던 재택근무와

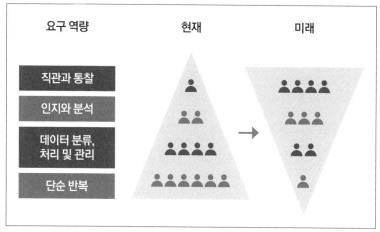

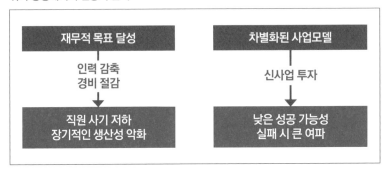

화상 회의 시스템이 너무 당연하게 우리 곁에 훅 다가왔다. 필요한 도입이어서, 그동안 우려했던 비인간적인 방식이라 폄하했던 주장을 쉽게 잠재우고 있다. 그리고 사용하면서 느끼는 불편함은 이렇게 바뀌어야 한다는 대세론에 밀려나고 있다.

이제 회사 일은 재택으로 가능하고, 고객을 줌이나 웨비나와 같은 화상 시스템으로도 만나고, 직접 만나지 않아도 처리할 수 있는 일은 그렇게 하는 것이 당연해진 세상이 펼쳐지고 있다.

이 상황을 수동적으로 받아들이는 곳도 있겠지만, 주도적이고 적극적인 곳은 새로운 시대를 이끌 디지털 전략 선택지를 제대로 만들 것이다. 주도적인 자들은 업무 방식의 변화를 보다 절실하게 받아들이고, 이전과는 차원이 다른 고도의 업무 효율을 추구할 것이다. 언택트 Untact 상황에서도 비즈니스가 중단되지 않도록 제대로 된 기술을 활용하면서 철저히 대비해 나갈 것이다.

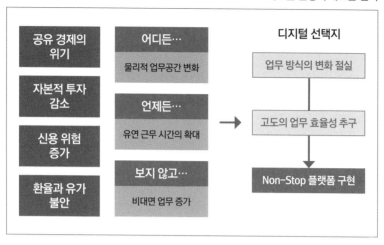

그래서 시스템이 아니고, 이를 지원하는 플랫폼을 구현할 것이고, 하이퍼오토메이션 업무의 처음부터 끝까지 자동화 을 디지털 선택지의 중심에 세울 것이다. 그래서 RPA는 더 적극적으로 활용되고, 다른 디지털 에코시스템의 중심에 서게 될 것이다.

🐉 큰 성공에는 'XXX 퍼스트(First)'가 있다

외부 환경의 도전이 왔을 때, 대증요법 수준의 전략을 펼치는 회사들이 단기적으로는 위기를 타개해 나갈 수 있겠지만, 중장기적으로 지속 가능한 모습을 이어 가기 어렵다. 기존의 방식과 기술을 고수하다가 사라지거나 그 존재감을 잃은 기업들 또한 많다. 굳이 예를 들지 않는다 하더라도 여러 기업 이름이 독자분들의 머리를 스쳐 지날 것이다.

지난 30여 년간 IT 기술은 빠른 속도로 진화하였다. 이러한 변화는 기업들의 사업 방향과 모습을 크게 바꿔 나가고 있다. 기업들이 워낙 빠르게 성장하고 쇠퇴하고 있기 때문에 성공한 기업들이라는 표현 대신에, 지금 시점을 딱 잘라서 잘나가는 기업들의 비결을 살펴보고자 한다.

시장에서 지배적인 위치를 가지는 기업들의 공통점은 어느 하나의 기술에 회사의 운영 기반을 올인 했다는 것이다. 그래서 'XXX 퍼스트'라는 테마이자 슬로건은 이들 회사의 이미지에 잘 매칭된다.

퍼스트는 무엇을 하든, 어떻게 하든, 언제 하든, 'XXX'을 가장 먼저 고려해야 하고, 'XXX'으로 할 수 있는 사업만 해 나가겠다는 전략이다.

1994년의 아마존은 '인터넷 퍼스트'를 했고, 2012년 마이크로소프트는 '클라우드 퍼스트'를 펼쳤다. 구글은 2012년 '모바일 퍼스트'를 주장했고, 2017년 이후 'AI 퍼스트'를 슬로건으로 하고 있다. 시점과 테마를 보면 "참 적절한 타이밍에 제대로 된 전략을 썼구나."라는 생각이 든다.

그런데 뒤집어 생각해 보면 이들의 이러한 전략이 오히려 해당 기술의 혁신적 발전에 견인차 역할을 한 것 같기도 하다. '선택과 집중' 그리고 이를 통한 '생태계 장악', 이후 '압도적 시장 지배력의 확보', 재미있고도 무서운 전략이다.

RPA에서의 '오토메이션 퍼스트 Automation First'는 유아이패스가 내건 슬로건이다. 회사의 모든 혁신에는 자동화를 우선적이자 기본으로 생각해야 하고, 자동화할 수 있는 것은 모두 자동화를 하자는 의미이다. 그러면서 유아이패스는 받아들이는 자 Adapter 가 될 것인지, 피하는 자 Avoider 가 될 것인지를 기업들에게 묻고 있다.

모든 회사에 적용될 수는 없겠지만, 시장의 지배력을 갖고자 하는 기업들에게 의미가 있는 화두임에는 분명해 보인다.

Part 2

RPA란 무엇인가?

RPA의 성장 : 과거와 현재, 그리고 미래

🎖️ 남다른 등장과 속도

2018년 하반기 여러 리서치 기관들이 RPA를 역사상 가장 빠르게 성장하는 기업용 소프트웨어로 소개했다. 그리고 2019년 딜로이트가 지난 3년간 미국에서 가장 빠르게 성장한 기술 기업을 발표했는데, 그중 RPA 솔루션 기업인 유아이패스는 무려 37,000%이상의 성장률로 1위를 해 이를 증명해 보였다.

물론 어디까지나 분모가 작으니 이런 성장 수치가 나왔다는 주장이 있을 수도 있다. 하지만, 2019년에도 RPA 벤더의 매출과 RPA 도입 기업의 수는 모두 2배 이상의 성장을 이루었다. 연간 라이선스 계약을 맺고 있는 RPA 특성상 물론, 영구 라이선스를 제공하는 RPA 벤더도 있다. 이러한 매출 증가 추세는 한동안 지속될 것으로 보인다.

RPA는 한 번의 구현으로 끝나는 것이 아니라, 초기 일부업무 자동화의 성공을 기반으로 전사 차원의 확산이 일어나는, 여러 프로젝트로 이루어진 일련의 프로그램이다. 그래서 고객 수의 증가와 기존 고객의 적용 확산은 RPA 시장을 더하기가 아니라 곱의 방정식으로 키우고 있는 것이다.

실제 RPA는 근사한 디지털 전략을 세웠던 기업들이 성과에 대해 조바심을 낼 때, 시의적절하게 등장했고, 빠르게 대세로 자리를 잡아가고 있다.

내가 RPA를 그룹사와 금융기관들에게 소개하기 시작한 2018년 여름에는 RPA가 무엇인지를 모르는 기업의 IT 및 혁신부서가 많았으며, 경영층이나 현업의 인지도는 현저히 낮았었다. 하지만, 2019년부터는 국내 그룹사와 금융기관에서 확연히 다른 분위기를 느낄 수 있었다. 글로벌 성공 사례에 자극을 받기도 했지만, 동종 산업 내 경쟁 기업의 RPA 도입과 확산은 기업들로 하여금 긴장감과 경쟁심을 불러 일으켰다. 이때부터 그룹의 핵심 계열사와 은행을 중심으로 RPA 목표를 높게 잡고 규모있게 추진하는 사례들이 나오기 시작했다.

2020년에 들어서는 국내 주요 그룹사의 주력 회사 및 은행에서 RPA를 도입하지 않은 곳이 없을 정도로 RPA는 빠르게 기업에 스며들고 있고, 모두가 알아야 하는 테마가 되어 가고 있다. 그래서 이제는 기업이 RPA를 통해 이룬 업무 효과를 공개하고 홍보하는 것이 생소하지 않다. 2020년 5월 단일 기업으로는 처음으로 KB국민은행이 RPA를 통해 1백만 시간 이상을 자동화로 전환했다는 것을 발표했다. 드디어 국내에도 글로벌 수준의 RPA 사례가 등장한 것이다.

◈ 초기 예측은?

2018년 RPA를 시작하면서, 당시에는 많지 않았던 보고서를 찾아서 읽어 봤다.

RPA는 파괴적 혁신 기술이고, 빠르게 성장할 것이며, 궁극적으로는 인지적 수준으로 발전해 나갈 것이라는 것이 초기 전망의 컨센서스였는데, 요약해 보면 다음의 4단계로 설명이 된다.

1단계 효율성이 낮은 응용프로그램 기반의 자동화 단계이다. 매크로 사용과 스크립트 방식의 초기 자동화가 이 모습이다. 아직 RPA라 부르기는 어렵다.

2단계 RPA의 출현으로 효율성이 획기적으로 가속화되는 단계이다. 이때의 자동화는 사람의 행동을 로봇이 그대로 따라 하는 직관적이고 쉬운 수준의 자동화이다. 단순 반복적이고 룰 기반의 후선 업무 자동화가 이 단계에서 주로 이루어진다.

3단계 3단계는 인지적(Cognitive) 기술이 RPA와 연계되는 Cognitive RPA 단계이다. 사람과 로봇이 협업을 하게 되며, 'AI + RPA'가 본격적으로 시작된다. 단순히 로봇이 AI 프로그램을 콜하고 그 수행 결과를 받아서 전달하는 단계로 시작해서, AI와 RPA가 융합되어 사용자가 하나의 인터페이스로 둘을 동시에 사용하는 것이 가능해지는 단계로의 발전이 일어난다.

4단계 4단계는 머신 러닝이 본격적으로 RPA와 연계되는 단계이다. 이 단계에서는 사람과 로봇의 커뮤니케이션이 중요하다. 80% 이상의 업무가 자동화의 효과를 보게 될 것이며, 사람의 학습 필요성은 점차 낮아지게 된다.

이러한 초기의 RPA 발전 단계 예측이 2019년까지는 어느 정도 유효했다.

하지만 2020년 이후, RPA 사용 기업들은 2단계와 3단계를 동시에 추진하기 시작했고, RPA 솔루션 기업들은 3단계와 4단계 기술의 동시 개발에 박차를 가하고 있다. 사실 RPA를 둘러싸고 있는 IT 에코시스템의 자가발전으로 인해 3단계와 4단계가 동시에 당겨지고 있기도 하다.

그래서 이 같은 단계의 구분이 지금은 크게 의미가 없는 것 같다.

🔖 확산의 모멘텀

RPA는 비교적 짧은 역사를 가지고 있다.

2000년대 중반에 RPA 기업들이 태동했지만, 2016년까지만 해도 소수의 사람들만 알았고 엑셀 매크로와도 구분을 잘 못해내는 그런 기술이었다. 디지털 트랜스포메이션 전략을 실현하는 하나의 툴로서 관심을 받기 시작한 것도 2017년부터라 할 수 있겠다.

긴 기다림의 시간을 보낸 RPA가 압력이 가득 차 마침내 터지기 시작한 것은 2018년부터이다. 단순한 기술로만 여겼던 RPA를 전사적으로 도입해 성과를 낸 기업이 일본에서 나왔기 때문이다. 이들은 RPA 효과를 입증했고, RPA 역사에 큰 획을 그은 선구자가 되었다.

그 대표적인 일본 기업이 금융 그룹인 SMFG Mitsui Smitomo Financial Group 와 광고회사인 덴쓰 Dentsu 이다.

이 둘의 RPA 전략과 목표 설정, 그리고 전개 방식은 매우 다르지만, 이들은 엔터프라이즈 RPA 적용 가능성을 시장에 각인시키기에 충분한 성과를 만들어 냈다.

SMFG는 생산성 최고의 금융기관이 되기 위한 경영 목표를 세웠고, 이를 가능케 할 수 있는 툴로 RPA를 선택했다. 매년 1백만 시간을 RPA를 통해 자동화하겠다는 야심찬 계획을 세웠고, 2017년 이후 3년간 목표를 달성해 나가면서 전 세계에 엔터프라이즈 RPA의 붐을 일으켰다. 1백만 시간은 500명의 연간 업무 시간을 합한 숫자인데, 자동화 업무에 영향을 받는 직원 수를 세어 보면 실제 500명의 열 배 이상이라고 했다. 매년 5,000명 혹은 10,000명이 넘는 직원이 RPA 도입후 자신의 업무가 바뀌는 경험을 하고 있으니, 실로 전사 차원의 큰 운동이라 할 수 있다.

덴쓰는 개별 직원들의 업무 시간 절감 정확하게는 야근 절감 과 업무 에러로 인한 스트레스를 줄이는 것이 매우 절실했던 상황을 겪었고, 이를가장 빠르게 개선할 수 있는 툴로써 RPA를 선택했다. 그래서 가장 빠르게 1,000여 대의 로봇을 도입해서 직원들로 하여금 각자의 업무에활용하게 했다. 이 회사는 로봇 인사부를 두고, 로봇에 이름을 짓는 등운영 차원에서 창의적인 시도를 해 다른 기업들에게 영감을 주기도했다.

이외에도 일본에서는 다양한 대규모 RPA 사례가 어느 나라보다 먼저 전개되었는데, 그 배경에는 인구의 감소, 최대 근무 시간 규제, 저성장 환경에서 돌파구 마련이라는 사회적 상황이 있었다. 이들은 반복적인 업무를 자동화하는 단순한 아이디어이자 기술인 RPA가 최초로 전사적으로 적용 가능한 솔루션이 될 수 있음을 입증했고, 이후 전 세계

RPA 시장의 성장에 큰 견인차 역할을 하였다.

🪨 블루칩이 되다

RPA 솔루션 기업의 수는 상당히 많고, 지금도 여전히 증가하고 있다.

하지만, RPA를 중심으로 일어나고 있는 돈의 흐름은 현재 RPA 시장을 리딩하고 있는 두 회사를 가지고 설명하면 되겠다. 기술 수준, 고객 기반, 그리고 제품 로드맵이라는 차원에서 유아이패스와 오토메이션애니웨어 이 두 회사는 명백히 선두 자리를 차지하고 있다.

유아이패스는 2005년 루마니아의 작은 아파트에서 '데스크오버 DeskOver'라는 이름의 벤처 기업으로 출발했다. 2012년 한 고객이 데스크오버 제품을 업무 자동화에 사용해 본 후 그 효과를 데스크오버에 보여주었는데, 이것이 데스크오버로 하여금 RPA 기업으로 전환케 하는 계기를 만들어 주었다. 회사는 2013년 마침내 데스크탑 자동화 솔루션을 소개하였고, 2015년 회사명을 지금의 유아이패스로 변경한 후 엔터프라이즈 RPA 솔루션을 내 놓았다. 현재 미국 뉴욕에 본사를 두고 있으며, 제품과 기술 연구소는 여러 국가에 두고 있다.

놀라운 것은 2017년 4월 기준 1.1억불에 불과하던 이 기업의 가치가 2018년 5월에는 10억 달러를 넘겨 유니콘 기업이 되었으며, 그림5 〈유아이패스 기업 가치 성장〉에서 보듯이 2019년 4월 기준으로는 70억 달러로 성장했고, 2020년 7월에는 100억달러의 가치를 지닌 데카콘기업이 되었다는 것이다. 유아이패스는 2019년 하반기에는

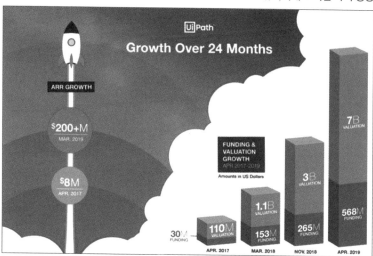

출처: 유아이패스

'프로세스골드'와 '스텝샷'이라는 두 기업을 인수해 사업 포트폴리오의 다양화 또한 추진하고 있다.

오토메이션애니웨어는 기업가치가 68억 달러로 유아이패스에 이어 2위를 차지하고 있다. 2018년 11월에 시리즈 A 펀딩으로 5.5억 달러를 2019년 11월 시리즈 B 펀딩으로 2.9억 달러를 유치한 바있다.

유아이패스의 투자자로 눈에 띄는 곳은 구글의 투자 회사인 'Capital G'이며, 오토메이션애니웨어의 주요 투자자로는 소프트뱅크인베스트먼드어드바이저와 세일즈포스벤처가 눈에 띈다.

유아이패스와 오토메이션애니웨어 둘 다 비상장 기업이기 때문에,

지금의 RPA 시장 성장성이 유지된다면, 기업 공개 이후에 상당한 가치의 기업이 될 수 있을 것으로 추정된다.

🔖 혁신 기술의 발전을 견인

국내 그룹 계열 금융사의 CIO Chief Information Officer 로 근무했던 2011년에 문서인식 기술을 검토한 적이 있다. 당시 등기부등본과 주민등록 등본의 내용을 읽어내고, 필요한 부분의 문자를 디지털화해서, 심사와 채권 회수 시스템에 활용하고자 했으나 기대했던 수준에 도달하지 못해서 도입하지는 않았다.

하지만, 기존 IT 시장에서 더디게 성장했던 이 기술이 RPA 확산과 연결되면서, 고객들의 관심을 다시 끌고 있다.

RPA와 연계해 가장 큰 관심을 받으면서 빠르게 성장하고 있는 영역을 말하라면, 단연 OCR Optical Character Recognition, 광학 문자 판독 을 꼽을 수 있다.

아직 한글과 같은 조합 문자의 인식을 하기에는 부족한 부분이 많지만, 사람이 편하게 읽을 수 있는 수준의 문서 해상도가 좋은 이미지 PDF 등 라면 상당한 수준에서 디지털 입력이 가능한 형태로 전환해 준다. 간혹, 100% 인식률을 주장하는 OCR 벤더가 있지만, 사실은 '표준화된 OO 문서의 XX부분은 100% 읽어 냅니다.'라는 것이 현실적이라고 보는 게 나을 것이다.

현재 OCR에 대한 기업들의 니즈는 상당하다. 그중 대표적인 것이 인보이스 데이터 자동 추출 및 인식이다. 공급자와 전자 문서 교환 EDI, Electronic Data Interchange 시스템을 구현하지 않은 모든 기업들은, 공급자로부터 수령한 비정형 인보이스의 내용을 다시 수작업으로 시스템에 입력하는 수고로움을 겪고 있다. 하지만, RPA와 OCR을 도입하게 되면, OCR은 인보이스를 읽어 내고, RPA는 ERP를 열어 읽어낸 문자를 시스템에 입력하며 주문번호를 생성하고, 지급 결의문을 작성한 후, 결과를 담당자에게 이메일로 통보하는 역할을 한다. 'RPA + OCR'을 적용하게 되면 생산성을 획기적으로 올릴 수 있기 때문에, 많은 기업들이 도입을 검토하고 있다.

OCR은 있는 문서 전체를 문자로 한 번에 읽어 내기도 하지만, 인텔리전트 OCR은 문서의 양식 Template 을 분류하여 추출하고자 하는 데이터 값이 있는 필드를 스스로 찾아서 읽어낸다. 머신 러닝 기반의 인텔리전트 OCR은 현재 RPA와 연계해 빠르게 발전하고 있다. RPA가 시장 저변을 확대해 주었고, OCR은 거기서 날개를 다는 모습이다.

유행처럼 도입했던 기업 내부 챗봇 또한 RPA를 통해 그 활용도를 높이고자 노력 중인데, 이 또한 기업 내부에 존재하는 기술의 적용 확대에 RPA가 시너지를 내는 대표적인 사례라 할 수 있다.

최근에는 프로세스 마이닝 이벤트 로그를 분석하여 의미 있는 정보를 찾아내는 기술 을 RPA와 연계해서 태스크 마이닝 솔루션을 개발하는 등 RPA는 다른 기술의 발전에 아이디어를 제공하고, 자극이 되며 성장의 발판이 되기도 한다.

🪨 에코시스템의 중심. 플랫폼이 되다

RPA는 참 부지런한 조수라고 하는 게 맞을 것 같다.

이 조수는 스스로 일의 종류와 업무처리 방식을 선택하지 않는다는 점에서 결코 나만큼 똑똑하지 않으며, 아직까지는 전적으로 내가 지시하는 업무만 수행한다.

하지만, 내가 해야 하는 일의 매뉴얼을 정확하게만 알려주면 학습을 하지 않고도 바로 따라 하며, 나보다 10배 이상 빠르고, 비교할 수 없을 정도로 정확하게 업무를 처리하는 기막힌 재주를 가지고 있다. 그리고 이 조수가 정말 훌륭한 것은 절대 이러니저러니 불평하지 않으며 24시간 동일한 에너지를 가지고 일을 해낸다는 것이다.

RPA는 기존 시스템에 대한 변경을 최소화하고 쉽게 연결해 기대했던 성과를 낸다. RPA의 장점은 바로 여기에 있다.

RPA는 중간에서 일을 던져주고, 받아주고, 그리고 일부는 스스로 처리하는 복합 역사와 같은 기능을 한다. 그래서 RPA는 인공지능이기보다는 플랫폼으로 정의하는 것이 더 명확하다.

지금의 RPA는 다양한 기술 제공회사와 새로운 생태계를 만들고 연결 및 확장해 나가고 있다. 일부 RPA 솔루션 기업들은 RPA 내부에 OCR과 대시보드를 포함해서 제공하기도 한다. 외부적으로는 ERP Enterprise Resource Planning, 전사적 자원 관리 , CRM Customer Relationship

Management, 고객 관계 관리 , **챗봇**, BPM Business Process Management, 비즈니스 프로세스 관리 , 가상화 솔루션, 마이닝 솔루션과도 연계하고 있다. 또한, 제품 로드맵으로 고객사가 개발한 AI 프로그램과도 직접 연동할 계획을 가지고 있다.

소프트웨어 회사들이 각각 포인트 솔루션을 제공하고 있다면, RPA는 각각의 솔루션들을 입력 Input 과 출력 Output 의 소스로 사용하며 사람들의 복잡한 업무를 디지털로 연결해 자동화하는 진정한 플랫폼의 역할을 하고 있다.

간단한 예를 들면, 챗봇을 통해 자동차 사고 접수를 하게 되면, 접수된 내용에 대한 내부 업무처리 예, 보험 계약자 정보 확인, 보험금 청구 접수 번호 생성 등 는 로봇이 수행하고, 사고 이미지를 통해 보험사고의 정도와 예상 보험금을 판단하는 역할은 AI가 하고, 로봇은 그 분석 결과를 내부 시스템에 입력하고, 다시 챗봇이 구동되어 고객에게 전달하는 자동화이다. 여기에는 챗봇, 내부 시스템, 이미지 인식 프로그램, 보험금 시뮬레이션 프로그램 등이 관여하는데, RPA는 전체 과정에서 연결고리가 되며, 구동자가 되고, 전달자가 되는 역할을 충실히 수행한다.

🦈 트렌드 크리에이터(Trend Creator)

컨설팅 회사인 KPMG가 2018년과 2019년에 기술 산업의 리더들을 대상으로 비즈니스 트랜스포메이션 Business Transformation 을 이끌어 가면서 장기적인 가치를 제공할 10대 기술에 대한 설문 조사를 하였다.

조사 결과, 2018년에는 사물 인터넷을 1위로 해서, AI, 인지컴퓨팅 Cognitive Computing , 무인 자동차, 가상현실 등이 그 뒤를 따랐었고, RPA 는 아홉 번째 중요한 기술로 선정되었다. 하지만, 2019년 같은 집단군 에 대해 동일한 설문을 실시한 결과, 2018년 9위였던 RPA가 2위로 급격히 부상했다. 2018년 7위였던 블록체인이 4위로 오른 점도 흥미 로운 결과이지만, RPA가 향후 이노베이션을 이끌어 갈 것이라는 것에 대한 리더들의 컨센서스가 일어나고 있는 것은, RPA의 짧은 역사에 비춰봤을 때 매우 놀라운 일이다. 더 나아가 답변자들은 RPA를 통해 사업성 개선을 의미하는 시장 점유율 향상을 기대하고 있었다.

2019년에는 가트너가 RPA 산업에 대한 공식적인 첫 분석 보고서 를 제출했다. 신생 기술이었던 RPA가 기업의 리더들에게 빠르게 각인 되고, 그 효과에 대한 기대감을 갖게 한 것이 가트너로 하여금 산업 리 포트를 작성하게 만든 것이다.

또한 2020년 가트너는 10대 전략적 기술 트렌드 보고서를 냈는데, 사람 중심 People Centric 기술 부분에서 하이퍼오토메이션 Hyperautomation 을 가장 우선순위에 두었다. 보고서 내에서 하이퍼오토메이션의 핵 심 기술로는 회사의 긴 업무 프로세스를 관리하는 iBPMSs Intelligent Business Process Management Suites 와 기존 시스템을 연결해 사용하는 RPA 를 들고 있다. 이 두 기술을 축으로 그동안 기업들이 진행한 단위업 무의 자동화는 프로세스 전 과정의 중단 없는 자동화로 진화할 것이 라 전망했다. 당연히 RPA와 연결될 수 있는 기술의 성장도 동반할 것이기 때문에, 2022년까지 RPA와 연계한 어플리케이션 시장은 매년 40% 성장할 것을 예측하였다.

🎓 성장에 가속도가 붙었다

RPA 시장에 대한 예측 보고서 혹은 전망 리포트는 다양하다. 그들을 보면, RPA는 빠르게 성장하고 있고, 이 성장은 상당기간 지속될 것이며, 새로운 기술과의 연계는 RPA 성장을 더욱 가속화할 것이라는 공감대가 형성되어 있는 것을 알 수 있다.

2018년 7월 컨설팅 회사인 EY는 2025년까지 사람에 의해 수행되는 업무의 45%가 자동화 기술에 의해 대체될 것이며 이로부터 창출되는 경제적 효과를 67억 달러로 예측했고, 2020년까지의 RPA 시장 성장률을 60.5%로 바라보았다.

그리고 RPA에 대한 분석 및 시장 리포트를 제공하는 HFS 리서치는 2018년 발표에서 2018년 RPA관련 시장은 17억 달러 규모이나, 2019년에는 23억 달러 규모로 확대되며, 2022년에는 43억 달러로 3년간 약 85% 성장할 것을 예상하였다. RPA 소프트웨어 자체 성장도 있지만, 관련 서비스 시장의 성장을 더욱 가파르게 예상했다.

하지만, 2019년 7월의 RPA 시장 예측은 2018년과는 확연히 다르다. 2018년 하반기부터 2019년 상반기까지의 RPA 적용 속도와 규모 성장이 실제 더 가팔랐던 것을 반영했다고 볼 수 있는데, Forrester는 2023년까지 RPA 관련 산업의 규모를 무려 120억 달러로 예측하고

있다. Forrester, Jul. 2019

　매년 시장 성장률에 대한 예측치의 기울기가 높아지고 있는 것은, 그만큼 RPA가 모든 산업과 더 많은 기업에 빠르게 스며들고 있으며, 조사할 때마다 수요가 기대 이상으로 커지고 있음을 말해주고 있다.

　2020년 가트너는 RPA 시장 성장을 더욱 견인할 추가 예측을 내 놓았다. 우선, 2022년까지 RPA를 중심으로 하는 자동화의 80%는 보완할 수 있는 기술 OCR, Process Mining 등 을 활용해 더 큰 가치를 만들어 낼 것이라 보았다. 그리고 2023년에는 50%이상의 RPA 개발 스크립트가 동적으로 생성될 것이며, 그동안 적용이 상대적으로 더디었던 RPA를 활용한 전방 업무의 자동화 영업 혹은 고객 경험 부분 또한 30%이상 크게 성장할 것으로 예측했다.

🔖 가속도에 가속도를 붙이는 사건

2020년 RPA는 더 가속화해야 하는 상황을 만났다.

　코로나19는 전통 산업은 물론이고 성장 가도를 달리고 있던 공유경제의 위기를 초래하고 있다. 하지만, 정작 더 큰 사건은 우리가 일하는 장소와 시간 그리고 방식의 개념 자체를 바꿔 놓고 있다는 것이다. 사람들은 재택근무를 해도 업무가 제대로 돌아가는 경험을 해보았고, 대면을 하지 않고도 높은 수준의 고객 서비스를 제공할 수도 있음을 알게 되었다.

　이 바이러스 사태의 끝이 나더라도 기업들이 다시 이전의 일하는 방식으로 돌아갈까? 오히려 이 예상하지 못한 상황이 가져온 변화를 일상으로 만드는 노력과 투자를 함으로써, 다음번에 다시 올지 모르는 위기에 대비하지 않을까?

그동안 좋게만 이야기했던 디지털 전환이라는 테마가 드디어 중요한 생존의 키워드가 되고 있다. 그리고 자동화는 더 가속화해야 하는 중요한 축이 되어가고 있다.

기업들의 업무 프로세스 개선은 더 절실해질 것이고, 이전과는 판이한 고도의 효율성을 추구할 것이다. 언택드 Untact 가 일상화되면서, 이 상황에서도 비즈니스의 중단이 없는 디지털 시스템과 업무 방식을 준비할 것이다.

이를 위해 다양한 디지털 기술이 사용될 것이고, 그 중앙에 RPA가 플랫폼으로 자리를 잡을 것이라는 것에는 의문을 가지기 어렵다. 직원들의 물리적인 유연 근무 재택 혹은 모바일 근무 로 인한 공백을 메우고, 증가하는 비대면 고객 업무의 처리에 디지털 인력을 사용하게 될 것이다.

자동화할 수 있는 것은 모두 자동화하는 기업이야말로, 비로소 새로운 시대를 대비하고 적응해서 경쟁력을 갖출 수 있을 것이다.

투자자들은 2020년 RPA 시장 또한 록다운 Lock Down 으로 인해 단기간에는 어느 정도 조정을 받겠지만, 이후 가장 크게 성장할 영역의 하나로 보고 있다. 관련해서 2020년 4월 그들이 주요 RPA 솔루션 기업에 대한 지분 인수에 관심을 보이고 있다는 것을 들은 바가 있다.

물론 RPA에만 집중하는 소규모 RPA 벤더 열 곳 중 아홉은 시장에서 떠나고, 그로 인해 산업의 표준화가 가속화될 것이라는 예측도 있다 가트너 10 December 2019, Predicts 2020: RPA Renaissance Driven by Morphing Offerings and Zeal for Operational Excellence .

기술적인 리더십과 성장 로드맵이 없는 RPA 솔루션은 향후 생존하기가 어려울 것으로 보이기 때문에, 전사 규모의 자동화를 계획하고 있는 기업이라면 RPA 솔루션 선택 시 다음 내용을 유의해야 하겠다. 다른 신기술을 빠르게 융합할 수 있는 개방성, 전사 적용을 지원하는 확장성, 개발과 변화 관리의 용이성, 운영의 안정성, 그리고 솔루션의 완성도 등을 충분히 고려해야 한다.

RPA 간단히 둘러보기

🔖 그럼 RPA는 뭐니?

RPA란 컴퓨터 소프트웨어 또는 '로봇'을 생성하여, 이들이 디지털 시스템을 활용하는 사람의 행동을 모방해 비즈니스 프로세스를 실행케 하는 기술이다. 로봇은 사람처럼 사용자 인터페이스를 사용하여 데이터를 캡처하고, 다양한 반복적인 작업을 수행하기 위해 다른 시스템들을 해석하고, 구동하며, 커뮤니케이션을 한다. RPA는 조직의 기존 IT인프라와 시스템을 변경하지 않고도 빠르고 쉽게 구현할 수 있다. 그리고 로봇은 사람과 달리 24시간 일을 할 수 있으며 실수를 하지 않는다.

설명을 하다 보니, 마치 내가 로봇처럼 RPA를 설명하고 있다는 생각이 든다.

소프트웨어 영역이라 쉽게 설명하는 것이 어렵지만, 다시 정리해 보면 다음과 같다.

RPA는 기존에 사람이 시스템 회사 내 업무 시스템도 있지만, ERP와 같은 상용 프로그램, 그리고 엑셀과 아웃룩 같은 오피스 프로그램도 포함한다. 을 사용하면서 처리하는 업무 프로세스를 대신 수행하는 소프트웨어이다. 프로그램을 실행하고, 아이디와 패스워드를 입력해 프로그램 혹은 사이트에 접속하고, 내가 가지고 있는 데이터를 입력하거나, 시스템에 있는 데이터를 내려받는 업무를 하고, 결과를 시스템에 저장을 하거나, 기다리고 있는 사람에게 보내는 일을 하는 소프트웨어 로봇이다.

시스템에 로그인	업무 시스템에 접속	파일과 폴더를 이동	계산
데이터를 읽고 씀	웹사이트로부터 데이터 추출	이메일의 첨부 문서 오픈	업무 양식, PDF, 이메일로부터 내용 추출

로봇은 내 PC에서 혹은 회사의 서버에서 지금까지 내가 했던 업무를 그대로 따라 하는 부지런한 비서라고 생각하면 된다. 하지만, 부지런하기는 하지만, 아직 똑똑한 비서는 아니라 내가 시킨 일만 열심히 한다. 잘 하는 일을 시키면 나보다 10배 혹은 그 이상 빠르게 처리를 하는데, 시키지 않은 일이 들어오면 어떻게 처리할지 몰라서 그 자리에서 멈춰 버리기도 한다.

그러다 보니, 로봇에게 일을 시키려면 어떤 일을 언제 어떻게 하는지 미리 업무 지시가 정교하게 정리되어 있어야 한다. 그리고 로봇은 나처럼 똑똑하지 않기 때문에 일을 하고 있는지, 아니면 하다 말고 멈춰 있는지 잘 감시해야 한다.

아직 로봇은 어른의 손이 많이 가는 슈퍼 베이비이다.

지금의 로봇은 스스로 지능을 올릴 수 없기 때문에, 로봇을 보조해 주는 똑똑한 기술들이 주위에 붙고 있다. OCR, 챗봇, 머신 러닝, 마이닝 기술들이 장착되고 연결되면서, 힘이 세고 날렵하기만 했던 로봇이 스마트해지고 있다. 그래서 RPA는 툴이면서 솔루션이고, 솔루션이면서 플랫폼이다. RPA는 기술 네트워크의 중심에 있으면서, 다른 기술들이 상호 작용을 할 수 있게끔 연결하는 플랫폼 역할을 한다.

RPA를 철도역과 열차로 생각하고 정리해 보면 이해가 쉬울 것 같다.

RPA는 철도역처럼 오는 기차로부터 신호를 받고 접근을 통제하고, 열차가 정해진 시간에 출발할 수 있도록 신호를 보내고, 그 안에 있는 사람이라는 컨텐츠이자 데이터가 오류 없이 내리고 탈 수 있도록 프로세스를 수행한다.

그리고 플랫폼에 접근하는 다양한 교통수단 버스, 지하철, 택시 인 외부 어플리케이션이 잘 오고 갈 수 있도록 연결 경로를 터주기도 하고, 테러리스트가 오면 안 되기 때문에 접근 규칙에 따른 통제도 한다. 철도역은 사용자가 많기 때문에, 그들이 내는 새로운 프로세스 아이디어를 항상 접수하고, 보관하고, 적용하는 관리자 역할이 필요하다.

플랫폼이 감당하기 어려운 수준으로 교통량이 많아지거나, 이용자가 많아지면 플랫폼 자체를 확장할 필요가 있다. 확장은 수직으로 증축하는 방법이 있으며, 부지를 넓혀 횡적으로 확대하는 방법이 있을 것이다. 전자가 회사 주도형의 빠른 RPA 전개라면, 후자는 직원 참여형으로 더 많은 RPA 개발자와 사용자를 양성해 추진하는 점진적 확대라 할 수 있다.

또한, 플랫폼이 확장될수록 운영이 효과적으로 되고 있는지를 판단하는 기준과 실제 모니터링을 위한 현황판 대시보드 이 필요하다. 이 현황판은 경영층이 봐야 하고, 기차를 운영하는 팀이 봐야 하며, 기관사와 때로는 승객도 봐야 한다.

마지막으로는 경로를 찾고, 기차표를 사고, 이동을 추적하고, 경험을 공유할 수 있는 고객 중심의 웹사이트 포털 가 필요하게 된다.

🪁 RPA와 닮은 것이 있다

RPA는 다른 기술과 어떻게 다른지에 대한 문의를 많이 받고 있다.

매크로와는 어떻게 다른지, RPA가 AI인지, RPA가 있으면 BPM은 필요가 없는지, 테스트 자동화와 RPA는 어떻게 다른지 등…. 그 범위도 넓고 깊이도 다르다.

때로는 이러한 질문이 RPA에 대한 본질적인 질문으로도 확장되기도 한다.

지금의 RPA는 어느 정도 똑똑한 단계에 와 있으며, 앞으로의 지향점은 무엇인지, 그리고 RPA가 바꿀 미래의 비즈니스 세상은 어떻게 될 것인지 와 같은 거창한 질문을 받기도 한다.

사실 당황스러운 질문이다. 왜냐하면 아직 이런 질문에 답변할 수 있을 만큼 성숙되지 않은 시장이기도 하고, 정작 RPA 포지셔닝 자체도 계속 진화하고 있기 때문이다.

하지만, 어디까지나 상상은 즐거운 것이니까, 나름 내 상상의 주머

니에서 빼내 공유하기도 한다.

　여기서 그중 많이 받는 질문인 스마트오피스와는 어떻게 비교되는지, LEAN과는 어떤 공통점을 가지고 있는지 이는 RPA가 비즈니스 프로세스와 가장 연결되어 있는 기술이기 때문이다. , 그리고 시스템 개발과는 어떻게 구분되는지에 대해 간단히 정리해 보겠다.

🔷 스마트 오피스

스마트 팩토리와 스마트 오피스가 새로운 개념은 아니다. 이미 많은 공장에서 사람의 역할을 대신하고 있는 물리적 로봇들이 있고, 새로운 업무의 장이라고 할 수 있는 스마트 오피스는 소통과 협업의 방식을 상당히 바꿔 놓고 있다.

　특히 스마트 오피스는 사용자별로 맞춤 업무 환경을 제공하는 개인

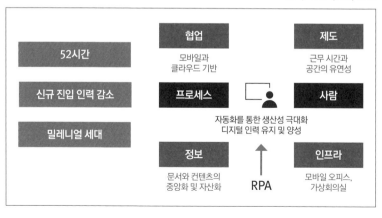

화 차원으로 전개되기도 하고, 단일화된 컨텐츠를 제공하는 허브를 구축해 누구나 회사 내 모든 자원을 사용할 수 있는 자산화의 과정을 가속시키기도 한다.

하지만, 새로운 소통의 기술이 급속도로 발전하고 있음에도 불구하고, 여전히 많은 사무직의 업무는 인적 네트워크에 기반한 직접 소통을 중심으로 이루어지고 있다. 프로세스 또한 사람에 대한 의존도가 높으며, 단순 반복적인 업무에 많은 시간을 사용하고 있는 부조화가 존재한다. 인프라적인 모빌리티를 확산해 나가고는 있지만, 일하는 방식에 대한 혁신적인 변화에 대한 의사 결정은 여전히 더딘 감이 있다.

스마트 오피스를 필요 요소와 지원하는 기술의 관점에서 보면 협업 모바일과 클라우드 기반의 소통, 제도 근무 시간과 공간의 유연성 제공, 정보 문서와 컨텐츠의 중앙화 및 자산화, 인프라 모바일 오피스 및 가상회의실 구현 의 축으로 설명할 수 있다.

하지만 한 발짝 더 나아가 스마트워커의 시대로 가기 위해서는 프로세스 자동화를 통한 생산성과 업무 효율성을 극대화 와 사람 디지털 인력의 유지와 양성 중심의 혁신이 일어나야 한다.

RPA는 그런 면에서 혁신적 사고의 도입을 가속화할 수 있다. 왜냐하면, 큰 투자를 하지 않고 도입해 볼 수 있고, 전사적인 적용에 앞서 가볍게 그 효과를 증명해 볼 수 있는 구조 또한 가지고 있기 때문이다. 기존 시스템을 건드리지 않고, 이들을 활용하는 플랫폼 기술이라는 측면에서 IT 부서와 경영층은 어렵지 않게 파일럿 의사 결정을 할 수 있다.

RPA는 디지털 중심의 프로세스 자동화를 실제 구현함으로써 스마트 오피스의 진일보한 모습을 만들어 낼 수 있을 것이다.

♨ LEAN

혹시 TPS Toyota Production System 혹은 LEAN에 대한 경험이 있는 분들이라면, RPA를 처음 접하더라도 프로세스를 분석하고 그중에서 자동화 과제를 찾아내는 것이 그다지 어렵지 않았을 것이다.

LEAN 프로젝트는 우선 기존의 프로세스를 각 스텝 별로 자세하게 구분하고, 각 스텝 업무의 처리 시간 그리고 스텝과 스텝 간의 기다리는 시간을 모두 산정한다. 그리고 그 업무를 하는 부서 혹은 사람까지 포함하는 프로세스 맵 Value Stream Map 을 만든다. 이는 자동화 과제에 대한 As-Is 분석과 To-Be 모델을 문서화하는 RPA PDD Process Definition Document 와 개념상 유사하다.

이후 LEAN 프로젝트는 '액션 워크아웃 Action Workout '이라는 워크숍을 통해 중복되는 스텝의 통합과 필요가 없는 스텝을 없애는 즉각 조치를 취한다. 액션 워크아웃 기간 동안 해결되지 못한 추가 개선안은 이후 시스템 개발 혹은 정책적 의사 결정을 통해 적용되는 과정을 거친다.

LEAN은 프로세스 개선이 추후 자동화라는 과정을 거치지 않고도 이루어질 수 있다는 점에서 RPA와 비교될 수 있다.

하지만 RPA 도입 이전에 전사적인 규모의 프로세스 혁신을 하지 않더라도, 대상 업무에 대한 LEAN을 하게 되면 상당히 정제된 프로세스가 자동화 대상이 될 수 있다. LEAN이 RPA의 보완재로서 효과 향상에 크게 기여할 수 있는 방법임에는 의문이 없다.

사실 RPA 프로젝트 중간에 효과적인 자동화를 위해 간단한 프로세스 개선을 하는 경우도 있는데, 기업들이 LEAN이라고 부르지 않을 뿐이지 실제 내용상으로 LEAN을 수행하고 있는 것이다.

🎴 시스템 개발

RPA 과제 발굴에 대한 설명을 현업 혹은 IT부서에 계신 분들 대상으로 진행하다 보면 우리 회사는 시스템이 이미 구현이 되어 있어서 어떤 부분을 자동화해야 할지 잘 모르겠다는 이야기를 듣게 된다. 물론 틀린 말이 아닐 수도 있다. 하지만, RPA는 직원들이 사용하는 시스템이기보다는 사람의 개입을 최소화해서 시스템을 사용하는 것을 목적으로 하기 때문에 아무리 좋은 시스템을 가지고 있더라도 RPA 적용 가능성이 전혀 없는 경우를 찾기는 쉽지 않다.

RPA와 시스템 구현 중 어떤 선택을 어떻게 하면 좋을지에 대한 가이드를 원한다면 아래의 그림과 같다.

RPA를 적용하기에 앞서, RPA 적용 대상 업무가 룰 기반의 업무가 아니거나, Input 데이터의 표준화가 되어 있지 않거나, 많은 예

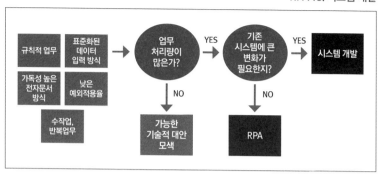

외 상황이 발생하는 업무라면 프로세스의 개선이 우선되어야 할 것이다.

이러한 기준을 통과하더라도 수작업의 범위가 너무 넓어 RPA만을 통한 효과를 기대하기 어려울 경우에는 시스템 구현이 우선될 수 있다. 예를 들어 ERP시스템이 있어야 감당할 수 있는 업무라면 RPA 도입 이전에 ERP의 도입이 우선되어야 할 수도 있는 것이다.

결국, 안정적인 프로세스가 정립되어 있음에도 불구하고 단순 반복적인 룰 기반의 업무가 많고, 기존 시스템을 활용해야 한다면, RPA가 적합한 선택이 될 수 있다.

🔖 RPA 구성과 역할

이제 RPA 솔루션 구조를 소개해 보겠다.

RPA 솔루션은 프로세스를 디자인 RPA는 코딩이라 하지 않고 워크플로우를 구성하기 때문에 디자인이라는 표현을 쓴다 하는 개발자 툴, 실행하는 로봇, 그리고 로봇을 스케줄링하고 관리하는 서버 프로그램으로 구성되어 있다.

이는 RPA 솔루션의 공통적인 구조이기도 해서, 세부 설명은 RPA 선도 기업인 유아이패스 제품을 기준으로 설명해 보겠다.

유아이패스는 스튜디오라는 디자인 툴, 서버 프로그램인 오케스트레이터, 그리고 두 종류의 로봇을 가지고 있다.

우선 스튜디오는 프로세스를 자동화할 수 있도록 자동화 워크플로우를 시각적으로 설계하는 공간이다. 설계의 영역에는 스크린 캡처, 자동화 녹화, 이미 개발된 자동화를 가져와 사용하는 기능들이 있다. 스크립트 기반으로 하는 RPA 솔루션 벤더의 디자인 툴도 있지만, 유아이패스는 워크플로우 방식의 '인 앤 아웃' 구조로 비주얼한 로직을 설계하고, '드래그 앤 드롭' 방식으로 코딩하지 않고 자동화 워크플로

09 RPA 제품구조

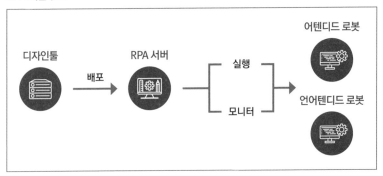

출처: 유아이패스

우를 생성하기도 하며, 사람이 수행하는 프로세스를 리코딩해서 자동으로 워크플로우를 생성하기도 한다. PC 상에서 사람이 하는 업무를 미리 정의해둔 액티비티가 있어 개발자가 손쉽게 '드래그 앤 드롭'해 사용할 수도 있다.

오케스트레이터는 커맨드 센터 역할을 하는 브라우즈 기반의 프로그램이다. 역할을 살펴보면, 로봇의 작업을 지시하고, 작업 현황을 모니터링하며 로봇 수행 일정을 스케줄링하고, 로봇의 업무 로드를 밸런스해 분산 처리하며 수행 업무 큐 Queue 를 생성하고, 로봇 라이선스를 관리하며 중앙 집중형 로봇 관리 대시보드를 제공한다.

로봇은 워크플로우에 의해 정의된 업무를 사람이 하는 것처럼 수행하는 프로그램이다. 어플리케이션에 로그인하고, 파일과 폴더를 이동하며 데이터를 복사해서 붙여 넣고, 양식을 작성하며 문서에서 구조화된 데이터와 준 구조화된 데이터를 추출하고, 데이터베이스를 읽고 쓰며 이메일과 첨부 파일을 열고, 웹브라우저를 스크롤하는 등의 작업을 한다.

로봇에는 어텐디드 Attended 로봇과 언어텐디드 Unattended 로봇이 있다.

어텐디드 로봇은 사람에 의해 구동되며, 로봇 구동 프로세스의 시행 여부에 사람의 판단이 요구되는 경우에 적용된다. 직접 일을 하는 사람의 조력자가 되어 직원의 업무 효율을 극대화하는 것에 사용된다.

언어텐디드 로봇은 사람의 관여가 필요하지 않은 업무의 자동화에 사용된다. 오케스트레이트가 미리 정의한 스케줄에 따라 사람의 개입 없이 작동되는 자동화이니 24시간 가동이 가능하다. 다양한 백오피스 업무에 활용되며 생산성 극대화에 기여한다.

RPA는 여정(Journey)이다

🎴 오해와 실상

조금 진부한 이야기가 될 수 있지만, RPA 여정을 이야기하기에 앞서 RPA에 대한 막연한 오해와 우려를 먼저 짚어 보고 갈까 한다.

도입 초기 기업들의 오해와 실상에 대해 정리해 본다면 다음과 같다.

1 RPA는 비용 절감만을 목적에 두고 도입한다

비용 절감이라는 것이 결과적으로 나타나기는 하지만, RPA 성공 기업들의 사례를 보면, 의외로 전략적인 인력의 재배치, 운영의 효율, 사무직의 혁신 등 자신들의 상황에 맞는 목표가 우선인 것을 알 수 있다.

2 로봇이 사람의 일을 가져갈 것이다

사실 RPA는 사람을 줄이는 것보다는 사람들의 업무를 더 효과적이고 효율적으로 개선하는 것에 활용되고 있다. 물론, 단순 반복 업무 영역만을 놓고 본다면 RPA 도입으로 인해 추가 고용 니즈가 줄어들 수도 있지만, 기업들은 그 만큼 직원들을 더 난이도가 있거나 가치가 있는 업무에 배치하게 될 것이다. 사람의 역할은 로봇과 업무 경쟁을 하는 것이 아니라, 로봇을 잘 활용할 수 있는 아이디어를 내고, 실제 잘 활용하는 것이 될 것이라 본다. 이 책의 서두에서 이야기한 개인용 PC 사례처럼, 더 많이 보급될수록 사람들은 자연스럽게 이 새로운 툴을 가지고 더 창의적이고 개인적인 일을 해 나갈 것이다.

| 3 | 로봇은 일을 완벽하게 처리하고, 어떤 에러도 만들지 않을 것이다 |

로봇 외부 환경의 변화(업무 프로세스의 변화, 내부 혹은 외부 접속 시스템의 변경 등)가 없는 이상적인 상황이라면 그럴 수 있다. 하지만, 변화는 크건 작건 로봇의 업무 수행에 영향을 미치기 때문에, 사용자 입장에서의 에러(로봇을 사용하지 못하거나, 업무 수행을 제대로 못하는 경우)는 언제든 발생할 수 있다. 실제 RPA를 적용하는 초기에는 잘해도 5~10%의 로봇 업무 중단이 발생하기도 한다. 개발의 오류가 있는 경우도 있지만, 대부분의 경우는 개발 혹은 사용자 테스트 단계에서 업무 처리의 예외 사항을 간과했거나, 실제 사용 이후에 외부 환경의 변화가 예고 없이 발생했을 경우이다. 그래서 로봇 운영 및 변화 관리 체계와 조직이 필요하게 된다.

| 4 | 로봇은 사람처럼 일할 것이다 |

아직 로봇은 사람처럼 생각하는 것이 아니라 사람처럼 행동한다. RPA가 인지 기반의 머신 러닝과 연결해 사용될 경우에는 마치 생각을 하는 것처럼 보일 수도 있지만, 실제 로봇이 사람처럼 생각하는 것은 아니다. 물론, AI와 RPA의 연동이 가속도를 내며 발전해 나가고 있기 때문에, 로봇이 사람처럼 생각을 하고 일을 하는, 실제 그렇게 보이는 시점이 보다 빠르게 다가올 것이다.

🐾 기대감은 이렇다

이제는 RPA 도입을 결정하는 시점에 기업들이 갖는 공통적인 기대감을 정리해 보겠다. 일반적으로는 이러한 기대감으로 RPA를 시작하게 되고, 파일럿 혹은 도입 단계에서 각자의 상황에 맞는 구체화된 목표를 세우게 된다.

1 생산성을 향상시킬 것이다

단순 반복적인 업무를 로봇에게 넘김으로써 전사 차원의 노동 절감 시간을 확보하는 것이다. 로봇은 사람과 달리 24시간 일을 하며, 지시된 업무를 비교도 안 되게 빠른 속도로 처리하기 때문에 생각보다 큰 여유 시간을 확보할 수도 있다. 회사는 직원을 보다 가치가 있는 업무로 재배치할 수 있으며, 그 결과 새로운 조직 구조에서 새로운 사업적 성과를 만들어 낼 수도 있다.

2 업무 정확도를 제고한다

RPA 관련 정확도는 업무 에러를 줄이는 질적인 차원과 적시에 해야 하는 업무를 누락시키지 않는 시간적 차원으로 정의할 수 있다. 전자는 당연한 자동화의 결과일 것이고, 후자는 회사 내부 통제는 물론이고 감독기관에 적시에 제공해야 하는 보고를 빠트리지 않음으로써 규제 위반과 평판 위험으로부터 회사를 보호하는 자동화이다.

3 직원 개개인의 통상 근무시간을 절감한다

직원 개개인의 일상 업무 시간에서 단순 반복적 업무 부담을 덜어냄으로써 표면적으로는 야근 부담을 경감시킬 수 있다. 나아가서는 직원들의 업무 만족도를 제고하는 것은 물론이고 여유 시간을 갖게 된 직원들이 자발적으로 창의적인 아이디어를 낼 수 있는 문화를 조성할 수 있다.

4 빠르고 확실한 ROI(Return On Investment)를 시현한다

RPA는 기존 회사의 시스템을 건드리지 않거나, 최소한의 수정만으로 구현할

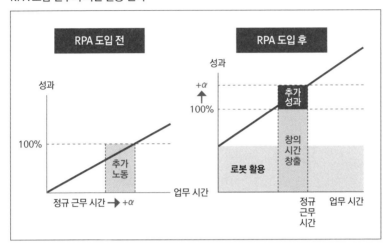

수 있다는 장점을 가지고 있다. 그리고 각 과제의 자동화 개발도 짧게는 며칠에서 길게는 3~4주면 완성하기 때문에 과제 구현에 적은 시간과 비용이 투입된다. 1)과제 발굴, 2)문서 작성, 3)개발, 4)인프라, 5)RPA 라이선스, 6)운영 및 유지 보수 등에 든 비용을 다 합쳐도 통상 RPA를 도입하는 기업들은 1년 내 기대했던 ROI를 시현한다. 3~5년의 기간을 두고 투자비용을 회수하는 대형 IT 프로젝트와는 크게 비교되는 ROI이다. 물론, RPA가 너무 작은 영역에 적용되고 단위 업무의 양이 많지 않을 경우에는, 효과 대비 운영 및 유지 보수 비용이 과다하여 원하는 ROI를 달성하지 못할 수도 있다. 그래서 RPA 또한 다른 투자처럼 어느 정도는 규모의 경제가 필요하다.

5   **디지털 트랜스포메이션을 가능케 하는 솔루션이 될 것이다**

기업들이 가지고 있는 디지털 트랜스포메이션 전략은 대부분 거창하지만, 가시적인 효과를 창출하는 영역을 만들기가 쉽지 않다. 그래서 다소 선언적인 디지털 트랜스포메이션 프레임 안에서 RPA는 빠르게 가시적인 성과를 보여주는 툴로서 자리를 잡아가고 있다. 직원들이 성과를 바로 체험해 볼 수 있기 때문에 쉬운 공통 언어가 될 수 있고, 그로 인해 디지털 문화를 기업 내에 정착시키는 툴이면서 플랫폼이 될 수 있다.

6 직원들의 디지털 역량을 올릴 것이다

기존 IT 시스템에서 일반 직원들의 역할은 사용자 중심으로 정의되어 있다. 하지만 RPA는 자동화 아이디어의 제출에서부터 직원들의 참여가 시작된다. 비록 간단하더라도 실제 자동화를 구현해 보는 체험 교육 또한 가능하기 때문에, 직원들이 디지털을 쉽게 받아들이고 응용하게끔 이끄는 데는 이만한 툴이 없다. 그래서 최근 직원들의 디지털 교육 프로그램에 RPA를 중요한 과정으로 넣은 기업들이 나오고 있다. 신입직원 교육 프로그램에 RPA를 포함한 기업이 있으며, 승진 대상자의 필수 교육 과정에 RPA를 넣은 기업도 있다.

7 추가적으로 고객 경험의 확대와 새로운 사업 기회 창출을 기대하기도 한다

RPA 도입 초기에 이러한 기대감은 체계적이거나 정교하지 않을 수 있다. 하지만, 충분히 고민해볼 만한 중요한 내용임에는 분명하다. RPA를 사업 성과와 연결해 보고자 하는 것이 경영층의 관심이다. 그들도 RPA로 몇 개의 과제가 자동화되었고, 시간이 얼마나 줄었는지에 대해서 궁금해할 수는 있지만, 어지간해서는 큰 감동을 받지 않는다. "RPA를 했더니 우리 사업에 과연 얼마나 도움이 되었나요?"라는 것이 그들의 관심이고 궁금함이다.

🔖 RPA 여정 7단계

RPA는 시작은 있지만 그 끝은, 회사가 정책적으로 사용을 중단하지 않는 한 모든 영역에 순차적으로 스며드는 일종의 과정이고 여정 Journey 이다.

RPA를 도입하는 기업들이 밟게 되는 전형적인 단계는 여러 강연 혹은 교육을 통해 지금도 소개하고 있다. 물론, 어느 단계는 빠르게 지나가거나, 여러 단계를 동시에 진행하는 기업들이 있는 것도 사실이다. 이는 RPA 시장 성숙도에 따른 당연한 현상으로 보인다.

회사 나름대로의 상황에 맞춰 RPA 여정을 진행하는 것이 바람직하지만, 기본을 알고 응용하면 더 좋겠다는 생각에 지금부터 RPA 여정 7단계를 소개해 보겠다.

11   RPA 여정 7단계

1	교육	IT 및 협업의 자동화 가치 수혜자 및 의사 결정권자에 대한 교육
2	기회 발굴	자동화 주요 기회 파악
3	1차 설계	RPA 로드맵 설계, RPA 솔루션 및 구현 파트너 선정
4	조직 구성	구축 전담 부서(Center of Excellence) 확정
5	실무 적용	파일럿, 부서 단위의 RPA 적용
6	확산	로봇관리, 구축 사례 축적, 내부 적용 조직 확대
7	전사 적용	조직 전체에 RPA 적용, RPA 자산화

○─ 1단계

조직 내에서 RPA 이해도를 높이는 교육을 시행한다. 물론 각 이해 당사자별로 교육 과정과 전달 방식은 다를 수 있다. 2019년 말까지는 IT부서와 RPA 추진 조직에 대한 제품, 기술 그리고 운영 교육이 일반적이었다. 그리고 제한적이기는 했지만 기업의 경영층을 대상으로 한 RPA 비전 세팅을 위한 세미나 등이 있었다. 하지만, 최근에는 사용자 중심의 RPA 도입 계획에 따라 점차 현업 사용자에 대한 교육이 늘고 있다. 이 또한 RPA 시장 발전에 따른 자연스러운 현상으로 해석할 수 있겠다.

○─ 2단계

회사 내부에서 자동화할 수 있는 과제를 최대한 많이 도출하는 단계이다. RPA를 추진하는 부서 혹은 담당자가 컨설팅회사 혹은 RPA 벤더로부터 가이드를 받고, 전사 혹은 특정 부서로부터 자동화 가능성이 높은 과제를 발굴한다. 복잡한 질문을 통해 과제를 발굴하는 경우도 있지만, 대부분은 매우 간단한 기준을 세우고 가능성이 있는 과제를 가능한 한 많이 취합해 본다. 질문에는 어떤 단순 반복적인 업무를 하고 있는지, 그 업무는 어느 주기 일, 월, 연 로 이루어지며, 한 번에 몇 시간 혹은 분 단위 씩 수행을 하는지, 그리고 예외 사항은 어느 정도인지가 포함된다. 이 단계에서 정교하게 자동화 과제의 옥석을 찾아내기 보다는, 더 많은 기회를 찾아냄으로써 다음 단계인 자동화 로드맵을 구축하는 것에 활용해야 한다.

○― 3단계

취합된 자동화 과제를 분류하고 우선순위를 매기는 과정이다. 도출된 과제의 유형을 살펴보면 회사가 추진해야 하는 RPA 방향성에 대한 감을 잡을 수 있고, 과제를 제출한 부서가 매우 많다면 RPA를 통한 효과의 총량 또한 추정해 볼 수 있다.

이 단계에서 회사가 만든 세부기준을 통해 RPA 구현 로드맵을 구축한다. 자동화 우선순위 기준의 로드맵은 '과제 구현의 난이도'와 'RPA를 통한 효과'의 양 축으로 만들어진다. 다만, 회사마다 처해있는 상황이 다르기 때문에 적용 우선순위와 상관없이 제외 기준을 두기도 한다. 자동화할 경우 오히려 규제 위험이 커지거나, 보안 정책상 적용할 수 없는 업무는 우선 배제된다.

그리고 이 단계에서 제출된 과제의 구현 및 향후 로드맵을 가장 잘 실현할 수 있는 RPA 솔루션과 이를 구현할 수 있는 파트너를 선정하게 된다. 전사 차원의 적용을 염두에 둔 기업들은 컨설팅 회사를 이 단계에서 선정을 하거나, 컨설팅 회사를 먼저 선정한 후 그들과 같이 RPA 솔루션을 선정하기도 한다.

○―4단계

전담 부서의 구성은 매우 중요하다. RPA는 일회성 프로젝트가 아니기 때문에 유지, 개선, 그리고 공유해야 하는 자산이 많이 생긴다. 전담 부서의 직원 수가 많을 필요는 없지만, 여하튼 하루 종일 RPA 확산만을 고민하는 인력이 있어야 한다. 만일 전담 직원이 없다면, '모두의 일이 누구의 일도 아닌 상황'이 벌어지면서 RPA는 결코 제 기능을 다할 수 없다. 이러한 전담 조직에는 경험, 지식, 의지가 있는 선수가 투입되어야 하고, 당연히 경영층의 지원도 필요하다. 전담조직과 관련한 내용은 별도 장에서 자세하게 다루겠다.

과거 근무했던 회사에서 첫 LEAN 프로젝트를 리드한 적이 있다. 가장 확실한 성과는 70%나 사이클 타임을 줄인 것도, 60여 개의 스텝을 30여 개로 줄인 것도 아닌, 3개월의 프로젝트가 끝나가는 시점에 2차 이후의 프로젝트를 리드할 전담 직원을 채용한 것이다. 이후 약 3년의 기간 동안 회사는 많은 LEAN 프로젝트를 진행하였고, 전담 직원이 있었기 때문에 집요하게 성과를 낼 수 있었으며 결과는 좋은 자산으로 회사에 남게 되었다.

∽ 5단계

실 업무 환경 적용과 첫 프로젝트의 성공이다. RPA가 비교적 생소했던 시기에 그래봐야 2018년이지만 RPA는 무조건 POC Proof of Concept 부터 시작해야 한다는 것이 일종의 마켓 컨센서스였다. RPA 구현 회사 입장에서는 매우 번거롭고 비싼 과정이지만, 시장을 개척한다는 측면에서는 필요했던 일이었다. 하지만, 2019년 하반기부터는 POC를 통해 RPA를 도입하는 사례가 눈에 띄게 줄어들고 있다. 선구자들의 노력으로 인해 RPA가 더 이상 그 자체를 검증해 보고 도입해야 하는 수준에서는 벗어났기 때문이다.

그래서 RPA 솔루션 선정 후 실 환경 적용으로 들어가는 이 단계가 매우 중요해졌다. 여기서 기대했던 프로젝트 성과를 이루고, 결과를 공유함으로써 향후 확산 단계의 토대를 만들어야 한다. 만일 이때 경영층과 직원들의 지지를 받아내지 못한다면 한동안은 지지부진한 RPA 전담자들만의 리그를 해나가야 하기 때문이다.

○— 6단계

드디어 확산의 단계이다. 1차 프로젝트, 통상 파일럿을 성공적으로 한 경우에는 바로 2차 혹은 확산 프로젝트로 들어간다. 목표가 높아지니, 예산을 새로 잡고, 참여 부서를 늘리고, 새로운 기술을 연결해 보는 시도가 여기서부터 시작된다.

그런데 이때가 되면 대부분의 RPA 전담 부서 직원 혹은 임원들은 "우리가 RPA를 잘 하고 있는지?"라는 자문을 하게 된다. 왜냐하면 당초 생각했던 것보다 예외 처리로 인한 변화관리가 늘어날 수 있고, 과제가 늘어날수록 프로세스 문서 작성과 유지 부담이 커지고, 확산을 위한 개발 프레임워크 표준화 또한 필요해 보이기 시작하기 때문이다. 그리고 회사 내 IT부서와 IT 시스템의 변경이 RPA 운영 중단을 초래하지 않게끔 유기적인 커뮤니케이션 방식과 채널이 필요하다는 것도 절실히 피부에 와닿게 된다.

드디어 이것저것 해야 할 일이 산더미처럼 많아 보이게 된다. RPA

를 전사 차원에서 추진하고 있는 기업이라면 정도의 차이는 있지만 누구나 겪고 있는 과정이다.

그래서 전사 RPA를 계획하고 있는 기업들은 도입 초기부터 향후 확산 시점의 운영 효율성을 감안한 전개 전략을 세워야 한다. 미리 표준화를 추진하고, 조직과 인프라 체계를 준비하며 개발 사례를 자산화해서 재사용하는 효율성을 준비한다면 이 단계에서의 어려움을 크게 줄일 수 있기 때문이다.

○─ 7단계

전사 차원의 적용 단계이다. 이는 단순히 자동화하는 과제 수를 늘리거나 활용하는 부서의 범위를 넓히는 것 이상의 개념이 될 수 있다.

그래서 여기부터는 제대로 된 RPA전략이 필요하다. 부서 단위 혹은 기능 단위의 자동화가 지금까지의 모습이었다면, 이제는 속도감과 규모는 물론이고 방향성을 고민해야 한다. 전사의 생산성에 영향을 미치는 주요 프로세스에 집중해 성과를 극대화하는 자동화를 추진할 것인지, 직원들 참여 기반의 자동화를 통해 디지털 혁신 문화를 만들 것인지, 아니면 둘 다 할 것인지의 방향성 결정이 반드시 필요하다. 이에 따라 조직이 결정되며 예산이 정해지고, 과제의 다양성 정도가 정해지며 이를 뒷받침하는 관리 툴과 기술이 정해질 수 있다.

그리고 이 단계에서는 전사 차원의 RPA 인프라가 구축되어야 한다. 로봇 관리는 물론이고 고가용성 High Availability 과 재난 방지 Disaster

Recovery 체계가 함께 검토되어야 하고, 다국적 사업을 하는 기업의 경우는 글로벌 RPA IT 인프라와 거버넌스 또한 고려하기 시작해야 한다.

여하튼 이 단계에 도달하면, RPA 도입 이전으로 다시 돌아가기는 힘들다. 회사의 인력 풀에 사람이 아닌 로봇을 당연히 받아들여야 하는 여정에 올랐기 때문이다.

🎏 미리 짚어보는 것

RPA 도입을 결정하기 위해 기업들이 공통적으로 점검해 보는 과정을 정리하면 다음과 같다.

실제 RPA를 도입해서 잘 활용하고 있으신 고객이라면 "그래, 그런 고민을 나도 하긴 했지. 근데, 한 번에 해결할 수 있는 것이 아니라, RPA를 확장하면서도 계속 고려해야 하는 것이더군. 단계를 넘을 때마다 체크해야 하는 것이기도 하고."라는 이야기를 한다. RPA 시작 단계와 확장 단계의 톨게이트를 넘을 때마다 한 번씩 이 질문들을 꺼내서 자문해 보시기 바란다.

___

1 **솔루션의 기능**

내가 선정한 RPA 솔루션이 현재 회사의 복잡한 IT 환경에서도 작동을 할까?

2 **확장성**

적용할 수 있는 업무와 기술적인 확장의 한계는? 아주 긴 프로세스와 복잡한 프로세스도 자동화할 수 있을까?

3 보안

준수해야 하는 법규 혹은 내규를 위반할 수 있는 위험은 없는지? 그리고 로봇

활용으로 인해 오히려 새로운 규제 또는 위험이 발생하는 것은 아닌지?

4 사용자의 범위

현업의 담당자들이 쉽게 사용하려면 어떻게 해야 하는지? 너무 기술적으로 흘

러서 일시성 IT 프로젝트가 되면 어쩌지?

5 신기술과의 융합

화두가 되고 있는 기술(AI, ML, NLP)과 RPA를 융합해서 성과를 올릴 수는 없

을까?

6 구현 속도

막상 아이디어를 취합해 보니 생각보다 많은 수의 자동화 기회가 파악된다. 도

대체 얼마나 빠르게 구현해야 하는지? 경영진은 사업 혹은 재무적인 성과를

빠르게 보기를 원하고, 과제를 제출한 직원들은 내 과제가 도대체 언제 구현되

어서 나의 고충을 덜어줄 수 있을까 기대한다. 개발과 적용의 스피드를 정해야

한다.

RPA 여정에서 꼭 챙겨야 하는 것

🕮 세부 단계에 대한 설명

전사 RPA 구현의 전개 순서를 앞에서 이야기했다면, 여기서는 아래 각 세부 단계에 대한 설명과 가이드를 드리고자 한다.

- ● 과제 발굴
- ● COE(Center of Excellence)
- ● BA(Business Analyst)
- ● KPI(Key Performance Index)
- ● ROI 분석

각 항목은 RPA를 도입하는 개별 기업 혹은 기관의 환경에 따라 매우 다르게 해석되고 적용될 수 있기 때문에, 그대로 사용하기보다는 참고 자료로 활용하시라는 이야기를 먼저 하고 싶다.

한편, RPA를 경험해 보지 못한 분들에게는 다소 내용이 어려울 수도 있다는 생각도 든다. 그래서, RPA 트렌드가 궁금해 이 책을 접하는 독자라면, 이 부분을 잠시 접고 책의 내용을 다 읽어 본 후, 필요한 부분을 나중에 발췌해서 봐도 좋을 듯하다.

🔍 과제 발굴

자동화 과제 선정의 기준으로 컨설팅 회사 혹은 RPA 솔루션 기업들이 제시하는 항목은 매우 유사하기 때문에 더 좋은 기준을 찾기 위해 애쓸 필요는 없다. 특히, 1단계에서 자동화 적합 여부를 판단하는 기준은 거의 표준화되어 있다고 보아도 된다.

기본을 짚어 본다는 차원에서 공통적인 1단계 판단 기준을 정리해보면 다음과 같다.

1   업무 프로세스가 명확하고 반복적인 룰에 따라 이루어지는지?

2   사용하는 데이터 형태는 어느 정도 정형화 혹은 표준화되어 있는지?

3   사용하는 데이터가 어느 정도 디지털화되어 있는지?

4   수작업 업무량이 얼마나 많은가?

5   향후 짧은 기간 내(3개월~6개월) 업무 방식 혹은 사용 시스템의 주요한 변경 계획이 있지는 않은가?

1 ~ 4번은 해당될 경우 자동화의 가능성이 높다고 볼 수 있고, 5번에 해당된다면 자동화 적용 여부 자체를 고민해야 하는 업무이다.

현업으로부터 자동화 과제를 제안받을 때, 너무 복잡한 질문과 답변 양식을 요구해, 그들을 시작 단계부터 지치게 만들면 안 된다. 일부 기업은 현업 직원이 아이디어를 제출할 때부터, 자세한 현재 프로세스 정의 문서를 만들고 관련 업무 화면을 캡처해 함께 제공할 것을 요구하기도 한다. "우리 회사의 현업은 이렇게 적극적으로 RPA에 관심을 가지고 자세한 정보를 제공해 주고 있습니다."라는 회사를 보면, "바로 이것 때문에 귀사의 RPA는 성공 못할 겁니다."라고 말해 주고 싶다.

혁신의 첫 단계가 가장 비 혁신적인 방법으로 일어나고 있는데, 과연 혁신이 가능키나 할까 라는 우려가 들기 때문이다.

사실 현업 직원들로부터 아이디어 이름과 그 아이디어에 대한 간단한 설명을 받고, 위의 다섯 가지 질문만 우선해도 충분하다. 이후 전담 조직과 업무 전문가가 아이디어를 검토한 후, 자동화 개발에 적합하다는 판단이 들 때 비로소 프로세스 정의 문서를 작성하면 되기 때문이다.

최근에는 현업 대상 RPA 과제 발굴 설명회를 먼저 한 후, 최소한의 자동화 아이디어 정보를 받는 기업들이 늘고 있다. 최소한의 정보에는 업무 명, 업무 개요, 업무 주기 연, 월, 일, 주기당 업무 처리 건수, 각 건별 처리 시간 등이 해당된다.

더 많은 자동화 기회를 찾아낼수록 RPA를 통한 전사 혁신의 분위기를 조성하는데 더 큰 도움이 될 수 있다.

1단계 필터링이 끝나면, 2단계에서는 자동화 개발 여부에 대한 보다 세부적이고 기술적인 평가가 전담조직과 업무 전문가에 의해 이루어진다.

2단계의 평가 기준은 조금 복잡하다. 왜냐하면 여기서 평가한 기준으로 자동화 우선순위가 결정되고, 자동화를 위한 자원이 배분될 것이기 때문이다.

2단계 기준을 정리해 보면 다음과 같다.

1 　우선 1단계에서 현업 직원이 제공한 앞의 다섯 가지 질문에 대한 답변과 업무
관련 정보(업무 주기, 주기당 업무 처리 건수, 각 건 별 처리시간)를 재확인

2 　해당 업무를 수행하는 직원 수

3 　해당 업무 수행 직원의 연간 비용
(자동화 전환 시간을 통한 ROI 분석을 위해 필요한 정보)

4 　통상 발생하는 업무 에러율과 에러가 발생했을 때 재 작업하는 시간

5 　업무의 오류를 검증하기 위해 샘플링 하는 업무 처리 건수 및 검증하는 시간

6 　업무 부하가 최고에 도달하는 시점의 업무 증가 비율

7 　업무 수행 과정에서 발생하는 예외 건수의 비율

8 　사용하는 어플리케이션

9 　사용 문서에 비정형 양식이 있는지?

10 　가상화 환경에서 수행되는 업무인지?

11 　회사의 정책과 자동화가 충돌하지는 않는지?

12 　자동화가 법과 규제의 영역에 해당되는지?

　2단계에서 예시한 이 모든 정보가 반드시 필요한 것은 아니다. 다만, 다음 단계인 개발로 넘어갈지를 결정할 수 있는 수준의 정보는 여기서 확인해야 한다.

　개발 여부에 대한 결정은 조사 내용에 기반해 직관적으로 할 수도 있

고, 가중치와 점수를 줘서 정량적으로 판단할 수도 있다. 참고로, 컨설팅 회사 혹은 RPA 솔루션 기업에 가지고 있는 기준이 있으니, 그들의 것을 참조하고 약간의 수정을 통해 자신의 평가 기준표를 만들어도 된다.

개발 후보로 지정된 과제에 대해 드디어 프로세스 정의 문서를 만들면 된다. 미리 여기에 집중해서 힘을 뺄 필요가 전혀 없다. 프로세스를 자동으로 기록하고 프로세스 정의 문서의 뼈대를 만들어 주는 솔루션 유아이패스의 태스크 캡처 등 도 있으니, 그를 활용해 보는 것도 좋겠다.

프로세스 정의 문서를 만든 이후에도 부족한 부분이 있다면, 현업 혹은 업무 전문가와 추가 인터뷰 등을 통해 정확하게 업무 파악을 한 후, 개발에 들어가면 된다.

개발 순위에서 밀린 과제가 있다면 폐기하는 것이 아니라, 향후 개발 과제 풀 Pool 로 저장해 관리하는 것이 필요하다. 자동화 과제 창고에 넣어 두고, 정기적으로 창고를 점검해, 하나씩 꺼내서 자동화하면 되기 때문이다. 전사적인 자동화 과제 파이프라인은 이와 같이 만들어 나간다.

과제의 개발을 결정할 때나 실제 개발에 착수할 때 나름대로의 우선 순위가 필요하다. 가장 일반적인 우선순위 선정 기준은 자동화 구현의 난이도와 자동화를 통한 기대 성과이다.

효과는 자동화를 통해 절감한 시간으로 보는 게 일반적이며, 구현의 난이도와 자동화 가능 수준은 1, 2단계의 조사를 통해 산정할 수 있다.

난이도가 낮으면서 효과가 큰 업무가 당연히 최우선 순위가 되어야 하고, 효과가 적더라도 난이도가 낮은 업무는 쉽고 가볍게 자동화해 나가면 된다. 효과가 크지만, 난이도가 높은 자동화 아이디어는 시간을 두고 언젠가는 적용해야 하는 과제가 될 것이다.

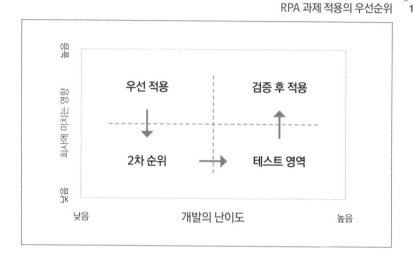

🐝 COE - 글로벌 거버넌스

그림13 〈RPA COE의 종류 및 비교〉는 기업들이 COE 조직을 어떻게 구성하면 좋을지 질문해 올 때 답변용으로 사용한 자료이다.

"RPA 초기에는 효과를 검증하고 전략을 세우는 것이 중요하기 때문에, 중앙 집중형이 적절합니다. 그룹사 같은 경우는 RPA가 어느 정도 모양을 갖춰 나가는 시점부터, 그룹 RPA를 전략적으로 리드하는

	분산형	하이브리드	중앙 집중형
선택 환경	- 조직 자체가 분산되어 있음 - 인력 자원이 충분	- 개별 사업 단위가 규모 및 지역적으로 독립되어 있음 - 전담 운영 조직이 책임을 현업과 공유	- 업무 부서가 집중되어 있음 - RPA 초기 단계에 인력 및 자원이 부족 - 비용 최적화가 필요
구조	- 글로벌 조직, 지역에 운영 위임 - 표준화와 정책은 중앙 관리가 필요	- 구축과 지원을 중앙에 배치 - 과제 발굴과 RPA 수정은 현업이 수행	- 한 장소에 로봇과 부서가 존재 - 프로젝트 구축은 중앙, 운영은 원격 제공
장점	- 각 사업부 별 니즈에 대한 대응이 용이 - 현업에 가까운 운영 - 빠른 개발	- 비용 효율화와 개발 속도의 균형	- RPA 적용에 대한 전략적 접근 가능 - 역량, 지식, 구축 경험을 빠르게 축적 - 각 사업부별 변동성 적음
단점	- 접근방법과 룰의 일관성 부족 - 자원의 효율적 활용이 어려움	- 복잡한 조직 구성 - 협업의 필요성이 강조됨 - 일관성 유지 위해 지속적 교육 필요	- RPA 구현 속도(확산)의 저하 가능성 - 현업의 요구에 대한 대응 부족 가능 - 원격 지원에 대한 인프라/역량 구축 필요

COE 조직과 이를 IT 방식으로 대응하는 그룹 내 IT기업 혹은, 사업부 이 양립하는 하이브리드 모형이 일반적으로 나타납니다. 지역적으로 독립적인 운영을 하는 다국적 기업의 경우는 분산형 혹은 연방형 모델로 전담 조직을 운영하기도 하지만, 그리 사례가 많지는 않습니다."라는 이야기를 참 많이도 했다.

2019년 하반기부터는 이 이야기를 거의 하지 않았다. 그 이유는 실제 국내 기업들의 RPA COE 조직이 이 셋 중의 하나로 간단히 구분될 만큼 딱 잘라지지 않기 때문이다.

하지만, 최근 그룹사들이 글로벌 RPA 거버넌스 차원에서 COE를 고민하고 있어서 이 논의가 다시 의미가 있어지고 있다. 일례로, 일본의 글로벌 기업 중 한 곳은 본사의 관리하에 있지 않은 미국의 로봇이 수행한 업무로 인해 본사 업무 중단을 겪은 후, RPA 글로벌 거버넌스를 구축하고 있다고 했다.

그래서 글로벌 RPA COE 차원에서 고려해야 하는 것과 참고할 만한 사례를 소개해 보겠다.

RPA는 솔루션 선정, 구매, 개발, 운영, 유지 보수 등 고려해야 할 요소들이 많은데, 초기에는 솔루션 선정, 구매, 개발 단계를 본사가 대부분 통제하려고 한다. 심지어 본사의 개발자와 개발을 담당하는 구현 회사가 해외 법인에 가서 직접 구현해 주는 사례들도 있다. 매우 비효율적임에도 불구하고 각자 나름의 이유로 인해 이런 불편한 전개를 하는 곳이 있다.

한편, 운영과 관련해서는, 본사에 서버를 두고 현지에 있는 로봇을 통해 원격 운영지원을 하는 곳이 있는 반면, 각 지역에 서버와 로봇을 두고 권역 별 독자 운영을 하는 경우도 있다. 하지만, 후자의 경우도 본사 COE 조직이 전사 RPA 대시보드는 중앙에서 통제 및 운영하려고 한다.

예를 들어 보면, 독일에 본사를 둔 글로벌 자동차 제조회사는 본사에 전체 현황을 볼 수 있는 통합 대시보드와 관리 체계를 두되, 운영의 편의성을 위해 주요 지역 유럽, 미국, 아시아 등 별 RPA 허브를 두어 효과적인 운영과 현업 사용자에 대한 서비스를 제공하고 있다. 이 회사도 처음에는 중앙 집중형으로 출발을 했지만, RPA가 확장되면서 자연스럽게 하이브리드 운영 모형을 선택했다. 하이브리드로 갈 수 있었던 것에는 이미 지역별로 존재하는 성숙한 IT 운영 모델이 한 몫을 했다.

미국에 큰 사업장을 두고 있는 국내 금융 기관 중 한 곳은 현지 회사가 독립적으로 RPA 솔루션을 선정하고, 개발하고, 운영하는 모델을 가지고 있다. 본사의 역할은 전략적 방향성 확인과 예산 집행에 동의하는 수준이다. 국내 사례 중에서는 가장 성숙한 글로벌 RPA 거버넌스를 가지고 있는 사례로 보인다.

한편, 국내 중견 기업이 미국 현지 사업에 RPA를 어떻게 도입하고 적용하면 좋을지 나에게 문의한 적이 있다. 즉답을 하기가 참 어려운 질문이다. 글로벌 거버넌스는 각 현지 법인의 운영 자립도, RPA 성숙도, 자동화 업무의 본사 영향도 등을 복합적으로 감안해 판단해야 하기 때문이다. 이 회사에게 우선 본사 RPA를 안정적으로 운영한 후 글로벌 RPA 전개를 하는 것이 좋겠으나, 자동화 교육과 아이디어 발굴은 동시에 진행하면 어떨까 하는 조언을 해드렸다. 혹시 본사와 유사하거나 동일한 업무가 미국에서도 자동화 아이디어로 제출된다면, 본사가 개발해 현지 법인이 사용하게끔 하는 방법도 있기 때문이다.

글로벌 RPA 거버넌스에 대한 필요성과 시급성은 점차 커질 것으로 보인다. 정답이 있는 것이 아니니, 가급적 사례를 참조하고 각 회사의 상황에 맞은 디자인을 하면 좋겠다. IT 인프라 운영은 다소 쉬운 부분이 될 수 있으나, RPA 전략 수립, 벤더 선정, 과제 발굴, 개발, 변화 관리 등은 국내 RPA 도입 초기에 고민했던 수준으로 검토를 해야 할 것이다. 첫 단추를 잘 채워야 이후에 기민하게 운영해 나갈 수 있다.

◈ COE 조직 구성, 역할, 그리고 미션

RPA의 성공 요인으로 크게 두 개를 선택하라면 공통적으로 '경영층의 의지'와 '전담조직의 존재'를 꼽는다.

이는 RPA 도입을 검토하는 기업들에게 매우 강조해 왔던 부분이다. 2018년 8월 국내 금융기관과 그룹사 10여 곳을 다니면서 RPA 전담 조직의 필요성을 설파하던 때와 비교하면, 지금은 격세지감을 느낄 정도로 전담조직이 RPA 도입 기업들의 필수 조건으로 자리를 잡아가고 있다. 당시에는 COE Center of Excellence 가 무엇인지를 설명하는 것이 필요했던 때라면, 지금은 RPA 담당자들 사이에서 COE는 일반 명사화되어 있다.

초기 구현 단계에서 추진력을 제대로 발휘하기 위해서는 인원수라는 양적인 개념보다는 RPA 전담 조직의 존재 그 자체와 전담 조직원의 역량이 매우 중요하다. 회사의 규모와 RPA 과제 범위가 작아 전담 조직을 당장에 갖추기 어려운 회사라 하더라도, 가급적이면 10년 이상 현업과 IT를 고루 경험했고 혁신의 마인드가 있는 중간 관리자급 직원을 배치하기를 권한다. 그래야 RPA가 초기에 빠르게 자리매김을 할 수 있기 때문이다.

기존 IT 프로젝트의 전담조직과 RPA COE가 무엇이 다르며, 왜 필요한지 그 질문을 많이 받기 때문에, RPA COE의 특성과 그 역할의 차이를 여기서 정리해 보겠다.

1   IT 프로젝트는 개발, 적용, 운영의 단계를 거치면서 하나의 프로젝트가 완성되지만, RPA는 전사 업무에 순차적으로 개발, 적용, 운영, 확산이 반복적으로 일어나는 긴 여정이다. 시작은 있지만 회사가 의도적으로 중단하지 않는 한 그 끝이 없다. 따라서, 노하우와 자동화된 업무 자산이 유지되고 발전되는 것이 매우 중요한데, 그 역할을 수행하는 조직이 RPA COE이다.

2   IT 프로젝트는 기술과 프로세스가 중요했다면, RPA는 거기에 사람이라는 요소가 중요하게 추가된다. 현업의 역할이 단순 사용자로서 초기 개발 요건을 제출하고 운영 직전 테스트(User Acceptance Test)에 참여하는 것과 같은 기존 IT프로젝트의 수준을 넘어선다. RPA에는 자동화 과제를 제출하고, 사용과 피드백을 하며, 경우에 따라서는 개발을 직접 하는 현업의 적극성이 개입될 수 있다. 그렇기 때문에, 이들을 육성하고, 보상하고, 커뮤니케이션하는 역할이 중요하며, 이를 일관되게 이끌어 갈 RPA COE 조직이 필요한 것이다.

RPA COE의 주요 요소와 역할을 정리해 보면 **그림14 〈COE의 주요 요소와 역할〉**과 같다.

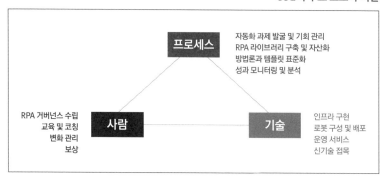

COE 미션을 업무 측면에서 보면, 크게 ⃞1 전략 및 통제, ⃞2 구현 및 운영, ⃞3 과제 발굴 로 나눌 수 있다.

초기에는 세 가지 모두를 COE조직이 적극적으로 관여하고 추진해야 하겠지만, RPA가 확산될수록 ⃞2 번은 RPA 구현 파트너와 IT 부서로, ⃞3 번은 현업 혹은 컨설팅회사로 이관되기도 한다. 일부 대기업 혹은 금융기관에서는 초기부터 컨설팅 회사가 개입하여 과제 발굴을 진행하기도 하지만, 일반적인 경우는 아니다. 여하튼, ⃞1 번은 RPA 성숙도와 관계없이 RPA COE의 핵심 업무이다.

○─ **전략 및 통제**

전략과 통제 부분의 중요한 업무는 그림15 〈COE 조직의 세 가지 중요한 미션〉에 자세하게 기술되어 있다.

매우 큰 회사에나 어울릴 법한 거창한 이야기로 들릴 수도 있겠지

전략 및 통제	구현 및 운영	과제 발굴
- RPA 도입 및 전개 전략 수립 - RPA KPI 수립 - 전사 프로그램 관리 - 변화(문화적 차원) 관리 - 교육 프로그램 구축 - 예산 수립 및 자원 배분 - 신기술 검토 및 적용	- RPA 운영 조직 및 체계 수립 - 변화(기술적 차원) 관리 - RPA 인프라 구축 및 운영 - 내부 개발자 양성 - 유지 보수	- 아이디어 제출 및 보상 - 과제 적용 우선 순위 및 로드맵 - RPA 과제 관리 포털 구현

만, 수립이니 구축이니 보고와 같은 딱딱한 표현을 빼고 본다면, RPA 를 전사 차원에서 도입하려는 곳이라면 회사의 규모와 상관없이 모두 고려해봐야 하는 것들이다.

여기서 특히 중요한 것은 전략을 잘 설정하는 것이다. RPA를 왜 도 입하는지를 생각해 봐야 하는데, 그 이유가 회사의 주요한 도전 극복 혹은 사업 방향과 맞물려 있을수록, COE 조직은 경영층으로부터 확 실한 지원을 받게 된다.

그리고 RPA도 다른 중요한 이니셔티브처럼 회사의 중장기 혹은 단 기적 목표를 달성하는데, 특정 영역을 책임져 줄 수 있다는 전략적 포 지셔닝이 필요하다. 이는 명확한 KPI 설정을 통해 가능할 수 있다. KPI 는 간단하되 임팩트가 있어야 하고, 전사적으로 의미가 있어야 한다.

통제의 영역은 번거롭기는 하나, 전략과 KPI가 잘 설정되어 있다면 오히려 간단할 수 있다. 전사 RPA 현황판을 관리하고, 어디에 적절하게 리소스를 배분할지 결정하고, 추진의 스피드를 조정하는 등의 의사 결정을 여기에서 하면 된다.

RPA 협의체를 구성하고, 이벤트를 운영하는 것은 RPA 적용 규모 및 참여 수준에 따라 진행하면 되겠지만, 때로는 선제적으로 진행해서 직원들의 많은 관심과 참여를 적극적으로 이끌어 낼 수도 있을 것이다.

또한 중요한 것은 RPA가 전사적인 테마로 지속될 수 있도록 교육 프로그램을 구축하고, 직원들의 디지털 역량을 올리고, 문화적인 변화 관리를 해 나가는 역할이다.

⊶ 구현 및 운영

구현 및 운영은 상대적으로 IT 중심의 역할이라고 할 수 있다. 확산을 가정한 인프라 계획, 개발자 교육 로드맵, 운영 지원 조직 구성, 장애 정의 및 단계별 지원 체계 구축 등이 이에 해당된다.

초기에는 간과하기 쉬운데, 사실 RPA를 어느 인프라에서 구현하고 확장해 나갈 것인지를 정하는 것은 매우 중요한 의사 결정이다. 클라우드 플랫폼과 온프레미스 중 어느 것을 사용할지에서부터 고가용성 환경은 언제 구축할 것인지, 재난 방지 환경은 어떻게 구성할지 등을 결정하는 것은 COE와 IT 조직의 중요한 미션이다.

구현은 외부 개발자를 활용할 것인지, 회사 내부 개발자를 양성해서 개발할 것인지에 따라 그 전개 방식이 달라질 수 있다. 제대로 된 구현 회사를 찾는 것이 RPA 도입 기업들에게 중요한 현안이다. 그만큼 내부에서 전문 개발자를 양성하는 것이 아직은 만만치는 않다는 이야기이다. 간단한 개발은 내부에서 하더라도, 다양한 시스템과 인터페이스하거나 긴 프로세스 자동화는 일단 전문가에게 맡기는 것이 안전하다.

일반적인 IT 운영 체계와 비슷할 수도 있지만, RPA는 기술적 장애보다는 비즈니스 프로세스의 변화 혹은 RPA가 사용하는 시스템의 환경 버전, UI 변경 등 변화가 RPA 사용에 더 큰 영향을 미친다. 그래서 IT 부서와 RPA COE 조직의 밀착된 협업이 매우 중요하게 요구된다. 변화 관리가 제대로 되지 않으면, 고생해서 개발한 RPA가 애물단지가 될 수도 있기 때문이다.

○─ 과제 발굴

과제 발굴을 역할의 하나로 따로 뺀 것은, 그만큼 이것이 중요하기 때문이다.

2019년까지 많은 기업들이 다른 기업들의 자동화 과제를 궁금해했지만, 정작 기업들이 이를 사업 기밀 혹은 대외비로 다루었기 때문에 정보 접근이 쉽지 않았다. 하지만, RPA 시장이 성장하면서 다른 회사가 어떤 업무를 자동화하는지, 그리고 얼마나 성과를 봤는지에 대한 정보를 구하기는 점점 쉬워지고 있다. RPA 자체가 사람이 하는 일을 그대로 따라 하는 것이니, 특별하지 않은 일의 자동화가 대부분일 것이고 그것들을 비밀로 할 이유가 군이 없는것이다. 다만, 매출 증대와 연결한 기발하고 창의적인 RPA를 구현하는 기업들이 간혹 있는데, 당분간 이들의 과제는 영업 비밀로써 유지될 것으로 보인다.

과제는 제출된 모든 과제와 그 중 선정되어 개발되는 것이 있을 텐데, 전자는 무조건 많을수록 좋다. 그래서 COE 조직은 많은 직원들이 자발적으로 더 많은 자동화 아이디어를 제출할 수 있도록 환경을 만들어 주어야 한다. 과제 제출에 대한 문서 작성 부담을 최소화해야 하며, 필요하면 과제 제출을 쉽게 할 수 있는 툴을 제공해야 하고, 많은 과제를 제출한 부서 혹은 직원에 대한 보상 체계도 만들어야 한다.

경영층의 적극적인 지원이 없는 상황에서 직원들이 자발적으로 엄청난 양과 수준의 과제를 내는 열광적인 조직을 아직 본 적이 없다. 그래서 대형 금융기관과 일부 그룹은 과제 선정의 기준을 잡고 과제를 발굴해 내는 것에 값비싼 컨설팅 회사를 활용하기도 한다. 하지만, 직원 중심의 RPA에서도 이런 방법을 계속 활용할 수는 없을 것이다. 그래서 과제 발굴에 재미를 부여하는 게이미피케이션 Gamification 을 도입하기도 하고, 직원들에게 "일단 아이디어만 내세요."라며 부담을 최소화하는 시도를 하는 회사도 있다. 직원들이 RPA 대상 과제를 제출하는 데 부담을 느끼면 안 되기 때문이다.

🎖 COE 조직의 실무 역할

COE 조직이 해야 하는 실무적인 역할을 이야기해 보겠다. 앞에서 정리한 RPA COE의 미션이 큰 기준에서 RPA COE 역할이라면, 여기서 설명하는 것은 보다 실무적인 차원에서의 COE 역할이다. RPA체계

구축, 범용의 인프라 제공, RPA 적용 가속화, 그리고 신기술과 RPA의 융합이라는 네 개의 카테고리로 다음의 **그림16 〈COE 조직의 실무적 역할〉**과 같이 정리해 보았다.

COE 조직의 실무적 역할

RPA 체계 구축	범용의 인프라 제공	RPA 적용 가속화	신기술과 RPA의 융합
- RPA 전략 및 KPI 전략 수립 - RPA 포털 구축 및 운영 - RPA 과제 로드맵 수립 - 개발 및 운영 표준화 - 대시보드 운영 및 관리 - 교육과 지식 축적을 통해 역량 강화	- RPA 인프라 관리 및 유지 보수 - 표준화된 보안 시스템 유지 - 단계별 서비스 지원 체계 수립 및 운영 - RPA 서비스 센터 혹은 조직 운영	- 프로세스 세부 분석 및 솔루션 디자인 - 로봇 업무 적용 업무 범위 확대(e.g. 영업, R&D 등) - 로봇 운영 최적화 - 과학적 과제 발굴 솔루션 테스트 및 적용 - RPA 파이프라인 확대	- RPA와 시너지가 있을 인지적 솔루션 조사 - RPA 자체 신 기술 테스트 및 적용 - 외부 AI 기술 혹은 회사 내부 AI 엔진을 RPA와 연결해 테스트 및 사용

RPA 체계구축

우선 RPA 전략과 KPI 수립이 중요하다. 자동화 대상 프로세스에 대한 분석, 과제 발굴 및 선정, 그리고 과제의 우선순위 선정을 통한 RPA 구현 로드맵 수립은 COE에 의해 이루어지거나 주도되어야 한다. 그리고 RPA는 일하는 방식을 획기적으로 변화시키기 때문에, 직원들에 대한 변화관리 체계를 수립하고 유지해 나가야 한다.

범용의 인프라 구축

RPA를 초기에서 확산단계에 이르기까지 안정적으로 운영하기 위해서는 제대로 된 인프라를 구축하고 유지 보수하며 확장하는 단계가 필요하며, COE는 IT부서와 협업하에 이를 리드해 나가야 한다. 또한, 표준화된 보안 정책 및 시스템을 갖추고, 장애에 대한 대응 체계도 IT 부서, 개발회사, 그리고 RPA 솔루션 기업과 구축해야 한다.

○─ RPA 적용 속도의 가속화

RPA 효과에도 당연히 규모의 경제가 적용된다. RPA를 빠르게 적용하고 로봇을 그에 맞게 적절히 배치하며 로봇의 성과를 관리해야 한다. 회사 내에 많은 RPA 프로젝트가 진행될 것이기 때문에, 전사 차원에서 RPA 프로그램 관리도 해야 한다. 또한, 지속적인 RPA 구현 및 확산이 가능하도록 제출된 모든 과제를 체계적으로 저장하고 관리해야 한다. 혹시 과학적으로 과제를 발굴해 주는 솔루션 태스크 마이닝 등 을 향후 도입하게 된다면, 자동화 과제 발굴의 속도와 양을 크게 올릴 수도 있을 것이다.

○─ 신기술(AI 등)과 RPA의 융합

로봇을 좀 더 똑똑하게 활용하기 위해서는 최신의 기술을 RPA와 함께 사용할 수 있어야 한다. 특히, 엔드투엔드 End to End 프로세스 자동화 시도에서 이는 매우 중요한 화두이다. 따라서 새로운 외부 기술에 대한 조사와 발굴이 지속적으로 있어야 하고, 이들을 RPA와 접목하려는 시도 또한 적극적으로 해야 한다. 회사의 데이터 전문가와 협업 모드를 유지해, 회사의 AI 모델과 RPA를 융합하려는 노력이 필요하다. 필요에 따라서는 외부의 데이터 분석 전문가와 적극적인 교류를 통해 효과적인 자동화 방법을 찾는 노력을 해야 할 것이다. COE 조직이 독자적으로 하기 어렵다면, RPA 솔루션 기업과 주기적인 'RPA + 신기술' 세션을 가지는 것은 좋은 대안이 될 수 있다.

✺ RPA 조직과 BA(Business Analyst)

이상적인 RPA를 운영하기 위해서는 **그림17 〈RPA 관련 조직 구성〉**과 같은 조직이 모두 갖춰지면 좋을 것이다. 하지만 초기에 이런 조직을 다 갖춰 시작하는 기업은 거의 찾아보기가 어려우며, 필요한 역할의 상당 부분을 컨설팅회사, RPA 벤더, 그리고 RPA 구현 회사에 의존한다.

RPA 관련 조직에게 요구되는 역량 혹은 경험은 프로세스 혁신, 변화 관리, IT 및 사업의 운영, LEAN, 그리고 IT 개발 등이다.

구성원 중 기술과 관련된 인력을 이야기하면, 인프라 엔지니어, 솔루션 아키텍트, 개발자, 운영자 등이 있는데, 이 중 운영자를 제외하고는 외부 전문 인력에 의존해도 문제가 없거나 오히려 그 편이 더 나은 상황에 있는 기업들이 많다.

하지만, RPA 프로그램 운영 차원에서 변화관리자와 BA Business Analyst, 업무 및 프로세스 전문가 는 핵심 인력이기 때문에, 회사 내 전담 인력을 두기를 권한다.

지속적인 RPA 추진을 위해서는 BA의 역할이 상대적으로 더 중요하다. 이들은 RPA 프로그램을 이끌어 가는 핵심 실무자로, 프로세스

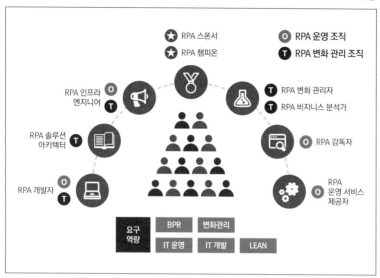

출처: 유아이패스

에 대한 이해도가 높으며 경험이 있다면 더 좋겠지만, 문서작업을 체계적으로 잘 하며, 집요하게 과정을 추적하는 태도를 가지고 있어야 한다. 이들은 사업부의 업무 전문가와 눈높이 대화를 할 수 있어야 하며, 인터뷰를 통해 확인한 내용을 기초로 프로세스를 명확하게 이해한 후, 프로세스 맵을 만들고 관리한다.

기업에서 RPA BA라는 포지션 그 자체를 두는 곳이 많지는 않다. 하지만, 표현이 무엇이 되었든 이와 같은 역할을 하는 사람이 COE 조직 내에 반드시 필요한데, 이들이야말로 실제 RPA를 역동적으로 이끌어 나가는 엔진이 되기 때문이다.

BA에게 요구되는 역량과 역할을 세부적으로 기술하면 다음과 같다.

1 BA에게 요구되는 경험 및 역량

- 비즈니스 분석 또는 프로세스 관리자 경험
- 업무 프로세스를 RPA 구조와 매핑할 수 있는 능력
- 자동화 아이디어의 RPA 적용 가능 여부 판단력
- 수익성을 포함한 RPA 효과 분석력
- RPA 솔루션 기능, 한계, 그리고 확장에 대한 이해
- IT 운영에 대한 이해
- LEAN 프로젝트 경험은 도움이 됨

2 BA의 역할

- RPA 전체 과제를 기준에 따라 분류하고 효과 기록
- 내/외부 고객의 요구 사항 논의 및 COE/개발팀에 전달
- 현업 사용자와 상세한 AS IS/TO BE 프로세스 매핑
- RPA 적용 및 배포 의사 결정에 참여
- 자동화가 적용될 프로세스 정의서를 관리 또는 작성
- 개발팀에 이관할 문서 준비
- 프로세스 및 개발 방법에 대한 개선 의견 제안

3 BA의 책임

- RPA 기회 검증 및 효과 정량화
- RPA 개발 팀에 프로세스에 대한 지식 인계

- 변경 요청에 대한 유효성 검사

- 테스트 데이터 및 테스트 케이스 수집

- 기술 인력과 비즈니스 담당자 간의 교량 역할

- RPA 구축 전/후의 효과 기록

BA가 이 모든 일을 처음부터 다 해야 한다는 것은 결코 아니다. 하지만, 이들이 해야 하는 일의 목록을 가지고 있는 것은 RPA 조직 차원에서는 매우 필요하다.

우선, COE 조직 내에 여기서 기술한 BA 역할을 하는 담당자가 있는지 확인해 보길 바란다. 혹시, 여기서 예시한 역할과 책임 중, 중요하다고 판단됨에도 불구하고, 현재 갖추고 있지 않은 것이 보인다면 어떻게 채울지를 이번 기회에 고민했으면 한다.

👁 KPI

RPA를 도입한 여러 기업들에게 RPA를 통해 얻고자 하는 효과가 무엇인지 질문하면 의외로 명쾌한 답변을 듣기가 쉽지가 않다. 예를 들어, 첫 한 해 동안 RPA를 통해 5만 시간을 절감하겠다는 목표를 세운 기업에게 5만 시간은 회사에 어떤 의미이며, 그를 통해 얻고자 하는 것이 무엇인지를 물어보면 답을 잘 못하는 경우도 많다.

하지만, 상대적으로 RPA를 성공적으로 구현한 기업들은 RPA를 통해 무엇을 얻고자 하는 가의 질문에 매우 간결하고도 명확한 답변을 한다. 이들의 RPA 목표는 규모나 로봇 수 증가가 아니라, 기업의 사업 목적을 달성하는 데에 있기 때문이다. 그래서 RPA에 대한 KPI도 매우 직관적이며 명료하다.

일본의 한 금융기관은 '생산성 최고의 금융기관이 되겠다.'는 목표를 세우고 그를 달성하기 위한 툴로서 RPA를 도입하였다. 이 회사는 단순 반복적인 업무를 획기적으로 자동화함으로써 생산성을 극대화해야 했기 때문에, 자동화로 전환되는 시간 그 자체가 중요했다. 그래서 RPA와 신기술 융합처럼 매력적으로 보일 수 있는 미래 과제 보다는, 본연의 업무 자동화 가속화에 집중했고, 연간 절감 시간을 KPI로 설정해 운영해 왔다.

글로벌 자동차 제조회사 중 한 곳은 뉴 모빌리티 환경에서 살아남기 위해 기업내 끊임없는 혁신적 아이디어 창출을 관리 목표로 삼았다. 그래서 이 회사는 RPA를 통해 단순 반복적인 업무 부담을 줄임으로써, 직원들로 하여금 보다 창의적인 생각을 할 수 있는 시간을 제공하고자 했다. 당연히 RPA KPI는 자동화로 전환되는 시간이 아니라, 사무업무 혁신을 위해 제출한 직원들의 아이디어 수와 자동화를 통해 실현한 사업적 임팩트이다.

글로벌 컨설팅법인 중 한 곳은 치열한 경쟁 상황에서도 회사의 시장 지배력을 유지하기 위해, 회사 컨설턴트의 디지털 스킬을 어느 회사보다도 높이겠다는 목표를 세웠다. 전 직원의 디지털 스킬을 빠르게 올리며, 가장 쉽게 디지털 기술을 체험할 수 있는 솔루션으로 RPA를 도입하였다. 그래서 이 회사에서는 전 직원들의 RPA 교육 이수와 직원 스스로가 개발하는 자동화가 중요하고, RPA를 통해 자동화된 개별 컨설턴트 업무의 성과가 KPI이다.

RPA KPI를 정리해 보면 **그림 18 〈KPI 예시〉**와 같다. 이 내용은 RPA 도입 단계에서 고려해 볼 수 있는 KPI를 중요도와 상관없이 나열해 본 것이다. 이를 참고하여 자동화로 시간을 얼마나 절감하겠다는 단순한 KPI를 넘어서, 보다 회사에 의미가 있는 RPA KPI를 찾을 수 있기를 바란다.

KPI 예시　**18**

재무 KPI	사업 KPI	직원 KPI	로봇 KPI	운영 KPI
- ROI(%) - 투자회수 기간 (××월) - TCO(구축비용, 운영비용, 절감비용 등) - 단위 업무(혹은 프로세스당 RPA를 통한 비용 절감 금액) - 계절적 요인으로 인한 직원 채용 비용 절감	- RPA를 통한 매출신장 - RPA 도입을 통한 신규 사업 기회 창출(건수/효과) - 생산성 향상 (동일한 시간 내 생산량 증가) - 업무 품질 개선 - 고객 응대 시간 (대기, 진행, 답변) 단축 - 규제 대응을 통한 사업 위험 감소	- 업무 시간 단축 (창의 시간 창출) - 변화관리 캠페인, 커뮤니케이션 - 사내 RPA Communtiy 활성화 - RPA Skill Map에 따른 교육 이수 - 신입직원의 RPA 역량 계발(단계별 이수 비율)	- "RPA적용/RPA 대상" 과제 비율 - 로봇 가동 비율 (운영로봇/총 도입 로봇) - 로봇 가동 시간 - 직원대비 로봇 배치 비율 - 프로세스대비 로봇배치 비율 - 업무 성공 비율 (에러 감소) - 과제 개발 시간	- 유지 보수 서비스 (대응시간 및 완성도) - 시스템 가동 시간 - 시스템 운용 효율 (CPU, Memory, Storage 할당 및 활용) - RPA Dashboard (성공, 에러, 로봇당 수행 프로세스, 평균 처리 시간, 로그 등)

경영층은 사업성과 및 재무적 성과에 연계한 KPI에 관심이 클 것이고, 직원들은 업무 만족도와 보상에 대한 KPI에 상대적인 관심이 높

을 것이다. IT조직은 로봇과 운영의 측면에서 KPI를 찾아내서 관리할 것이고, COE 조직은 RPA가 당초 목표로 삼은 핵심 성과에 집중할 것이다.

19 각 이해 그룹별 RPA에 대한 기대감

COE 조직 / IT 부서	경영층	아이디어를 제출한 직원
- 과제 발굴 및 확대 - 개발 및 적용 가속화 - 운영 효율 및 안정화	- 사업 성과(생산성, 매출기여, 신사업 아이디어) - 재무 성과(ROI, 비용절감) - 변화 가속화	- 업무 만족 - 자동화 성과에 대한 보상 - 디지털 역량 계발

물론, 회사마다 상황이 다르고 핵심가치가 다르기 때문에 KPI 선정을 조언하고 영향을 미치는 것은 쉬운 일이 아니다. 하지만, 간단명료하고, 추적이 용이해야 하며 전사적인 컨센서스를 이룰 수 있는 것으로 KPI가 선택되어야 한다는 점은 공통적 기준이니 KPI 선정 시 유념하면 좋겠다.

혹시, RPA KPI가 무엇인지 질문을 받았는데, 아직도 간단하게 대답 못하고 있는지? 그렇다면, 현재 전사적으로 공감할 수 있는 KPI가 없거나, 너무 많은 KPI를 잡고 있다고 스스로 생각해야 한다.

🦇 재무적 성과 분석

RPA 성과에 대한 재무적 분석에는 상당히 복잡한 계산법이 들어갈 수도 있다. 하지만, 단순하게 최대한 변수의 수를 줄여서 투자 회수기간 Pay Back Period 을 분석하거나, ROI Return on Investment 또는 IRR Internal Rate of Return 을 계산해 볼 수도 있다.

ROI라는 관점에서 우선 투자 Investment 라는 독립 변수를 살펴보면 다음과 같다. 이 중에는 1회성 비용이 있지만, RPA의 특성상 지속적으로 발생하는 비용도 있기 때문에, TCO Total Cost of Ownership 분석이 필요해진다.

●─ 비용 / 투자 요소

1 컨설팅

2 과제 발굴(컨설팅에 포함되는 경우도 있다)

3 개발

4 기능 테스트

5 현업 사용자 테스트

6 RPA 라이선스(대부분 연 단위 라이선스 계약이다)

7 인프라(서버, 로봇 용 PC, 고가용성 구성 등)

8 운영(인프라 운영, 로봇 운영, 변화 관리 등)

수익 Return 이라는 종속 변수는 투자보다 정의하기가 좀 어렵다.

가장 단순하게 수익을 계산하는 방법은 자동화로 인해 절감된 시간을 FTE Full Time Equivalent 인건비로 환산하여 효과를 추정해 보는 것이다.

예를 들어 한 명의 FTE가 1년에 2,000시간을 근무하고 1인당 연간 인건비가 6,000만원이라고 가정했을 때, 전사 차원에서 연간 10만 시간이 자동화로 인해 대체되었다면 향후 이를 통해 매년 30억의 경제적 효과가 나타났다고 보는 방식이다.

복잡하게 계산해서 더 정교한 결과를 얻을 수도 있겠지만, 우선은 간단하고 직관적인 결과로 쉬운 대화법에 쓸 수 있기 때문에 이렇게 해도 된다고 본다.

가장 많은 시간을 자동화로 전환한 일본 기업의 사례에서 봐도, 투자 회사 입장에서는 비용 는 모든 요인을 반영하되, 수익은 가장 단순한 기준인 인건비로 추정하고 있다. 이 회사는 자동화 업무와 관련된 사무직 직원을 직군 별로 크게 두 그룹으로 나누어 각 해당 업무가 자동화 되었을 때, 직군 별 평균임금을 기준으로 효과를 분석하고 있다.

RPA는 사실 로켓 사이언스나 파생상품 모델이 아니니, 이렇게 효과를 추정해도 기업의 경영 의사 결정에는 충분한 근거가 될 수 있을 것으로 본다.

그럼 ROI를 평가하는 기준은 어떻게 해야 하는지? 큰 자동화 과제는 해당 과제만을 가지고 ROI 분석을 해 볼 수도 있겠지만, 그런 과제는 흔치 않기 때문에, 개별 과제 기준보다는 RPA 확산 단계에 따라 각 단계의 ROI를 분석하는 것이 더 합리적일 수 있다. 물론 각 단계별 혹은 자동화의 규모에 따라 목표하는 ROI 수준이 다를 수 있음은 당연하다.

한편, 아무리 작은 수의 과제를 자동화해도, 최소한의 고정비 성격인 인프라와 운영비용은 들게 마련이다. 이 비용의 비율이 상대적으로 클수록 자동화의 효과는 낮게 나타난다. RPA에서도 당연히 규모의 경제가 고려되어야 하는 것은 이런 이유 때문이다.

그리고 RPA는 회사에 그 효과를 지속적으로 줄 수 있기 때문에, 투자와 수익에 시간의 개념을 넣어볼 필요가 있다.

1회성 비용과 성과가 있다면 RPA에는 반복되는 비용과 수익도 존재한다. 대부분의 회사는 1회성 비용을 자본적 투자화해서 3~5년간 분산해서 비용으로 인식한다. 성과 기간을 짧게 보지 않고 길게 늘여서 본다면, 그래서 반복적인 수익이 반복적인 비용보다 조금이라도 많다면, 1회성의 투자비용의 희석 효과가 나타나기 때문에 수익 효과는 당연히 커지게 된다. 이런 변수를 감안한다면, ROI보다는 장기적인 효과를 더 잘 보여줄 수 있는 IRR이 더 편한 인덱스가 될 수도 있을 것이다.

한편, 지금까지 설명한 투자비용 대비 전환되는 인력 효과 측면에다 RPA를 통해 창출되는 직접적인 매출 증대 효과를 추가해 ROI를 분석해 본다면 그 셈법이 전혀 달라진다. 비용 절감만으로 합리화하기 어려웠던 RPA 투자의 정당화가 의외로 쉽게 될 뿐 아니라 효과 또한 증폭될 수 있다.

예를 들어 항공사의 운항 전 취소 건을 로봇이 자동으로 확인하고, 대기자에게 문자를 보내 빈 좌석을 줄일 수 있다면? 또한, 원양 어선 사업을 하는 기업이 RPA를 통해 기존에 제공하던 어획 관련 정보보다 더 다양한 정보를 실시간으로 어선에 제공함으로써 어획량을 더 늘릴 수 있다면?

RPA를 통해 늘어난 매출까지 감안해서 IRR을 산정하게 되면 이전의 결과와는 판이하게 다른 수익성이 확인된다. 그리고 매출에 직접적으로 기여하는 자동화가 늘어날수록 기존의 비용 중심 접근보다 더 과감한 RPA도입이 가능해질 수 있다.

앞으로 어디에다 더 중점을 두면서 RPA를 확산시켜야 하는지, 시사점을 주는 대목이다.

Part 3

RPA 진화와 혁신의 해외 사례,
그리고 한국의 RPA

RPA 사례를 이야기할 때마다 대표적으로 거론되는 곳은 일본이다. 일본은 2010년부터 인구가 줄어들기 시작한 나라이기 때문에, 인구 구조적으로 사람을 보완할 디지털 인력이 절실히 필요한 곳이다. 이런 이유로 전사적인 RPA 도입을 선제적으로 고민할 수밖에 없었고, 몇 기업들은 실제 그것이 가능함을 입증해 보였기 때문에, 이 짧은 RPA 역사에 큰 족적을 남겼다. 그래서 이 책에서도 일본의 기업 및 공공 RPA 도입 사례를 공유하고 그들이 겪었던 시행착오와 성공사례를 먼저 소개할 것이다.

다음으로는 자신이 처한 외부 환경과 내부 역량 수준을 감안하여 다양한 모습의 RPA를 구현해 나가고 있는 글로벌 기업의 RPA 트렌드를 소개할 것이다. 이들을 통해 독자분들은 2020년 이후의 RPA를 어떻게 준비하고 풀어나가면 좋을지 새로운 아이디어를 가지시길 바란다.

세 번째는 이들보다 1년 혹은 2년 늦게 출발했지만, 매우 빠르게 확산되고 있는 한국의 RPA 현황을 금융, 제조, 그리고 공공 산업을 중심으로 소개할 것이다.

마지막으로는 각 지역의 RPA가 도입 배경과 전개 그리고 확산 단계에서 무엇이 비슷하고 어떻게 다른지를 비교 요약함으로써, 이 책을 접하는 기업 혹은 기관으로 하여금 자신의 환경에 맞은 RPA 방향을 설정하는 데 있어 참고하실 수 있도록 하겠다.

일본 : RPA 선구자

🕮 절실했던 변화

일본의 초과 근무 비율은 여타 선진국에 비해 매우 심각한 수준이었다. 2016년 일본 노동정책연구·연수기구가 발표한 자료에 의하면, 일본을 포함한 주요 선진 11개국에서 다른 10개국의 주간 49시간 이상 근무 직원 비율이 11.5%에서 최대 18% 수준에 불과한 반면, 일본은 30%에 육박하고 있었다. 더욱 놀라운 것은 일본이 2012년부터 2015년까지 1인당 GDP 순위가 11위에서 20위로 곤두박질치는 순간에도 야근으로 인한 사망자 수는 연간 2,514명에서 3,030명으로 오히려 크게 늘었다는 것이다.

일본은 2010년 1억 2천8백만 명으로 인구 정점을 찍은 후, 지속적으로 인구가 감소하고 있으며, 2010년대 중반 이후부터는 노동인구의 감소를 직면하고 있다. 한국 또한 2018년 인구 성장률이 1% 미만으로 떨어졌기 때문에, 곧 일본과 비슷한 상황을 직면하게 될 것이다. 현재 우리나라도 군대에서 복무기간 축소와 맞물려 인구 절벽을 먼저 체감하고 있는데, 이 현상은 추후 기업과 공공에도 확대될 것이다.

일본의 아베 총리는 "단기적으로 근로방식개혁 Work Style Reform 은 일본의 가장 큰 난제가 될 것이다. 그리고 장기적으로 인구 고령화는 우리 사회에 큰 문제가 될 것이다."고 이야기를 했다. 하지만, 아베 총리는 또한 역설적으로 "일본의 고령화, 인구 감소는 부담이 아니라 로봇, 인공지능 같은 혁신을 통해 생산성을 끌어올리게 되는 인센티브가 되기도 한다."라고도 주장했다.

　일본에서 RPA가 빠르게 도입 및 확산되고, 전사적인 규모의 사례가 나오는 것은 이러한 인구 구조적 이슈 및 그로부터 위기를 돌파해 보려는 사회적인 분위기에 기인한다고 볼 수 있다.

◈ 엔터프라이즈 RPA를 보여주다

일본에는 전사 차원의 RPA를 도입해 성공한 사례와 초기 실패를 한 후 그 교훈을 바탕으로 기본기를 다진 후 재추진해 성공을 거두고 있는 사례까지 있다. 한동안 소개되었던 일본의 대표적 RPA 성공 사례를 요약해 보면 **그림20 〈일본 RPA의 대표적 사례 요약〉**과 같다.

　이들은 처음부터 전사 차원에서 RPA를 고민했고, 경영진이 적극적으로 참여했다. 이들에게는 RPA 자체가 목적이 아니었다. 직면한 도전적 사업 환경을 극복하고자 새로운 경영 목표를 세웠으며 이를 달성하기 위한 여러 툴 중에서 가장 빠르고 쉬우며 규모 있게 성과를 낼 수 있는 RPA를 찾은 것 뿐이다. RPA가 확실한 조력자 Enabler 가 될 수 있을 것이라는 확신이 서자 그들은 RPA를 전사차원에서 도입하기 시작했다.

　따라서 이들의 RPA 목표와 KPI는 매우 명확하고 단순하다.

　금융기관인 'S'사는 '가장 생산성이 높은 금융기관이 되겠다.'는 경영 전략하에, 컨설팅 사를 통한 전사 프로세스 혁신을 우선 추진했고,

	S 금융회사	D 광고회사	T 자동차 제조회사
사업의 도전	- 금융위기 - 인력수급의 불균형 - 저금리로 인한 수익성 저하	- 엄청난 야근 - 디지털 광고 에러	- 뉴 모빌리티 - 수익성 저하
전략적 선택	- 생산성 최고의 금융 기관	- 일하는 방식의 혁신	- 사무직 혁신
RPA 전개 방식	- 회사 주도(컨설팅사 활용) - 직원 중심(교육, 문화) - 본사의 지원 업무 　우선 적용 후 일선으로 확대	- 회사 주도 + 직원 참여 - 로봇 인사부 설치 - 로봇 비서 개념 도입 - 교육을 통한 쉬운 사용 제시 - 재 사용 모듈 개발	- 현업과 IT의 공동 COE - 전직원의 사용 - 글로벌 표준
RPA 기대 효과	- 자동화로 인한 업무 시간 　감축(연간 1백만 시간 대체) - 1년내 ROI 시현되는 　과제 수행	- 노동 시간 단축(창조 시간 　창출) - 디지털 광고 에러 감소(%)	- 사무직 업무 개선-

이후 3년간 매년 100만 시간을 RPA를 통해 자동화하겠다는 RPA 목표를 수립하였다. 이 회사에게는 총량적 시간 절감과 시간 절감을 통한 직원들의 재배치가 KPI이다.

　자동차 제조회사인 'T'사는 내연기관자동차 회사들이 공통으로 직면하는 뉴 모빌리티 New Mobility 시대에서 어떻게 현재의 위치를 유지할 수 있을까 하는 고민에서 '사무직의 혁신'을 전략적 테마로 잡았다. 그리고 사무직 직원들이 창의적인 생각을 할 수 있게 단순 반복적인 업무를 줄여 주기 위한 툴로 RPA를 도입했다. 따라서 RPA를 통해 얼마의 시간을 절감했는지 보다는, RPA를 통해 단순 반복적 업무를 덜어넘으로써, 사무직 직원이 내는 혁신적인 아이디어의 수와 그 영향력이 더 중요하기 때문에 후자를 RPA KPI로 잡았다.

광고회사인 'D'사의 RPA는 앞의 회사들과는 사뭇 다른 테마이다. 광고회사의 특성상 많은 야근이 있었으며, 대 고객 업무 에러 발생 시 사회적 파장이 클 수 있는 사업 모델을 가지고 있었다. 그래서 직원들의 야근과 업무 에러에 대한 걱정을 줄여 주고, 그들의 행복을 찾아 주기 위해 '근로방식 혁신'이라는 전략적 테마를 설정했으며, RPA는 이를 가능케 하는 툴로 도입되었다. 따라서 직원들의 1일 근무 시간 중에 RPA를 활용해 절감한 시간과 RPA를 활용해 줄인 업무 에러 비율이 이 회사 RPA의 KPI가 되었다.

회사마다 시작의 상황과 배경이 다르면, 이후 전개 방식과 지향하는 부분도 이같이 다르게 나타난다. 하지만, 한 가지 공통적인 메시지는 RPA가 경영진 및 경영의 목표와 정확하게 연결되어 있을 때, RPA 또한 제대로 된 효과를 제공해 줄 수 있다는 점이다.

이들은 많은 국내 그룹사 혹은 금융기관들이 RPA 도입 초기에 벤치마킹을 했던 기업들이고, 이후에도 국내 기업이 RPA 전략을 세우고 전개해 나가는 데에 있어서 많은 도움과 자극이 되었다.

👁 'S'금융기관 – 엔터프라이즈 RPA 선구자

이 'S'금융기관은 성공적인 RPA 도입 사례를 이야기할 때 항상 언급되는 곳이다. 전략 수립과 전개 방식, 직원들의 참여 유도 및 교육, 그리고 향후 발전 방향 제시까지 전사적 RPA 차원에서 교과서와 같은 회사라고 해도 지나치지 않다. 성과 측면에서도 놀랍게 2017년부터 매년 1백만 시간을 3년 동안 자동화로 전환하고 있다.

국내 'K'금융 그룹, 'H'금융 그룹, 'N'그룹은 이 회사의 일본 본사를 직접 방문하여, 그들의 RPA 도입 배경, 전략, 커뮤니케이션, 그리고 향후 전개 방향에 대한 벤치마킹을 2018년~2019년 사이에 진행하였고, 그들의 RPA 추진으로부터 큰 자극과 영감을 받았다. 더 나아가, 2019년 7월에는 아예 이 금융그룹의 RPA 리더를 직접 한국에 초대해, 그들의 RPA 여정을 국내 금융기관 및 그룹사의 RPA 관련 임원 및 리더들과 공유하는 자리를 만들었다. 40여 명의 국내 기업체 임원 혹은 RPA 리더들이 참석했고 그 자리에서도 많은 질문이 오고 갔지만, 이후 전사 차원의 RPA를 추진하는 기업들 사이에서 한동안 회자되었던 행사였다.

나도 언론사 주관 RPA 세미나, 초청 강연 혹은 개별 고객으로부터 성공적인 전사적 RPA 사례를 소개해 달라는 요청을 받으면 가장 우선적으로 이 회사를 소개한다.

이 회사의 RPA 여정은 그 자체만으로 책 한 권 이상의 분량이 될 만하지만, 여기에서는 간단히 핵심적인 부분만 독자들의 이해를 돕기 위해 시계열적으로 소개해 보겠다.

○─ RPA 도입의 배경

불안정한 금융과 경제 환경, 그로 인한 저금리 지속, 금융 규제 강화,

직원 구인난, 그리고 근무 형태 혁신이라는 정부 모토에 따른 근로시간 규제 강화 등은 모든 일본 금융기관의 큰 도전이었고, 이 기업 또한 자유로울 수 없었다. 기업들은 지속 성장 가능성에 대한 의문을 갖게 되었고, 돌파구를 찾기 위한 절실한 노력들이 일어났다.

2016년 이 회사는 낮은 NIM Net Interest Margin 상황에서 일상적인 노력으로는 제대로 된 수익성을 내기 어려울 것이라는 판단하에, 생산성을 극대화함으로써 경쟁사와 차별화하겠다는 전략적 방향을 수립했다. 당시에도 이 회사는 ETR Expenses to Revenue 이 글로벌 탑 수준으로 최적화되어 있었지만, 보다 절실하게 '생산성 최고의 금융기관'이 되겠다는 중장기 목표를 수립하였다.

○— 전략적 선택

일반적으로 회사가 위기를 겪게 되면 인력 감축 및 경비 절감을 감행하거나, 그동안 해보지 않았던 새로운 사업 투자를 통해 난국을 헤쳐나간 경향이 있다. 하지만, 전자는 직원들의 사기를 떨어뜨리고 인력 부족으로 인한 생산성 약화라는 악순환을 겪을 수 있고, 후자는 신사업의 낮은 성공률로 인해 회사의 위기만 더 키울 수도 있다.

이 회사는 도전적인 상황을 극복하기 위한 해답을 '고 성과 직원들의 효과적인 활용'에서 찾으려고 했다. 고성과자가 보다 창의적인 사고를 통해 새로운 사업기회를 찾아낼 수 있다면, 기업의 문화가 바뀌고 사업의 성과도 더 커 질 것이라는 판단을 했던 것이다.

우선 전사 업무에 대한 프로세스 혁신을 실시했다. 불필요한 프로세스를 없애고, 개선해야 하는 프로세스는 과감하게 개선했다. 그리고는 개선된 프로세스를 자동화하면 생산성을 빠르고 크게 올릴 수 있겠다는 생각에 솔루션을 찾았고, 당시 시장에서 관심을 받기 시작한 RPA라는 것을 핵심적인 툴로 선정하였다.

⊶ 아무도 가보지 않은 길

하지만 당시만 해도 전사 규모로 RPA를 성공한 사례가 없었기 때문에, 외부 사례 벤치마킹을 통한 검증조차 할 수 없었다. 이에 회사는 다양한 외부 전문가들을 적극 활용함으로써 그들의 집단 지성을 안전장치로 활용하는 전략을 세웠다. 네 개의 글로벌 컨설팅사를 선정해 각각 회사의 주요 사업 부문에 대한 자동화 계획, 과제 발굴, 개발, 그리고 효과 분석을 지시했다. 회사의 COE팀은 매주, 매월, 매 분기별로 이들 컨설팅 회사와 아이디어 및 성과를 공유함으로써, 필요한 부분을 기민하게 조정하고 발전을 거듭할 수 있었다.

⊶ 건전한 긴장감

단순 반복적인 업무는 자동화로 반드시 전환해야 한다는 부담을 모든 관리자와 직원들이 느끼도록 긴장감을 조성했다. 직원의 업무 난이도를 '0'단계에서 '5'단계까지 구분을 한 후, '0'단계의 업무는 프로세스 개선을 통해 중단시켜버리고, '1'과 '2'단계 업무는 로봇에게 전가하고, 직원들은 '3~5'단계의 업무에 집중할 수 있게 추진하였다.

모든 직원들은 자동화를 통해 현재보다 더 높은 난이도의 업무를 해야 하고, 그를 통해 생산성을 획기적으로 개선해야 한다는 방향성을 지속적으로 공유하고 실천해 나갔다.

○─ **RPA 전담 조직의 구성**

컨설팅사의 집단 지성을 중심으로 프로젝트를 이끌어 가기 때문에 이 회사의 RPA 조직은 좀 복잡해 보인다. 하지만 주요 의사결정은 철저하게 COE 조직에 집중되어 있다.

우선 회사 경영기획 조직의 업무개혁실이 전략과 통제 기능을 담당한다.

그리고 컨설팅 회사들은 각 사업 본부의 과제를 발굴하고 구현하며, 매주 과제의 진척도에 대해 의견을 교환하고, 분기에 한 번씩은 전 분기의 성과와 새로운 분기의 계획을 발표한다. 직원들에 대한 교육과 기술적 방향 제시 역할 또한 컨설팅 회사가 하고 있다.

RPA 벤더와 그룹의 IT 자회사는 기술 전수와 운영에 참여하고 있다.

150명 이상이 상주하는 이 회사의 RPA 프로젝트 룸은 그 자체로 한동안 RPA의 성지이자 벤치마킹의 대상이 되었다. 나는 국내 금융기관 고객들과 같이 직접 방문하기도 했는데, 실제 이곳을 벤치마킹해서 RPA 프로젝트 룸을 꾸민 곳도 있다.

간단하지만 명확한 목표 설정

이 회사의 RPA 성과를 이야기하는 방법은 매우 간단하다.

왜냐하면 단순하고도 임팩트가 있는 목표를 세웠기 때문이다. 연간 100만, 3년간 300만 시간을 자동화로 전환하고, 모든 과제는 1년 이내에 기대 ROI를 달성하겠다는 게 바로 목표이다. 직원들의 이동 배치 비율, 자동화로 인한 직원들의 긍지지수와 같은 성과 측정치 또한 있지만, 이들은 보조 지표로서 활용된다.

전개 방향

이 회사는 우선 본사 업무의 자동화로 시작하였다. 이후는 신기술을 적용해 효과의 질적 향상을 도모하고, 마지막으로는 현업 사용자 중심의 RPA 확산 계획을 가지고 있다. 회사 주도의 전사 차원 RPA는 이미 효과를 보았고, 직원 중심의 RPA는 현재 진행 중이다.

직원 중심의 RPA

이 회사는 직원 스스로 RPA를 개발할 수 있게 하겠다는 목표를 세웠고, 2018년에는 1년간 약 500여 명의 직원들에 대해 RPA 교육 및 개발 체험을 실시하였다. 참가하는 직원들은 오리엔테이션을 받고, 교육 담당자의 멘토링 하에 자신의 업무 중 자동화할 수 있는 영역을 찾아내며, 교육 담당자의 코칭을 받으면서 스스로 RPA를 개발, 테스트 및 적용해 보고, 1개월간의 과정이 끝난 이후 성과를 발표하고, 이후 유지 보수 및 기술적 지원을 받았다.

2020년부터는 본격적으로 직원들이 각자 로봇을 가지고 자신의 업무를 자동화할 수 있는 RPA 개인화를 추진하고 있다. 특히, 고객 접점에 있는 직원들로 하여금 자신의 로봇을 사용해 고객들에게 최선의 서비스를 제공케 하는 것이 중요한 내용의 하나이다.

○─ 커뮤니케이션과 변화 관리

이 회사는 직원들에 대한 긍지 서베이를 한다.

자동화를 경험한 후, 자신의 업무에 얼마나 긍지를 느끼고 있는지를 확인하는 것이다. 자동화 아이디어를 받을 때도 "당신이 업무를 함에 있어 긍지를 가지려면 어떤 업무를 자동화해야 할까요?"라는 질문을 던진다. RPA를 통한 직원들의 의식 변화를 이런 방식으로 추진하고 있는 것이다.

그리고, 포털과 포스터를 통해 진행 상황 및 성공 사례를 적극적으로 공유하고 있다. 심지어 본사 화장실에서도 RPA 성과를 게시함으로써 직원들이 항상 어디서든 RPA를 느낄 수 있게 한다. 로봇이 등장하는 포스트에서 로봇은 "저는 당신 부서에 입사한 신입직원 로봇입니다. 무슨 일이든 잘 가이드 해주시면 열심히 하겠습니다."와 같은 메시지를 전달하고 있다.

이 회사 사례는 제대로 된 엔터프라이즈 RPA를 처음으로 입증했다는 점에서 매우 큰 의의가 있다. 컨설팅 회사를 가장 효율적으로 사용함으로써 체계적으로 RPA를 도입 및 확대했고, 경영층과 직원들의 참여도를 동시에 끌어올려 지속적인 성과를 낼 수 있었으며, 그리고 RPA를 회사 내 하나의 언어로 자리 잡아 제대로 된 디지털 기반의 문화적인 변화 또한 이끌어 냈다.

하지만, 내가 이 회사의 RPA에 마음을 뺏기고 국내 기업들에게 적극적으로 전파하는 것에는 이유가 더 있다.

이 회사가 2019년에는 자신의 RPA 경험을 주요 고객들과 공유하고자 별도의 자회사를 만들었다. 회사의 COE 조직, 컨설팅회사, 그리고 RPA 솔루션 회사가 팀이 되어서, 일본 내 같은 모델로 RPA를 전개하고 싶은 회사에 자신의 경험과 노하우를 적극적으로 공유하기 시작한 것이다.

예전 GE가 자신의 고객들에게 식스시그마와 LEAN을 가이드하고 전파하던 것과 어떻게 보면 유사하다고 할 수 있다. 하지만, GE의 고객 활동은 노하우를 활용해 고객의 업무 개선을 지원하는 수준이었다면, 이 회사의 접근은 프로세스 혁신, 자동화 전략, RPA 개발 및 운영 등 전반적인 지식과 경험을 서비스로 구성해서 제공한다는 측면에서 차이가 있다.

이 회사 RPA COE를 책임지고 있는 리더이자 RPA만을 위해 설립

한 회사의 대표를 2018년과 2019년에 다섯 차례 만났는데, 매번 만날 때마다 그전과는 차원이 다른 전략과 실천을 보여줘서 나를 놀라게 했다. 그래서 지금도 이 회사의 다음 단계 RPA가 많이 기대된다.

🐞 'D'광고회사 – 야근과 스트레스가 없는 직원의 삶

120여 년의 역사를 가지고 140여 개국에서 5만여 명의 직원들이 근무하고 있는 이 회사는 'Digital Labor Transformation'이라는 슬로건을 걸고 전사적인 RPA를 도입하였다.

가장 빠른 기간 내에 1,000여 대의 로봇을 도입해 직원 개개인의 업무에 적용했다는 점에서, 2018년과 2019년 큰 유명세를 탔던 회사이다.

일본은 월간 추가 근무시간을 최대 80시간으로 제한 두고 있었지만, 2013년 이 회사 직원들의 월간 평균 초과 근무시간은 105시간에 달하는 매우 심각한 수준의 업무 과중이 있었다. 2017년 RPA 도입을 전격적으로 결정하게 된 것은, 과도한 업무 스트레스로 인해 극단적인 선택을 한 직원과 디지털 광고 과금 에러와 같은 민감한 업무 실수가 빚은 큰 사회적 이슈 때문이었다.

이러한 상황을 극복하고자 경영진은 심각한 고민을 했고, 해결의 실마리로 RPA를 통한 자동화를 찾았다. 사태의 심각성으로 인해 당연히 즉각적이고도 전사적인 자동화 도입이 필요했고, RPA 미션은 '워크스타일 개혁을 주도하고 인구 고령화 시대를 잘 헤쳐 나간다.'로 잡았다.

이 회사에서 RPA는 직원을 대체하는 수단이 아닌 직원의 업무를 증강시키는 솔루션이 되어야 했다.

그래서 앞선 사례인 금융 기업에서는 전사적인 생산성 향상을 위한 총량적 시간 절감이 RPA의 테마였다면, 이 회사는 직원 개개인의 업무 시간 경감과 업무 정확도를 올림으로써 불안감을 해소하는 것이 RPA의 기대 목표였다. RPA가 직원에게는 매일 업무 시간 중 30분을 자동화시킴으로써 정시 퇴근을 가능케 해야 했고, 고객에게는 업무 에러를 줄여 줌으로써 정확한 서비스를 제공하게끔 활용되어야 했다.

이 회사는 RPA 전담 조직이 공통적인 업무 자동화 프로세스를 만든 후, 직원들이 사용할 수 있게 배포하고 관리 및 운영하고 있다. 그래서 전담조직의 중요성과 업무 범위가 상대적으로 넓다. 이를 효과적으로 하기 위해 회사는 별도의 로봇 인사부를 두고 있다. 로봇 인사부는 로봇 전략 성과 대시보드화, KPI 설정, 평가제도 설계 등 을 수립하고, 로봇을 배치하며 로봇 자원을 관리 개발 생산성 제고, 자원 할당, 분석 등 한다.

어떻게 보면 전사 1인 1로봇의 개념을 처음으로 도입한 기업일 수도 있지만, 직원들이 적극적으로 개발에 참여한 것은 아니기 때문에, 최대한 많은 사용자 풀을 둔 1인 1로봇 초기 모델이었다고 하는 게 오히려 맞을 것 같다.

🏛 공공 – RPA를 통한 활기를

2019년 도쿄에서 열린 대규모 RPA 이벤트에서 일본의 한 국회의원이 자신이 직접 개발하고 사용한 RPA 경험담을 소개했다. 그는 일본 국회의 경비처리 자동화 업무에 이미 RPA가 적용되어 있다고 소개했다. 그리고 RPA는 아베 정부가 내세운 근로방식의 개혁과 연결되는 솔루션이며, 일본에 활기를 넣겠다는 정책 방향과도 맞아떨어진다고 강조했다. 또한, 저출산 고령화 시대에서 인재들은 필요하지 않은 일은 하지 않아야 하는데 이러한 일들을 대신해 주는 것이 RPA라고 덧붙여 설명했다. 그래야만, '일하는 방식의 개혁'에서 '일하는 보람의 개혁'이 이루어진다는 것이다.

이어서는 일본의 지방자치단체 중 한 곳의 단체장이 자신이 살고 있는 현의 RPA도입 사례를 설명했다.

이 현은 인구 3백만 정도의 소도시로 인구 감소, 노동 인구 감소, 대도시로의 인력 이탈이라는 큰 도전을 맞고 있었다. 인력 유출을 막고 새로운 인력을 유치하기 위해, 다른 지역과의 차별화 방안을 절실히 모색하던 중에 그 돌파구로 디지털 혁신을 찾았다고 했다.

당시 직원들은 변화에 대한 두려움을 가지고 있었고, 그럴수록 리더가 위기의식을 가지고 과감하게 변화를 추진해야 한다는 결정에 이르렀다. 2018년 지자체장은 기업가적인 마인드로 자신이 전면에 나서고 현업 부서와 IT부서를 하나의 팀으로 묶어 RPA를 통한 혁신을 시작했다.

자동화는 현의 시민들에게 가장 중요한 생업인 수산업과 관련된 수산물 시험장 어획정보시스템 데이터 처리와 교직원들의 업무 부담을 줄여주는 출장 경비 처리에 우선 적용되었다.

이 둘을 포함한 초기 4개의 파일럿 프로젝트를 통해 단순 반복적인 업무의 80%를 자동화시킴으로써 내부적으로 성공의 공감대를 형성할 수 있었다고 했다. 그가 RPA 성공 사유로 꼽은 것은 리더의 확실한 약속과 지원, IT부서와 현업 업무 부서의 공통 과제화, 컨설팅 회사의 가이드와 RPA 벤더의 기술 지원이었다.

◈ 경험으로 얻은 교훈

일본의 RPA를 조사하다 보면, 일본에서 RPA는 하나의 기업 아젠다이기도 하지만 좀 더 거창하게 '일본에 활기'를 넣는 데 일조하고 있다는 자부심과도 연결되어 있는 것처럼 보였다. 2019년 RPA 고객 이벤트에서 발표했던 일본의 대표적 기업인 'T'사의 마지막 페이지에는 '일본을 자동화하겠다.'는 그들의 비전과 욕심이 과도하게 보여서 다소 놀랐던 경험이 있다.

일본의 기업들에게 큰 도전은 노동인구 감소와 그로 인해 인재가 적재적소에 배치되지 못하는 것이라고 했다. 그리고 이 상황은 점점 더 심각해지고 있다. 후자는 기술력을 가지고 있는 직원에 대비해서 여전히 높은 사무직 비율, 그리고 전문 인력의 부족 현상으로 설명될 수 있다.

이들에게 RPA 목표는 로봇이 부족한 인력을 대체함으로써 사람이 보다 창의적인 업무에 집중할 수 있게 하는 것이다. 그래서 RPA를 활용할 수 있는 조직과 인재를 키우는 것이 중요하고, RPA는 인재 중심의 디지털 트랜스포메이션의 중요한 플랫폼으로서 자리매김을 해야 했다.

하지만, 이렇듯 거창한 목표를 가지고 시작했던 RPA이지만, 이들에게도 RPA 전개가 그리 만만하지 않은 여정이었던 것으로 보인다. 과제 발굴과 개발이 가장 중요한 것인 줄 알았지만, 실제는 초기부터 제대로 된 운영체계와 내재화를 준비해야만 전사 RPA가 움직이고 성장해 나갈 수 있다는 것을 이들은 시행착오를 통해 알게 되었다.

경영자 주도 RPA 성공 사례로 알려져 있던 제조 유통회사가 정확한 기준이 없이 속도와 규모 중심으로만 RPA를 추진했기 때문에 확산 과정을 얼마나 힘들게 겪었는지를 그 회사의 COE 리더로부터 직접 들은 적이 있다.

이 회사는 동시에 전사 RPA를 추진하기 위해 다양한 컨설팅 회사를 고용했고, 컨설턴트들은 모든 부서의 자동화를 각자의 기준과 경험으로 가이드를 했다. 그 결과 과제 발굴과 개발은 매우 빠르게 이루어졌지만, 개발과 운영의 표준화가 되어 있지 않으니, 당연히 확산 시점에 도달하자 변화관리의 문제가 여실히 드러났다. 회사는 심각성을 인지하고, 다시 원점에서 체계를 잡는 고통스러운 과정을 거쳤다. 이미 전사적으로 RPA를 도입했기 때문에, RPA 이전으로 돌아가는 것은 불가능하니, 이미 개발한 자동화는 크게 고쳐서 쓸 수밖에 없었다고 했다.

반면 성공적으로 RPA를 구현해 나가는 기업은 성과에 대한 기대감과 실현의 속도에 균형을 잡고, 사업 목표 달성을 지원하기 위해 RPA 프로젝트를 흔들림 없이 추진하고 있었다.

그래서 어떤 회사는 당초 목표로 세운 기본 업무 자동화에 충실하고 자 RPA와 AI 결합과 같은 고 난이도 자동화에는 한동안 아예 관심을 두지 않았다. 또한, 데이터 센터가 주 사업 모델인 한 회사는 대 고객 서비스에 RPA를 활용하겠다는 목표를 수립하고, 시간이 걸리더라도 처음부터 직원 스스로 RPA를 개발할 수 있도록 내재화 모델을 추진하고 있다.

끝으로 국내 공공기관은 RPA를 도입할 때 일본 지방자치단체의 기업가적 RPA 접근 마인드와 방법을 참고해도 될 것 같다. 실제 국내 지방자치 단체 중의 한 곳이 이 책에서 소개한 일본의 지방자치현을 직접 벤치마킹 했다는 이야기를 들은 적이 있다.

🔶 RPA 성공의 팁

2019년 1월 도쿄에서는 약 2,500명의 RPA 고객들과 파트너가 초대된 RPA 사례 중심의 발표 이벤트가 열렸는데, 나도 그 행사에 국내 고객들과 함께 참여했다. 당시 패널 토론에 참여한 RPA 컨설턴트들이 성공적인 RPA 구현을 위한 몇 가지 팁을 알려 줬는데, 정리해 보면 다음과 같다. 비록 2019년의 일본 상황에 맞춘 조언이지만, 그 내용을 보면 RPA를 도입 및 확산하고 있는 국내 기업들에게 여전히 의미가 있는 시사점들이라 공유해 보겠다.

1 제대로 된 효과 시현을 위해서는 Top-Down 접근이 필요하다.

2 COE(상시전담조직)은 RPA 성공의 필수 조건이다.

3 직원 참여를 위해 홍보, 콘테스트, RPA 히어로 선정 등의 이벤트가 필요하다.

4 전체 업무 프로세스를 살펴보고 프로세스 혁신과 함께 하면 더 효과적이다.

5 나누어서 하는 것보다는 집중 개발형이 향후 안정적 운영에 더 도움이 될 수 있다.

6 현업에 대한 기대관리가 필요하다. 도입하면 끝이 아니고 변화관리를 해야 하기 때문이다.

7 사용자가 직접 개발하는 현장 개발형도 필요하다.

8 처음에 표준과 기준을 잘 잡아야 한다. 도입 후에 잡는 것은 매우 어렵다.

9 운영 인원에 대한 철저한 교육 및 인수인계를 위해 운영 체크리스트를 만들어야 한다.

글로벌 기업 : RPA를 비즈니스 경쟁력으로 활용

◈ RPA 글로벌 트렌드 Top 5

규모의 확대	전사 규모의 RPA, 글로벌 확산
민주화	개인화
어텐디드 오토메이션	고객 접점 업무의 자동화, 로봇의 비서화
엔드투엔드 자동화	사람과 로봇의 협업, 메가 프로세스의 자동화
RPA + AI	하이퍼오토메이션

2019년 10월 라스베가스에서 RPA 빅 이벤트가 열렸다.

이틀간 총 48개 회사가 각자의 RPA 도입 및 확산 전략을 공유했으며, 현장에는 약 3,000여 명의 청중이 그들의 RPA 여정을 귀담아들었다. 나도 국내 주요 기업의 RPA 전담 인력과 함께 참석했으며, 그 자리에서 그동안 많은 영감을 받았던 일본의 RPA와 글로벌 RPA 성공사례가 과연 어떻게 다른지 확인할 수 있었다.

항상 그랬듯이, 국내에서 같이 간 분들은 물론이고 나조차도 발표하는 회사들의 RPA 규모 로봇 수, 업무 수, 전담 직원의 수 등 가 우선 궁금했다. 그때까지는 로봇 1,500여 대를 가지고 매년 100만 시간을 자동화로 대체하고 있는 기업과 직원 1,000명에게 로봇을 주고 매일 업무 시간의 30분을 줄이는 일본 기업 사례와 같이, RPA는 규모가 커야 강하게 어필되었기 때문이다.

하지만 2일의 행사 기간 동안 몇 대의 로봇을 몇 개의 과제에 적용해서 몇 시간을 줄였다는 식의 이야기를 듣기는 좀처럼 쉽지 않았다. 일본처럼 큰 규모가 아니라서 언급하지 않는 것은 아닌가 하는 의문조차 들었는데, 그 이유는 사례 발표자와 그 고객들을 담당하는 RPA 영업 담당자와 별도로 직접 이야기를 나누고 나서야 알 수 있었다.

이들에게도 여전히 전사 차원의 RPA 규모 확대가 중요한 테마지만 각자가 속한 산업과 경영 환경이 다르기 때문에, 규모의 경쟁 혹은 자랑을 다른 산업에 있는 분들에게 하는 것이 큰 의미가 없을 것이라 판단했다고 했다. 오히려 자신들이 어떤 테마로 RPA를 전개하고 있는지를 소개하는 것이 사례를 공유하는 본 행사의 취지와 맞기 때문에, 그 이야기에 집중을 한 것뿐이라고 했다.

실제 발표한 회사 중에는 수천 개의 로봇을 쓰고 있는 회사도 있었고, 심지어는 수 만개의 로봇을 전사 자동화에 활용하고 있는 기업도 있었다.

많은 회사들의 발표를 들었고, 일부 회사는 발표자와 개별적으로 이야기까지 나눈 후, 글로벌 기업의 RPA 테마를 크게 다섯 가지로 정리해 볼 수 있었다. 이들 사이에 우선순위가 있는 것은 아니고, 글로벌 선도 기업들의 RPA 테마와 그들이 향후 추진해 나가고자 하는 RPA의 방향을 요약한 것이라고 이해하면 되겠다.

○─ 규모의 확대

여전히 RPA에서 규모의 확장은 중요한 테마이다. RPA를 통해 더 많은 시간을 절감하고, 회사 전체 업무 중 RPA 적용 비율을 극대화하는 노력이다. RPA를 도입한 기업들의 직원과 조직의 리더 중 20% 수준만이 RPA를 이해하고 받아들일 준비가 되어있다고 당시 전문가가 이야기를 했다. 그리고 전체 RPA 도입 기업 중에서, 2019년 10월 기준이기는 하지만, 100대 이상의 로봇을 가동하고 있는 곳은 2% 미만에 불과하다고 했다. 자동화를 활용한 전사적 효과를 내기 위해서는 규모의 경제가 필요한데, 이는 더 많은 과제를 발굴하고, 더 많은 로봇을 도입해서, 더 빠르게 적용함으로써 이루어질 수 있다. 그래서 규모의 확장 레이스는 진행 중이며, 더 가속화되어야 한다는 메시지를 공유하였다.

○— **민주화** (Democratization)

이는 개발자와 현업 직원들 누구나 RPA를 보다 쉽고 적은 비용으로 접근하게 됨을 의미한다. RPA 이해도를 끌어올리는 것뿐 아니라 자동화 과제를 스스로 분석하고 개발하는 단계까지 포함하는 개념이며, RPA 개인화라는 이름으로도 부르고 있다.

여기에는 전문 개발자와 현업 사용자의 가교 역할을 하는 시민 개발자 Citizen Developer 의 역할이 필요하고 중요하다. 사전적 의미에서 시민 개발자는 '전문 개발자는 아니지만, 기업/통합 시스템 혹은 구조를 통해 새로운 응용 프로그램을 만드는 개발자 및 사용자 출처: 네이버 영어사전 '로 정의되어 있다.

RPA가 확산되면서, 직원들이 제출한 수많은 RPA 과제를 전문 개발자만 가지고는 기대하는 기간 내에 구현할 수 없다는 현실적 고민에서 이 아이디어는 출발했다. 또한, 자동화를 통해 기업의 문화를 바꾸려면 모든 직원들의 적극적인 RPA 사용이 필요했기 때문에, 변화 주도자로서 시민 개발자를 양성하는 기업이 등장하고 있다.

더 나아가, 모든 직원이 각자의 업무 시간을 더 효율적으로 사용할 수 있도록 '1인 1로봇'을 추진하는 곳도 있다.

이를 지원하기 위한 RPA 솔루션 기업들의 제품 개발 노력도 가속화되고 있다. 더 쉽게 시민 개발자 혹은 현업의 사용자가 개발할 수 있도록 새로운 RPA 디자인 툴을 내놓고 있으며, 자동화 업무를 스스로 찾아내고 최적 안을 제시해 주는 마이닝 기술 로드맵을 제시하기도 하며, 간단한 녹화 기능만으로 현재의 프로세스 정의 문서를 생성하거나 디자인의 뼈대를 만들어 내는 솔루션도 선보이고 있다.

○― 어텐디드 오토메이션 (로봇은 나의 비서)

앞서 설명한 바와 같이 RPA 로봇은 사람이 구동하지 않아도 자동으로 실행되는 언어텐디드 Unattended 로봇과 사람에 의해 직접 실행되는 어텐디드 Attended 로봇으로 구분된다. 사람에 의해 구동되는 로봇은 보다 사용자 중심의 로봇이며 이는 고객 지원 및 영업을 포함한 대외 접점 업무에 주로 사용될 수 있다. 예를 들어 콜센터의 직원이 고객 요청을 받을 때, 특정 업무를 수행하는 로봇을 구동해 즉각적인 답변을 제공하는 경우이다. 언어텐디드 오토메이션이 주로 후선 업무 자동화를 통한 효율성에 초점이 맞춰져 있다면, 어텐디드 오토메이션은 전방의 사용자 경험에 보다 집중한다. 여기서 사용자는 직원은 물론이고 그 서비스를 이용하는 고객도 포함된다.

사전에 스케줄링을 해서 사용하는 것이 아니라, 내가 필요할 때 불러서 사용한다는 측면에서 나의 비서 로봇이라고 해도 된다. 회사가 직원들의 자동화 업무를 일일이 찾아서 정해진 시간에 수행해 주는 것이 아니라, 직원 스스로 주도적으로 자동화를 활용하는 단계이다. 민주화에 더 가깝고, 1인 1로봇으로 가는 과정이라고 볼 수도 있다.

○— 엔드 투 엔드 자동화 (업무의 시작에서 끝까지 중단 없는 자동화)

기업의 프로세스는 생각보다 길 수도 있고 복잡하기도 하다. 제조 유통의 경우는 ITO Inquiry to Order 와 OTR Order to Revenue 같은 메가 프로세스가 있고, 금융 기관은 TTY Time to Yes 와 TTF Time to Fund 과 같은 여러 단위 프로세스가 합쳐 있는 큰 업무가 있다. 비록 이렇게 긴 업무가 아니라 하더라도 RPA를 도입한 기업들은 태스크 단위의 업무 수준을 넘어서는 제법 긴 프로세스를 RPA를 통해 자동화함으로써 보다 효과적이고 편리한 환경을 구현하기를 희망한다.

RPA는 이처럼 길게 흘러가는 업무 Long Running Process 의 자동화를 제공해야 한다. 당연히 필요함에도 불구하고, 업무 프로세스 중간에 존재하는 많은 의사 결정 단계와 그를 연결하지 못했던 RPA 기술이 그동안 장애가 되어 왔다. 하지만 태스크 위주의 자동화는 전사 차원의 큰 효과를 내기에 부족하기 때문에, 글로벌 기업들은 계속 긴 프로세스의 자동화를 시도했고, 이제는 그 가능성이 제시되고 있다.

그 출발점에는 BPM Business Process Management 과 RPA의 융합이 이루어 질 수는 없을까 하는 의문이 있었다고 한다.

로봇을 구동해 1단계 태스크를 처리하면 로봇이 사람에게 2단계 진행 여부를 물어보고, 사람이 승인하면 로봇이 바로 2단계를 수행하는 일련의 긴 프로세스 자동화이다. 직원과 로봇이 협업을 하면서 업무를 처리하는 것이다.

RPA 솔루션 기업에서도 이를 지원하기 위한 기술을 내놓고 있으며, 유아이패스의 액션센터 Action Center 가 그중의 하나이다. 로봇이 업무를 수행하다가 사람의 의사 결정이 필요한 단계가 되면 폼 양식 을 담당 직원에게 보내고 이메일 혹은 모바일 폼 , 담당 직원이 승인을 하면 그 승인이 다음 로봇을 구동하는 행위가 되는 방식이다. 로봇이 업무를 수행하는 흐름의 중간에 사람의 역할이 존재하기 때문에 'Human in the Loop'이라고 표현하기도 한다.

○─ RPA + AI (더 똑똑하게 로봇을 쓰고 싶다)

RPA가 AI 프로그램을 단지 구동하거나 결과를 받아서 전달하는 수준의 사례는 많고, 기술적으로도 그리 어렵지 않다. 하지만 RPA가 진화하면서 기업들은 점점 사용자가 RPA와 AI를 구분하지 않고 하나의 프로그램처럼 유기적으로 사용하기를 원한다. 그래서 AI 기술이 RPA에 탑재되기도 하고 커넥터라는 방식으로 직접 연결되기도 한다.

현재 RPA를 중심으로 상당한 관심을 받는 영역은 머신 러닝이 가능한 인텔리전트 OCR과 챗봇이며 이 둘은 매우 적극적으로 RPA와 연결되고 있다. STT Speech to Text 기술과 빅데이터 분석 등도 RPA와 연계한 서비스 영역을 개척해 나가고 있다.

한편, 큰 기업의 경우 내부에도 상당히 많은 자체 AI 엔진 혹은 프로그램을 보유하고 있는데, 이러한 AI를 RPA 워크플로우에서 원활하게 디자인하고, 데이터 자동 업로드를 통한 업그레이드 및 버전 관리 등을 RPA를 통해 할 수 있는 기술이 RPA 솔루션 기업에 의해 제시되고 있다.

◈ 'P'컨설팅 회사 – 1인 1로봇

'P'컨설팅회사는 1인 1로봇이라는 테마를 기준으로 본다면, 가장 체계적으로 RPA를 추진하고 있는 기업이다.

2018년 RPA를 도입했고 미국을 우선 적용 대상으로 선정하여, 2019년 말 기준으로는 약 3만 명의 직원에게 로봇을 지급하고 자신의 업무 효율화에 활용할 것을 권하고 있다.

이 회사가 1인 1로봇을 시작하게 된 배경에는 회사의 업무 자동화 기회 분석이 우선 있었다. 조사 결과, 회사 주도로는 전체 업무의 3~7%만 자동화할 수 있지만, 실제 더 많은 40% 정도의 잠재적인 자동화 기회는 직원들의 참여가 있어야 파악하고 구현할 수 있다는 것이 확인되었기 때문이다.

회계감사와 컨설팅이 주 사업인 이 회사의 업무 전문가들은 각자의 클라이언트 니즈에 맞는 가이드와 분석을 하기 위해 매일 자기만의 사용 패턴으로 데이터 처리를 반복하고 있었다. RPA를 통해 업무 효율성을 높이고자 할 때, 이런 개인적 업무 패턴은 RPA 개인화의 필요성을 자연스럽게 대두시켜 주었다.

회사는 '고부가 가치 프로세스' 자동화에는 전문 개발 인력을 투입해서 고도화를 추진하고, '업무 태스크' 자동화는 직원 중심으로 추진해 나갔다. 특히, 개인 차원 혁신의 응집을 통해 전사 차원의 효과를 내 보겠다는 전략하에, 회사 내에 시민 개발자를 양성하기 시작했다. 회사는 이들에게 '디지털 엑셀러레이터 Digital Accelerator '란 타이틀을 부여하고, 별도의 교육을 제공하고, 현업 사용자와 전문 개발자 사이의 가교 역할을 하게 하였다. 이들은 본인의 업무를 하면서 발견된 자동화를 직접 구현하거나, 전문적인 개발 역량이 요구되는 과제의 경우 전문 개발자에게 개발 요건을 전달하는 역할을 한다.

회사가 주도적으로 하는 자동화는 효율성 측면이 강조되어 생산성 향상에 직접 기여를 한다. 하지만, 직원들에 의해 발굴되고 적용되는 과제는 비록 그 효과가 적을 수 있지만, 직원들의 업무상 어려움을 해결하기 때문에 직원 만족도를 크게 올릴 수 있다.

디지털 엑셀러레이터에 의해 개발된 과제의 한 예는 다음과 같다.

업무 특성상 대부분의 직원들이 외부 근무를 하는데, 직원들은 고객사 근처의 회사 사무실을 호텔링 시스템으로 쓰거나 회사와 계약이 맺어져 있는 공유 오피스의 좌석 혹은 회의실을 예약해 사용하고 있다. 하지만, 매번 사용이 가능한 공간을 찾고, 원하는 시간만큼 예약하고, 때로는 미팅룸을 잡는 것이 여간 번거로운 일이 아니었으며, 이로 인한 직원들의 불만이 많았다고 한다. 외부 사무실 예약을 자동화한 매우 단순한 개선이었지만, 사용 시간과 근무 예정 위치만 제공하면 로봇이 자동적으로 가용한 장소를 찾고 예약해 주니, 직원들의 업무 불편이 이로 인해 상당히 해소되었다고 한다.

이 회사의 RPA 여정은 현재 진행형이며, 그들이 공유한 4개의 주요 테마와 방향성을 정리해 보면 다음과 같다.

1 디지털 역량 제고

매우 중요한 화두이다. 디지털 관련해서는 직원 어느 누구도 경쟁사에 뒤쳐지지 않게 하겠다는 것이다. 그래서 이 회사는 최고 경영진을 포함한 모든 직원에게 RPA 교육을 시키고 있다.

2 디지털 활용 툴킷(Toolkit)

모든 직원들이 쉽게 활용할 수 있도록 RPA툴을 제공한다. 그 안에는 교육 과정과 교재, 개발 가이드, 자동화 구현 사례 및 각종 참고 자료 등이 있으며 직원들은 누구나 언제든지 접근하고 사용할 수 있다.

3 디지털 문화

경영진으로부터 하부 직원까지 모두 공감해야 디지털 혁신은 성공할 수 있다. 경영진은 직접 체험하고, 조직과 예산을 지원하며 성과를 보상하는 노력을 한다. 직원들은 자동화 아이디어를 제출하는 것부터 시작해 적극적인 사용자 역할을 한다. 문화는 하루아침에 만들어지는 것이 아니니 지속적인 투자와 참여가 필요하고, 그 변화의 중심에 디지털 엑셀러레이터를 두고 있다.

4 운영 모델

RPA는 일회성 이벤트가 아니기 때문에, 지속적으로 진화시켜야 한다. 그래서 이 회사의 운영 모델에는 창의적인 프로세스 설계, 새로운 기술의 적용, 적용 업무의 확대 등이 모두 포함된다.

이 회사는 자신들의 RPA 비전을 이루기 위해 RPA 솔루션 기업에게 구체적인 기술 로드맵과 제품 기능을 요구하기도 한다. 그래서 더 쉬운 RPA 디자인 툴이 탄생하게 되었고, 그들의 1인 1로봇의 여정은 속도가 빨라지고 있다.

◆ 'S'통신회사 – 가장 혁신적인 통신 기업이 된다

이 회사의 RPA 역사는 2018년 러시아 월드컵에서 시작한다. 통신회사의 경우 큰 이벤트가 있을 때 순간적으로 많은 인력이 필요한데, 월드컵이나 올림픽이 그 대표적인 사례이다. 이 회사는 월드컵 기간 동안 시즌권 판매 업무와 서비스 헬프데스크 운영에 RPA를 활용했고,

그 효과에 힘입어 이후 전사적인 디지털 혁신에 RPA를 활용하겠다는 결정을 하였다.

이 회사는 처음부터 직원 중심의 RPA 전개를 계획했으며, 2018년 10월에 그룹의 CDO Chief Digital Officer 가 전 직원들에게 아래 두 가지의 메시지를 제공하면서 1인 1로봇의 출사표를 던졌다.

"우리 조직은 이제 인간과 디지털 직원으로 구성될 것이며, 디지털 직원은 RPA를 통해 탄생될 것입니다. 그리고 우리 회사의 모든 직원은 앞으로 개인비서로서 자신만의 로봇을 가지게 될 겁니다."

이 회사는 통신서비스 산업에서 가장 혁신적인 기업이 되겠다는 사업 비전을 가지고 있었으며 1인 1로봇 개념의 RPA가 이를 가능케 하는 툴이 될 것으로 본 것이다. 아울러, 2만여 명의 직원 모두가 로봇을 활용한다면 고객에게 더 많은 시간과 노력을 기울일 수 있게 될 것이므로, 그 결과 사업 성과도 좋아질 것이라는 기대감을 가지고 있다.

이 회사는 RPA 확산 과정을 거치면서 몇 가지 중요한 경험을 했는데, 성공을 위한 핵심 포인트는 다음과 같다.

1 처음부터 명확한 목표를 가지고 출발해야 한다. 목표가 불분명하면 RPA를 제대로 추진할 수 없다. 회사의 목표는 '1인 1로봇을 통한 가장 혁신적인 기업'이 되는 것이다. 그래서 RPA과제도 그 방향에서 도출되고, 전 직원은 RPA를 활용하는 디지털 전도사가 되어야 한다.

2 경영층과 직원들 모두가 공감할 수 있는 스토리가 있어야 한다. 2019년 이 회

사에서 46년간 근무한 교육 담당 최고 임원(Chief Learning Officer)이 RPA 해커톤 과정을 통해 자신의 로봇을 직접 개발했다. 이 스토리는 사내는 물론이고, 외부 SNS를 통해서도 홍보가 크게 되었으며, 백 마디 필요성 주장보다 하나의 체험 사례가 그 무게감을 보인 경우로 이 분은 현재 유명 인사가 되었다.

3 사업과 사람에 대한 효과를 동일한 무게로 봐야 한다. 관리지표를 설정할 때 중요한 방향성이다. 사업적 효과만을 치중하다 보면, 직원들은 금방 지친다. 반면 사람에 대한 효과만 강조하다 보면 ROI가 간과되어 지속되기 어려울 수 있다.

4 직원들의 지속적이고 적극적인 참여가 핵심이다. 그러지 않으면 가장 혁신적인 기업이 되겠다는 기업의 비전이 실현되기 어렵다. 이 회사는 직원 스스로 자신의 업무 개선을 위한 RPA 개발을 할 수 있는 단계를 목표로 하고 있다. 그래서 직원들이 자신의 개인 목적을 위해서도 로봇을 사용할 수 있도록 자유도를 부여한다. 다만, 직원들이 자동화하는 것이 자신이 속한 팀 혹은 회사 업무에 영향을 미치는 것으로 파악될 경우에는 전담 조직으로부터 미리 확인을 받게 하는 안전장치를 마련해 두고 있다.

5 당장 자동화가 어려워 보이는 과제라 하더라도 회사의 RPA 과제 재고에 넣어 두어야 한다. 유관한 프로세스의 개선 혹은 구현 기술의 발달로 언젠가는 자동화할 수 있는 상황이 올 수 있기 때문에 잘 보관해 두어야 한다. 숙성되었을 때 꺼내서 자동화해서 쓰는 거다.

6 직원들에 대한 교육 프로그램이 존재해야 하고, 이는 지속적으로 제공되어야 한다. 이 회사는 RPA 교육 로드맵을 만들고 있으며 그 안에는 현업과 개발자의 온라인과 오프라인 교육 및 직접 코칭 등이 포함될 예정이다. 그 일환으로

2019년 6월에는 해커톤과 연계한 교육을 실시했다. 우선 RPA 교육에 자발적으로 참여하려는 직원 100여 명의 신청을 받았다. 이들에게 처음 5일간은 RPA 기초 및 심화 과정을 교육했고, 그중 약 50% 정도의 직원들은 2일간의 해커톤에 참여해 자신의 업무 과제를 발굴하고 자동화를 했다. 이 과정은 현재 SNS 동영상을 통해서도 볼 수 있다.

이 회사의 RPA 진화는 계속 진행 중이며, 체계적인 RPA 확산을 위한 교육과 운영 인프라 등을 체계적으로 갖추어 나가고 있다. 국내에서 직원 중심의 RPA를 추진하는 기업들이 향후 가장 참고해 볼 만한 사례가 될 것으로 기대하고 있다.

◈ 'W'은행 – 30초의 미학

이 금융기관은 비용 절감과 효율 향상에 RPA 목적을 두고 후선 업무 위주의 자동화를 진행해 오다가, 2019년 하반기부터 적용 범위를 고객 만족과 매출 창출 등으로 발전시켜 나가고 있다.

재미있는 사례는 '직불카드 사용 에러에 대한 콜센터 직원의 업무 대응' 자동화이다. 직불카드 사용 불가로 인한 콜센터 접수 건수가 연간 약 천만 건 정도에 달하는 데, 기존은 콜센터 직원이 거절 사유를 확인하는 동안 고객들이 약 30초 동안 통화 대기 상태에 있어야만 했다. 하지만, 콜센터 상담사와 직접 전화를 해 본 사람들이라면 누구나 "고객님. 제가 확인하는 동안 잠시만 기다려 주세요."라는 이 멘트 이후 듣게 되는 음악 혹은 회사 소개가 얼마나 길게 느껴지는지 공감할 것이다. 이 짧은 30초의 업무를 로봇에게 넘김으로써, 통화 대기 시간을 거의 없앰과 동시에 콜센터 직원은 자연스럽게 영업을 할 수 있게 된다. 로봇은 기존에 콜센터 직원이 하는 업무와 동일하게 회사 내의 여러 시스템을 정해진 룰에 따라 확인하고 그 결과를 직원의 모니터에 보여준다. 이 단순함이 서비스의 차별화를 만들어 내고, 고객 만족으로 연결되는 것이다.

이 회사는 몇 년간의 RPA 경험을 통해 얻은 교훈을 다음과 같이 정리하고 있다. 국내 기업들에게 다음의 <u>2</u> 번과 <u>3</u> 번은 시사하는 바가 있다.

<u>1</u> 은행의 COE 모델은 하이브리드 구조가 적절해 보인다. 총괄 COE 조직이 있어도 본부별로 개별 COE를 갖추어야 수없이 많은 은행의 프로세스를 효과적으로 자동화할 수 있다.

<u>2</u> 자동화 과제 발굴에서 개발로 이어지는 과정을 신속하게 진행해야 한다. 그러기 위해서는 자동화에 적합하지 않은 과제는 초기에 빠르게 제거할 수 있어야 한다.

<u>3</u> 직원들의 참여를 높이기 위해 마이크로 오토메이션(Micro Automation)을 동시에 추진해야 한다. 그렇지 않으면 수천 대의 로봇을 활용해 자동화를 했다고 하더라도, 여전히 전체 사용자 업무의 일부만 커버할 것이기 때문이다.

🔷 'E'컨설팅 회사 – 단순한 자동화로도 큰 효과를 볼 수 있다

이 회사는 RPA를 2016년에 시작해 이미 상당한 규모로 운영하고 있다.

2019년 10월 기준으로 이미 2,000대 이상의 로봇을 활용해 500개 이상의 프로세스에 적용하고 있으며, 그를 통해 연간 2백만 시간을 절감하고 있었다. RPA 적용 업무의 범위도 회사의 재무, 인사, IT, 그리고 지원 업무 등 후선 업무 전반에 걸쳐 있다.

하지만, 2019년 하반기부터는 '사용자 경험에 대한 패러다임 전환'을 목표로 어텐디드 오토메이션에 눈을 돌려, 전방 업무 자동화에 RPA를 적극 적용하고 있다.

그중 하나가 약 20개국에서 7만여 명의 직원들이 접속해 사용하고 있는 ERP 시스템 내 신규 트랜잭션 입력 업무이다. 2020년 2월 기준으로 전 세계에 있는 컨설턴트들이 연간 50여만 건의 영업 기회를 이 시스템을 통해 입력하고 있는데, 사실 이 업무는 매우 단순하면서 단위 트랜잭션 당 처리시간도 10분 내외로 매우 짧다. 그럼에도 불구하고, 이 업무를 자동화하는 이유는 단 하나의 업무 자동화로 연간 80,000시간 이상을 절감할 수 있으며, 단순 반복적인 업무를 경감함으로써 직원들의 만족도를 높일 수 있다는 것이다. 업무 오류를 획기적으로 줄임으로써 재작업의 부담을 줄일 수 있는 것은 덤으로 오는 효과이다.

단순한 것이 효과가 더 클 수 있다는 것을 보여준 사례이며, 글로벌 사업을 하고 있는 국내 대기업도 고려해 볼 만한 시도이다.

◈ 'P'식품회사 – 엑셀 프로그램과 RPA

이 회사는 2017년 RPA를 도입했으며, 현업 담당자가 직접 개발에 참여하는 직원 참여형 RPA 모델을 운영하고 있다.

자동화 사례로 소개한 것에는 제품 라벨 Label 정보를 컴퓨터 비전 Computer Vision 기술을 통해 추출해, 이상 여부를 판단하고 성분 표시의 정합성 또는 광고 금지 사항을 확인하는 것이 있었다. 이를 통해 회사는 업무 에러로 인한 평판 위험을 줄이고, 잠재적인 과태료 또는 벌금을 절감하는 효과를 보고 있다고 했다.

물론 사례가 재미있기도 했지만, 사실 이 회사의 RPA 리더로부터 들었던 이야기가 오히려 오랫동안 기억에 남는다. 질문은 간단했다.

현업 중심으로 RPA를 개발한다면 모든 직원들에게 로봇을 줘야 하는데, 로봇을 잘 사용하지 못하는 직원들에게도 과연 줘야 합니까?

하지만, 이 질문에 대한 그의 답변은 정곡을 찔렀다.

귀사에서는 직원들에게 엑셀 프로그램을 나눠 줄 때, 그 직원이 매크로를 잘 쓰는지, 함수는 잘 쓰는지 물어보고 주시나요?

그렇다. 물론 지금의 RPA 개발 툴이 모든 직원들이 사용할 수 있을 만큼 쉬운 것은 아니지만, RPA 솔루션 기업들이 앞다퉈 현업이 개발할 수 있는 수준으로 쉬운 디자인 툴과 로봇을 내놓고 있으니, 멀지 않아 이 답변이 옳다는 시점이 올 것 같다.

🦋 RPA 성공의 팁

RPA 성공 요인을 글로벌 사례와 연계해서 정리해 보면 다음과 같다. 이 역시 우선순위가 있는 것은 아니니 RPA를 전개하고 확산할 때 궁금하면 꺼내 보고 참고하기 바란다.

1 기업의 소프트웨어적인 요소가 중요하다. 혁신을 받아들이는 기업의 문화, 디지털을 활용할 수 있는 직원들의 역량, 그리고 리더의 관여 및 지원이 성공을 좌우한다. 이는 RPA 뿐만 아니라 기업의 디지털 트랜스포메이션의 성공 요인이라고 해도 된다.

2 사람과 로봇의 협업이다. 사람이 하는 일과 로봇이 하는 일이 구분되는 것이 아니라 같은 프로세스 안에서 서로 일을 나누고, 던져주고 받으며, 하나의 업무를 중단 없이 자동화하는 노력이 필요하다. 당장은 어려울 수 있겠지만, 이렇게 목표를 세워야만 제대로 된 자동화의 효과를 궁극적으로 가질 수 있다.

3 RPA와 AI의 융합이다. RPA를 AI 업무가 실행될 수 있도록 구동한 후 결과 값을 전달하는 수준에서 활용되는 것이 아니라, 보다 적극적으로 AI를 활용해 기업의 AI 투자를 정당화하고, 디지털 전환의 속도감을 내자는 것이다. 인텔리전트 OCR과 RPA의 융합 그리고 프로세스 마이닝과 RPA의 융합과 같은 트렌드가 이를 지지하는 움직임이다.

4 RPA 관련 TCO(Total Cost of Ownership)를 최적화해야 한다. 재무적 ROI를 목표로 삼는다면, 처음부터 과제 선정, 개발 및 운영의 표준화를 수립해 지속적 비용 발생 요인을 최적화하는 노력이 필요하다. 또한, 효과가 큰 자동화 과제를 더 많이 발견해서 적용하는 규모의 경제가 필요한 데, 이렇게 함으로써 운영비용과 같은 고정비의 영향을 줄일 수 있다.

5 RPA를 추진하는 조직과 인력의 구성이다. 국내 사례만 봐도 RPA의 성공에는 이를 전담하는 부서의 힘과 그 안에 있는 직원의 역량 및 열정이 큰 변수가 된다. 업무를 해석하는 능력이 떨어지거나, 끈기가 없어 하는 둥 마는 둥 하는 직원이 전담조직을 이끌어 가거나 멤버가 되면 그 프로젝트는 그야말로 용두사미가 될 수밖에 없다. 임원급의 강력한 스폰서십이 있다고 하더라도 달려야 하는 엔진이 약하면 의미가 없기 때문에, RPA 전담조직에는 '선수'가 투입되어야 한다. 결국 RPA는 비즈니스 프로세스의 변화에 직접 연결되기 때문에 기민한 대응이 필요하고, COE에는 그렇게 대응할 수 있는 인력이 배치되어야 한다.

6 과학적인 프로세스 분석과 빠른 개발 및 적용이 필요하다. 자동화는 전 직원의 과제가 되어 가고 있기 때문에, 아이디어 발굴과 개발의 스피드가 점점 더 중요해지고 있다. 직원들에게 과제 요청서를 돌리고, 현재 업무 방식을 정리해서 제출하게 하고, 인터뷰를 하고, 회의를 통해 개발 여부 결정을 한다면, 어느 세월에 직원들이 원하는 업무의 자동화를 제공해 줄 수 있겠는가? 여기서 직원들의 데스크탑 액티비티를 자동으로 캡처하고, 현재 프로세스를 별도의 문서 작업이 없이 가시화하며, 더 나아가서는 마이닝을 해서 자동화 기회를 스스로 찾아 주는 기술이 필요하게 된다.

7　RPA 효과에 대한 정의는 다양할 수 있다. 단위 IT 프로젝트는 일반적으로 프로젝트 본연의 성과 또는 특정한 KPI를 달성했는지를 기준으로 그 효과를 판단한다. 하지만, RPA는 정량적인 효과만큼, 직원들의 디지털 역량 강화, 이를 통한 창의 업무 시간 증가, 규제 위험 감소, 사업의 경쟁력 강화와 같은 정성적인 효과를 무시해선 안 된다.

한국의 RPA

🦉 한국의 RPA

나는 2018년 하반기부터 그룹사와 금융기관을 대상으로 RPA에 대한 소개와 가이드를 시작했다. 당시는 RPA가 무엇인지를 모르는 고객들이 대부분이어서 오히려 세미나 준비를 하기가 쉬웠다. 일본의 성공사례를 이야기하고, 간단한 데모 영상만으로도 고객들을 감동시키거나 놀랍게 하는 것이 가능했기 때문이다.

지금 그 당시 사용했던 발표 자료를 보면 격세지감을 느끼게 된다. 이 짧은 2년의 시간 동안 실로 국내 RPA에 엄청난 변화가 일어났고, RPA는 비즈니스 월드에서 상식적인 언어가 되어 가고 있다. 대형 그룹사의 주력 기업 중에는 RPA를 사용하지 않는 곳이 없을 정도이며, RPA 성과를 홍보하는 기업들의 기사도 자주 등장하고, 언론사나 단체가 주관하는 RPA 세미나도 온라인과 오프라인에서 수시로 열린다.

금융기관들도 은행과 주력 계열사를 중심으로 RPA를 확산하고 있는데, 2020년 2월 금융감독원이 17개 은행을 대상으로 디지털 트랜스포메이션 현황 조사를 한 결과, 2019년 이들은 모두 48개의 디지털 트랜스포메이션 과제를 추진했으며 그중 RPA 과제 비중이 21%에 달했다고 한다.

초기 단계에 이들은 데스크탑 자동화를 주로 구현하는 간단한 RPA

솔루션을 도입하기도 했다. 하지만, 전사 차원의 RPA 확산으로 인해 더 많은 시스템과의 연계 및 안정적 운영이 중요하게 되자 RPA 기술을 리드하는 글로벌 선도 솔루션을 적극적으로 선택하는 경향이 나타나고 있다.

한편 일부 그룹의 IT 계열사에서는 자체 RPA를 개발하여 판매하고도 있으나, 아직은 그 저변을 확대하지는 못하고 있다.

지금부터 국내 RPA 트렌드를 금융기관과 그룹사로 구분해 소개할 것이다. 금융기관은 본연의 업무 중심으로 RPA를 펴 나가는 데 비해, 그룹사는 공통 업무에서 출발하여 본연의 업무로 점차 확대해 나가는 경향을 보이고 있다. 산업의 차이가 RPA 전개 방식의 차이를 만들고 있는 것으로 보인다.

🏦 금융기관

RPA는 기업에 디지털 인력을 보완적으로 제공하기 때문에, 상대적으로 사람 중심의 업무가 많은 산업에 우선 적용이 되고 있다. 대표적인 산업이 금융 그중에서도 은행과 보험사 이고, 통신 등의 서비스 산업이 그 뒤를 따르고 있다.

국내 금융기관은 신한은행과 현대카드가 비교적 이른 시점에 RPA를 도입해서 선구자 역할을 했다. 그리고 이들이 직접 체험한 교훈은 후발 금융기관의 RPA에 영향을 미치고 있다.

현재 시중은행 거의 대부분은 RPA를 도입했거나, 최소한 파일럿을 진행하고 있다. 하나의 특이점은 대형 은행들은 RPA 초기 도입부터 컨설팅 회사를 활용하고 있다는 점이다. 아무래도 컨설팅 회사가 참여하게 되면 체계적으로 시작하고, 많은 과제를 발굴해 자산화할 수 있기 때문에 RPA 적용 규모가 커질 수 있다. 빠른 성과가 나는 RPA의 특성을 감안할 때, 은행의 이와 같은 규모의 경제 접근 방식은 이상적일 수 있다.

은행들의 자동화 업무를 조금 살펴보면 다음과 같다. 이는 어디까지나 예시이고 실제는 더 많은 과제가 자동화되어 효과를 내고 있다.

1 의심거래 확인, 불완전 판매 여부 판단, 자금세탁방지 대상자 조회 등 규제 대응에 RPA를 적극 활용하고 있으며,

2 금융감독원 보고 및 자산 포트폴리오 리포트 작성에도 RPA를 적용하고 있다.

3 OCR을 활용해 이미지 문서를 읽어내고 디지털화해서 업무 효율을 이끌어 내는 부분에 RPA 적용을 시도하고 있다.

4 기업여신, 리스크 관리, 외환, 개인 여수신, 신용카드 고객 등록, 마케팅 등 전반적인 업무에 RPA가 활용되고 있으며,

5 영업점 지원 업무 중 여신 자동 연장 심사, 여신 실행, 예금 적금 만기 안내 등에도 적용되고 있다.

2019에는 하나은행이 연간 40만 시간 이상을 자동화했다는 결과와 함께 은행의 자동화 사례를 언론을 통해 소개했다. 당시로서는 상

당히 의미가 있는 성과였다. 이후 금융 기관들은 디지털 혁신을 통한 성과를 홍보할 때 거의 빼놓지 않고 RPA를 언급하고 있다.

그리고 2020년 드디어 KB국민은행이 국내 금융기관 최초로 1백만 시간 이상을 자동화했다. 이는 글로벌 스케일의 RPA가 국내에서도 가능하다는 것을 입증한 것이고, 향후 국내 RPA 시장에서 중요한 이정표가 될 수 있을 것으로 본다.

2020년 국내 주요 은행의 RPA테마는 규모의 확대, 영업점 업무의 자동화, 고객에 대한 직접 지원, 그리고 직원 중심의 자동화 등이다.

◈ 그룹사

초기에 RPA를 도입한 그룹은 POC Proof of Concept 와 파일럿을 하고, 부서별 확산에서 계열사 확산, 그리고 전사 확산을 하는 전형적인 RPA 전개 단계를 거쳤다. 절차상으로는 비슷해 보이지만, 속을 들어가 보면 회사별로 시작하게 된 배경과 추진 전략, KPI, 그리고 전개 방향이 조금씩 혹은 상당히 다른 것을 알 수 있다.

이들에게 2018년은 RPA에 대한 검토와 시작의 한해였다. 물론 이보다 앞서 도입한 회사들이 있기는 하지만, 당시에는 'RPA는 무엇인가?'가 화두였으니 이때를 제대로 된 도입기라고 보는 것이 맞을 듯하다. 2018년 말 기준으로는 삼성과 LG가 선제적으로 의미가 있는 RPA 투자를 했다.

2019년 초부터 비로소 주요 그룹사들이 POC를 하고, RPA 벤더를 선정하고, 실제 업무에 본격적으로 적용하기 시작했으니, 국내 RPA 확산의 원년은 이때라고 해야 할 것 같다. 2019년 규모가 있는 RPA사례를 찾아보면, 1월부터 시작한 현대자동차 그룹 _{금융 계열사는 그 이전에 시작했음} 이 단연 돋보인다. SK, 롯데, 한화, 동원 등 주요 그룹사 또한 각자의 전략을 가지고 2019년부터 확산을 시작했다.

이들 RPA의 공통점을 정리해보면 다음과 같다.

1   주요 은행처럼 컨설팅 회사를 통한 '프로세스 혁신 + RPA'를 동시에 추진하는 경우가 드물다. 물론, 확산 과정에서 컨설팅 회사를 고용해 표준화, 글로벌 거버넌스 등을 포함한 중장기 RPA 확산 전략을 수립하는 곳도 예외적으로 있기는 있다. 하지만, 대부분 전사적 차원의 예산과 인력 지원을 받고 출발하는 경우가 아니다 보니, RPA 전담 조직이 RPA 솔루션 기업과 구현회사의 지원을 받으며, 스스로 진행하는 경우가 일반적이다.

2   POC를 하고, 파일럿을 거친 후, 확산 단계로 넘어가는 전형적인 단계를 밟아가고 있다. 아직까지는 직원 중심의 자동화가 아닌 회사 주도의 자동화가 대세이다. RPA에 대한 이해가 경영층이든 일반 직원들이든 전반적으로 낮은 상황에서 출발했기 때문에, 어쩌면 당연한 전개 방식이라고 할 수 있겠다.

3   일반적인 후선 업무(인사, 재무, 구매, 총무 등)의 자동화를 우선적으로 추진하고 있다. 물론 RPA 과제 선정의 일반적 기준을 적용했기 때문에 단순 반복적이며, 많은 트랜잭션이 있는 업무를 고른 것이라고 할 수도 있다. 하지만, 이들 업무를 보면 상당수는 매일 실시간으로 해야 하는 것도 아니고, 일시적인 사용 중

단이 있더라도 회사에 중대한 위험을 끼치지도 않는다. 아직 RPA 전담 부서 생각의 기저에는 테스트, 확신, 그다음에 확대라는 프레임이 있는 것 같다.

4 초기에는 타사 사례를 매우 궁금해했다. 2018년과 2019년 초에는 글로벌 사례를 찾아 공유해 드리는 것이 나의 큰일이었다. 사실 글로벌 기업이라 해도 그 당시는 겨우 1년여 앞서간 것뿐임에도 국내 기업은 그들의 경험을 매우 궁금해 했었다. 그리고 뒤따르는 공통적인 질문은 "우리 회사와 비슷한 산업에 있는 글로벌 기업의 특화된 RPA 과제가 무엇인가요?"이었다. 하지만 당시 글로벌 RPA 사례를 찾아보면 그들도 그 산업에 특화된 과제가 아니라 일반 후선 업무에 대한 자동화를 주로 하고 있었다.

2019년 1월 국내 그룹사 두 곳이 일본의 'T' 자동차 회사의 제조 산업에 특화된 자동화를 궁금해서 확인해 본 적이 있다. 그 회사는 '사무직의 혁신'이 RPA 테마였기 때문에, 제조 공정, R&D 등에 적용되는 RPA 과제를 찾아보기가 힘들 거라 예상했다. 그럼에도 산업에 특화된 업무에 대한 자동화 계획이 혹시 있는지 궁금해서 물어봤는데, 이 회사의 당시 답변은 매우 간단했다. "지금은 인사나 재무 등 후선 업무의 자동화만 생각해도 할 것이 너무 많습니다." 이제 막 각광을 받는 신기술이니, 1년 정도 앞서간 외국이라고 특별했을까, 하는 것이 합리적인 생각인데, 그때는 기대감과 궁금함이 컸다. 2020년 초에 아시아 국가의 제조회사들로부터 한국 제조 산업에 특화된 RPA 과제(생산, 연구, 공급자 관리 등)가 무엇인지 알려줄 수 있냐는 질문을 받았는데, 어쩌면 한국의 1년 전 모습과 비슷해서 웃음이 났다. 물론, 친절하게 가이드를 해줬지만, 내심으로는 '1년 정도 뒤에는 아실 겁니다.'라는 생각을 했다.

5 RPA 표준 솔루션 도입이다. 그룹의 주력 회사 혹은 IT 계열사 주도로 RPA 표준 솔루션을 선정한 곳이 상당수 있다. ERP 프로젝트처럼 그룹에서 하나의 솔루션을 써야 향후 확대와 관리의 편이성이 있다고 생각한 것 같다. 제한된 전담 인력수와 개발 인력을 감안하고, 실사용 이후 변화관리 측면까지 고려한다면 나름 합리적인 의사 결정으로 보인다. 그리고 지식과 인력, 기술, 자동화 자산을 공유한다는 측면에서도 도움이 될 것이다.

6 직원 중심의 자동화를 추진하는 그룹사도 있다.

'D' 그룹의 경우는 최고 경영층의 결단과 지원으로 그룹 내 계열사로부터 소위 선수들을 RPA 전담 팀으로 차출해 자동화를 통한 혁신을 추진하고 있다. 이 그룹은 2019년에 1기를 배출하고, 2020년에는 2기 직원들이 회사의 전담 조직 혹은 RPA 구현회사의 코칭을 받으면서 직접 자동화를 개발하고 있다. 2019년 연말에는 1기 직원들의 자동화 과제 경진대회를 열만큼, 이 회사의 RPA 열기는 대단히 뜨겁다.

그리고 국내 통신서비스 회사인 'L'기업 또한 직원 주도형의 RPA를 추진하고 있다. 해외 기업들을 벤치마킹하고, 현업의 RPA 개발자를 양성하며 이들을 대상으로 RPA 해커톤을 하는 등, RPA의 횡적 확산을 매우 효과적으로 진행하고 있다.

'S'통신 기업 또한 직원 중심의 RPA 테마를 추진하고 있다. 회사는 2020년 신입직원을 대상으로 'RPA란 무엇인가? RPA 체험 교육'을 실시했다.

2020년 필자는 'C'사의 요청으로 전사 디지털 교육 프로그램에 RPA를 필수 코스로 넣은 온라인 강의를 제작하기도 했다.

이와 같은 노력과 시도를 통해 RPA는 기업 내에서 디지털 언어의 하나로 빠르게 자리 잡아 나가고 있다.

🏛️ 공공부문

우리나라의 공공부문 RPA는 기업 보다 조금 늦게 출발했다. 일본의 지방자치단체가 단순한 경비 처리 업무에 RPA를 도입하는 등 작은 규모로 시작한 것처럼, 우리나라의 전개 방식도 크게 다르지는 않다.

해외에는 호주처럼 정부 주도의 RPA가 규모 있게 진행되거나 미국처럼 다양한 중앙부서와 군대에서 RPA를 적극적으로 도입하는 사례도 있으나, 2020년 상반기 기준으로 우리는 아직 도입단계라 보는 것이 맞을 것 같다.

해외 사례를 조금 더 보면, NASA가 RPA를 인사, 자금, 그리고 보안 업무에 활용하고 있으며, UN의 국제구호기구에서도 구매업무에 RPA를 활용하고 있다. 뉴욕의 사회봉사 단체는 단순히 데이터를 복사하고 붙이는 업무를 자동화함으로써 직원들의 이직률을 낮춤과 동시에 본연의 사업인 봉사 활동에 더 많은 시간을 할애하고 있다. 영국의 복지 연금부는 신규 연금 대기 3만 건을 처리하는 업무에 자동화를 적용함으로써 민원인들의 신규 연금 수령을 신속하게 제공하고 있다.

국내의 공공 RPA 도입 사례를 살펴보면 다음과 같다.

국내 중앙부처 중 한 곳은 RPA를 이용해 피 감사 기관의 경비 증빙 대사 업무를 자동화했다. 피 감사 기관이 보관하고 있는 세금계산서 데이터가 국세청 정보와 일치하는지를 확인만 하는 단순 반복적인 일이었다. 이 일은 감사 기간에만 필요한 일이며, 상당한 업무 에러도 있었는데, 자동화를 함으로써 담당 직원의 업무 부담과 오류를 동시에 줄여주었다.

이외에도 신재생에너지 전력수급계약 정산업무에 RPA를 파일럿 적용한 사례가 있고, 공기업 중에는 비정규직 직원의 원천징수세 계산업무와 통신비 정산 업무에 RPA를 적용한 곳이 있으며, 공공 연구단체 및 협회가 인사 등 후선 업무의 일부를 자동화하기도 했다.

우리나라도 이제 인구가 줄어드는 인구구조의 큰 변곡점을 맞이하고 있다. 경제활동 가능 인구의 감소는 이미 시작되었으며, 그 부족분의 규모는 가속화되어 커질 것이다.

그래서 이를 가장 먼저 맞이할 곳은 기업이 아닌 군대일 수도 있다. 행정병의 업무를 제한된 인원이 감당하고 신병을 빠르게 훈련시키기 위해서는 단순 반복적인 일을 누군가 대신해 줘야 하는데, 그 역할을 해 줄 수 있는 것이 바로 RPA 로봇이 아닐까? 2020년 우리나라의 공군이 RPA를 도입했고, 그 사례는 군의 자동화 사례로 적극 소개되고 있다.

한편 2020년 코로나19 사태로 공공의 역할이 더 중요해지고, 공공 또한 언택트 환경에서 중단이 없는 민원 서비스를 제공해야 하는 미션이 생겼다. 그래서 이전보다는 더 강력한 디지털 플랫폼이 필요한데, RPA는 아마도 그 중심에 설 수 있을 것이라 본다.

간단한 공공 성격의 업무 자동화 예를 들어 보겠다.

코로나19의 급격한 확산으로 많은 회사가 직원들의 재택근무를 권고했으며 회사가 당연히 해야 하는 직원들의 실시간 건강 상태를 확인할 방법이 마땅치 않았다. 팀장이 메신저로 직원들의 상황을 확인하고, 이를 인사부에 알리며 인사부는 회사 전체 현황을 경영층에 보고하고…. 이런 방식으로 매일 확인해야 한다면, 이 자체가 성가신 업무 부담이 될 수 있다. 이 모든 과정을 자동화하면 좋겠다는 생각으로 만든 것이 '건강체크 로봇'이다. 로봇이 직원에게 카카오톡 메시지로 설문 링크를 달아서 안내를 하면, 직원은 링크를 열어 간단히 본인의 건강 상태에 대해 답변하고, 그 결과는 자동적으로 대시보드화 되어 인사부 혹은 경영층에게 전달된다. 혹시 답변하지 않은 직원이 있다면 로봇이 자동으로 리마인더 메시지를 보낸다.

이 로봇은 무료로 배포되었고, 언택트 환경에서 활용해 볼 수 있는 매우 적절한 공공적 성격의 RPA 라고 할 수 있다.

공공 부문의 RPA는 공공기관의 내부 업무 효율화를 위한 자동화도 해야 하겠지만, 이처럼 공공이 편하게 사용할 수 있는 공공의 RPA도 같이 고려해야 할 것이다.

지금까지의 RPA 모습, 교훈, 그리고 변화의 움직임

사실 본격적으로 RPA 효과가 와닿고, 자동화는 반드시 해야 하는 것이라 느끼기 시작한 시점이 2019년 하반기부터라 보고 있기 때문에,

한국 RPA의 성공과 실패 경험을 지금 이야기하는 것은 다소 이르다는 생각이 든다.

하지만, 그동안 여러 기업들의 RPA 도입 및 전개 과정을 보고 느낀 점을 공유해 보는 것은 당연히 도움 될 수 있겠다는 생각에 다음과 같이 몇 꼭지로 정리해 본다.

1 RPA를 도입한 많은 기업들이 여전히 RPA KPI에 대한 고민을 하고 있다.

매우 당연하고 필요한 것이지만, 기업의 RPA 전담직원들에게 "귀사의 RPA KPI가 무엇입니까?"라고 질문을 하면, 여러 가지를 답한다. 하지만, "왜 그런 KPI를 도출했는지, KPI들 간의 관련성은 무엇인지, 그중에서 무엇이 가장 중요한지, 경영층과는 합의가 되었는지, 직원들은 동의를 하는지" 등의 연속적인 질문을 하면 두 단계 혹은 세 단계에서 막힌다.

특히, RPA의 추진 주체가 전사 혁신부서가 아니거나, 경영층의 스폰서십이 약한 경우에 이런 상황이 생긴다. 혹은 중요한 혁신임에도 불구하고, 전사 경영전략과 동떨어진 RPA 조직 그들만의 계획과 목표를 세운 경우에도 이럴 수 있다.

하지만, 글로벌 기업 중에서 RPA를 성공적으로 하는 기업들은 RPA 비전, 전략, 그리고 로드맵이 상당히 명확하고 간결하다. 생각이 많으면 정리가 잘 안되는 것처럼, RPA를 통해 얻고자 하는 목표도 너무 복잡하면 사람들이 따라가기 어렵다. 간단하고 추적이 쉬우며, 경영층에서부터 직원들이 공감할 수 있는 몇 개의 기준점을 찾는 것이 어쩌면 RPA의 가장 중요한 단계가 될 수 있다.

2

우물에서 숭늉을 찾지 말아야 한다.

몇 개 안되는 과제가 엄청난 생산성의 향상을 가져오고 결과적으로 회사에 큰 재무적 성과를 줄 수 있다면 좋겠지만, 그런 매직은 흔치 않다. RPA 도입 1년이 지났는데 도대체 어떤 성과가 났는지 궁금해하는 경영층이 있다면, 반문해 보고 싶다. "기대하는 성과에 걸맞는 투자는 무엇이었습니까?"

RPA는 적은 투자로 빠르게 성과를 내는 솔루션이다. 하지만 소위 고정비 성격의 적절한 투자는 반드시 필요하다. 전담 조직 혹은 직원이 배치되어야 하고, 직원들이 제대로 된 아이디어를 낼 수 있도록 교육해야 하고, 자동화 효과에 대한 기대 수준에 맞은 솔루션을 선정하고 적정 수준에서 구매를 해야 하고, 변화관리를 감당할 수 있는 운영 조직을 갖춰야 한다. 어떤 경우에는 표준화와 프로세스 혁신을 하기 위해 컨설팅회사를 활용해야 할 수도 있다.

물론 이런 규모의 모든 투자를 초기에 쏟아붓는 회사는 거의 없다. 그래서 RPA에 대한 적절한 기대 수준을 전담 조직과 특히 경영층이 가지고 있는 것은 중요하다. ROI에서 R(수익)을 크게 하려면 적절한 I(투자)가 필요하다는 것에는 공감대가 필요하다.

3

RPA를 운영함에 있어 변화 관리가 만만치 않음을 인지하게 되었다. 로봇을 통해 업무 부담을 줄이려 했는데, 오히려 유지하는 인력이 만만치 않다는 것이다.

RPA 차원에서의 에러, 정확하게는 업무의 중단은 ① 업무 시스템 오류, ② RPA 소스코드 오류, ③ 로봇 운영 시스템 환경 설정 오류, ④ RPA 대상 시스템의 예고 없는 변경, ⑤ 업무 절차의 예고 없는 변경, ⑥ 사용자의 업무 절차 미 준수 등에서 나타난다. 이 중 ①~③은 개발과 시스템 운영의 이슈이니 파악만 하게 되면 쉽게 수정 및 보완할 수 있다. 하지만, ④ 와 ⑤ 처럼 연결되는 타겟 시스템 혹은 타겟 업무 프로세스가 RPA 개발 및 운영팀과의 협의 없이 수시로 변경된다면, RPA는 따라가기가 매우 어렵다. 로봇은 아직 제대로 시킨 일만 제대로 해내기 때문이다. 그래서 RPA 개발의 표준화와 운영상의 변화관리 체계 수립이 매우 중요하다. 그리고, ⑥은 현업 사용자에 의한 오류인데, 교육을 통한 계몽과 때로는 업무 준수를 강제하는 통제가 필요하기도 하다.

초기 시범 사용 단계에서 여러 이유로 사용자가 RPA를 사용하지 못하는 비율이 5%~10% 선이면 선방을 했다고 한다. 운영자 입장에서는 이 중 상당한 부분이 자신들로 인한 것이 아니라 억울할 법도 하지만, 현업 사용자는 어떤 이유로든 사용하지 못하는 것이 장애이니 반드시 이를 줄여 나가야 한다.

글로벌 기업들이 매우 강조하는 것이 바로 제대로 된 운영체계이며, 그들은 운영체계를 제대로 갖추지 못하면 처음부터 다시 할 수도 있다며 간증하기도 한다. RPA 변화 관리체계는 나름대로의 원칙과 커뮤니케이션 방법, 그리고 명확한 책임 소재를 둬야 이후 확산이 되어도 안정적으로 사용할 수 있다.

4 우리나라의 RPA는 단기간에 사용 기업 수와 기업당 사용 로봇의 수 차원에서 큰 성장을 했다. 하지만 해외에서 보듯이 전사적인 규모로 RPA를 사용하고 있는 기업은 아직 손에 꼽을 정도이다. 일부 대형 은행들이 경영층의 지원을 받으며 확실한 로드맵에 따라 RPA 확산을 하고 있는 정도이다.

2019년 하반기부터는 조금 새로운 트렌드가 시작되고 있다.

1　RPA가 효율성 추구를 목적으로 도입되고 있는 것이 일반적이지만, 매출 증대 및 신규 사업 기회 발굴과 같이 사업에 직접 기여하는 부분에도 적용되기 시작했다. 이는 RPA 성과가 본격적으로 나타나는 전초라고 보이며, 매우 고무적이다.

2　RPA와 다른 기술을 접목해 효과를 증강하려는 노력이 시작되고 있다. OCR를 연결하는 것은 이미 시작되었지만 고도화되어 가고 있고, 프로세스 마이닝 기술을 검토하거나, AI 기술과 연결해 보려는 시도는 여기저기서 벌어지고 있다. 아직은 초기 단계이지만, 이러한 노력이 향후 회사 전체 업무를 자동화하는 것에 큰 도움이 될 것이다.

3　직원 중심의 RPA를 담기 위해 RPA 포털을 검토하거나 도입하는 회사가 늘고 있다. 포털 도입은 RPA 과제에 대한 라이프사이클(제안, 개발, 적용 단계)을 관리하고, 포털에서 직접 로봇을 실행하고, 기존에 개발한 자동화를 자산으로 공유하는 등 RPA를 디지털 문화 정착의 플랫폼으로 활용하려는 시도로 볼 수 있다.

지역별 RPA 비교

2018년 나는 RPA 세미나에서 주로 일본의 성공 사례를 설명하며, 한국도 빠른 시일 내에 그렇게 될 것이라는 이야기를 했다. 지금 생각해 보면 나름 의미가 있는 메시지였지만, 그 근거는 매우 약했다. 왜냐하면 가장 큰 IT 시장인 미국의 움직임을 알지 못했고, 우리나라 기업들에게는 아직 생소한 영역이라 잠재적인 고객의 니즈를 제대로 파악하지 못한 상태에서 한 이야기였기 때문이다.

다행히 2019년부터는 다양한 글로벌 사례가 나오기 시작했고, 나는 그중 일부 기업들을 직접 만나 그들의 시행착오를 들어 볼 수 있었다. 총론으로 시작한 나의 스토리텔링에 살이 붙기 시작한 것이다.

2020년 2월 글로벌 컨설팅 회사 직원들을 위해 RPA세미나를 했으며 질의응답 시간에 한 컨설턴트가 '일본과 한국의 RPA, 그리고 미국의 RPA는 무엇이 다른가요?' 라는 질문을 필자에게 했다. 그 자리에서는 각 지역의 도입 배경과 전개 방식 차이를 즉흥적으로 대답했는데, 이후 생각해 보니 이는 다른 곳에서도 충분히 받아 볼 만한 질문이라는 생각이 들었다.

그래서 이번 기회에 지역별 RPA의 공통점과 차이점을 요약해 보기로 했다. 다만, 이 내용은 2018년~2019년까지의 흐름을 기초로 비교했기 때문에, 전혀 새로운 양상이 펼쳐질 수 있는 2020년 이후 시점에는 적절치 않을 수도 있음을 염두에 두고 보시기 바란다.

우선 일본은 인구 구조적인 이슈로 인해 RPA를 다른 지역보다 빠르고 규모 있게 시작할 수 있었다. 2010년 이후 감소하기 시작한 인구 및 급격한 노령화는 새로운 대체 인력을 필요로 했고, RPA는 그 목적에 활용되기에 적절했다.

그러다 보니 국내 사업을 중심으로 먼저 RPA를 추진하였고, 글로벌 확장은 그다음 단계로 잡았다. 전사적인 적용이 필요했기 때문에 경영층이 직접 지원하는 Top-Down 방식이 많았고, RPA 목표에는 생산성 향상과 효율성 제고가 우선되었다. 하지만, 표준화를 충분히 고려하지 않고 RPA를 도입한 기업들은 큰 시행착오를 겪기도 했으며 2019년 이후에는 운영의 안정화를 선결 과제로 삼고 점진적으로 전사 업무로 확대해 나가는 모습을 보이고 있다. 그러다 보니 RPA 본연의 기능에 충실하였으며, 신기술에 연계한 RPA 확장은 후 순위로 두는 경우가 많았다.

미국 중심의 글로벌 기업은 인구 구조적인 이슈를 극복하기보다는 사업의 디지털 경쟁력을 갖추기 위한 일환으로 RPA를 도입하고 있었다. 후선 업무를 우선적으로 자동화했다는 측면에서는 공통점을 보이기도 하지만, 본연의 사업과 관련한 자동화에서는 기업별로 매우 다양한 전개 모습을 보이고 있다.

일부 글로벌 기업은 처음부터 글로벌 적용과 확산을 염두에 두고 진행했다. 그래서 이들에게는 글로벌 거버넌스가 중요했고, 하이브리드 혹은 각 지역별로 충분한 자유도를 보장하는 연방제 COE 모델이 나타나고 있다. 또한, RPA와 AI를 빨리 접목해 더 지능적인 자동화를 구현하려는 시도가 있었고, 이로 인해 RPA를 둘러싸고 있는 생태계의 동반 성장이 가속화되고 있다. 한편, RPA가 전사적으로 적용되기 위해서는 직원 참여형의 RPA가 필요하다는 생각에 처음부터 1인 1로봇 전략하에 RPA를 추진하는 곳도 있다.

미국 중심의 글로벌 RPA는 목적의 다양성, 직원 참여의 중시, 그리고 신기술의 빠른 접목이라는 측면에서는 일본의 RPA와 확실히 비교된다.

국내 RPA를 보면, 도입 배경은 인구 구조 및 규제 환경이 유사한 일본의 영향을 받았고, 전개 과정에서는 일본과 미국 중심의 글로벌 사례를 섞어 놓았다는 느낌이 든다. 우리나라의 RPA가 이들보다 약 1년 혹은 1.5년 늦게 출발했기 때문에, 도입 시점에 한 벤치마킹이나 글로벌 RPA 솔루션 기업과 컨설팅 회사가 제공한 사례 기반 가이드가 영향을 준 것으로 보인다.

현재 우리나라는 빠른 속도로 인구 노령화가 진행되고 있기 때문에, 경제인구 부족이라는 사회적 현상을 해결하는 데 RPA가 중요한 역할을 할 거라는 측면에서, 상당 부분 일본의 모습을 따라갈 가능성이 있다. 하지만, 한편으로는 우리나라가 가장 발전된 IT 환경을 가지고 있기 때문에 오히려 글로벌 RPA에 좋은 모델을 제시할 수도 있을 것이라 조심스럽게 예측해 본다.

Part 4

RPA 전략은
어떻게 세워야 하나?

🔖 미리 고려해야 것들이 있다

RPA를 도입한 기업의 상당수가 본격적 전개 혹은 확산 시점에 여러 가지 도전 또는 제약을 맞는다. 이 같은 현상은 새로운 기술을 도입할 때마다 당연히 벌어질 수 있는 일 중의 하나이지만 RPA는 기업의 업무 프로세스를 수행하는 주체 그 자체의 변경을 수반하는 만큼, 기존의 업무방식과는 사뭇 다를 수 있다. 그래서 RPA 전담조직이 미리 대비할 수 있도록 기업들이 고려해야 하는 도전적 요소를 정리해서 공유해 본다.

1 조직 내의 수용도

회사 내 다양한 이해 집단으로부터 동의와 지원이 필요하다. 이는 회사 내에 존재하는 IT 기술에 대한 이들의 이해도 혹은 사용 수준과도 연결된다. 경영층 혹은 직원들이 "우리 회사와 같이 보수적이고, IT 환경이 낙후되어 있는 곳에서 로봇이 들어와서 일을 대신한다고? 우리 회사에서는 어려운 일이지."라는 생각을 가지고 있다면, RPA 전사 도입은 매우 어려운 과제이다.

2 조직 문화

변화를 독려하지 않는 회사 내 분위기가 있고, 그로 인해 혁신을 시도하지 않는 것이 일상적인 기업은 RPA도입 또는 확산이 쉽지 않다. 그리고 이런 기업일수록 직원들이 자신의 업무 중 단순 반복적인 일에 가치를 더 많이 두며, RPA 도입으로 인해 자신이 로봇으로 대체되지 않을까 하는 두려움과 저항감을 갖는다.

직원들의 참여

RPA는 기존의 어떤 IT 프로젝트 보다 현업 부서의 참여가 중요하다. 아이디어 제출, 개발, 그리고 사용에 이르기까지 직접적으로 관여하기도 하고, 변화 관리 측면에서는 지속적으로 피드백을 제공하기도 한다. 그래서 이들의 관심을 얻지 못하면 RPA를 도입한다고 해도 확산이 어려울 수 있다. 너무 귀찮게 하면 안 되겠지만, 그대로 두어서도 안 된다.

필요한 자원의 활용

예산과 인력 등의 자원이 처음부터 여유로운 회사는 거의 없기 때문에, 이를 효율적으로 사용하기 위해서는 자동화의 우선순위, 로드맵, 개발자 활용 시기 및 규모 등에 대한 분석과 계획이 필요하다. 자동화의 우선순위는 기계적인 기준으로 정할 수도 있지만, 회사의 사업적 판단에 따라 합리적으로 정하는 것이 바람직하다.

신기술에 대한 적용 범위 및 시점

사람이 하고 있는 사무 업무를 모두 자동화하겠다면, 많은 기술적 제약 사항들을 만나야 한다. 물론 RPA 도입 초기에는 AI를 활용하지 않아도 자동화를 통해 효과를 볼 수 있는 업무들이 많다. 하지만, 자동화의 규모가 커질수록 차별적인 효과를 거두기 위해 신기술들을 RPA에 접목해 보고 싶어 한다. 기업들은 이 시점에 딜레마에 빠진다. 어떤 기술이 우리 회사에 당장 급하고 효과가 클 것인지? 이를 판단하는 기준을 세워야 한다. 만약 그것이 없다면, 자칫 구현하기 어려운 기술에 많은 자원을 사용해, 효과를 보기 전에 먼저 지칠 수도 있다.

RPA 전략의 세 가지 핵심 요소

◈ 전략적 접근이 필요

기업들은 나름 똑똑하고 추진력이 있는 임원에게 혁신의 아젠다인 디지털 트랜스포메이션을 맡긴다. 하지만, 막상 그 일을 맡은 임원이나 책임자들은 첫날부터 고민이 한가득이다. 좋은 주제이고 회사에서 내가 성장할 수도 있는 기회로 보이지만 막막하다.

그래서 대부분 사람들은 가장 먼저 어느 기업이 어떤 방법을 통해 성공 혹은 실패했는지를 찾아본다. 그들 중 일부는 남들의 사례를 보면서, "나는 이 어려운 숙제를 잘 풀어 오래 살아남고, 그리고 회사에서 성공해야지."라며 의지를 불태우기도 한다.

똑똑한 사람들은 우선 빠르게 성과를 보여줄 수 있는 방법과 그를 가능케 하는 솔루션부터 찾는다. 예쁜 전략의 유효기간은 6개월 이상 가기가 쉽지 않다는 것을 알기 때문에, 전략을 현실화하는 툴을 절실하게 찾고 또 찾는 것이다. 그중에서 일부가 선택한 테마가 자동화이고 RPA솔루션이다.

그동안 국내외 다양한 사례를 접해본 경험을 기반으로, 경영층의 관심과 온도를 잘 유지하면서 누가 봐도 안정감이 있게 RPA을 전개해 나갈 수 있는 기업의 핵심 전략 요소를 정리하면 다음과 같다.

1 회사의 경영전략과 동떨어져 있으면 안 된다

RPA를 독립적인 프로젝트로 만들어 버리면 결코 장기적인 성공으로 이끌어 나갈 수 없다. 회사가 고민하고 있는 비즈니스 이슈를 디지털 트랜스포메이션이 어떻게 풀어나갈 수 있으며, RPA는 그 안에서 무엇을 해결해 줄 수 있는지 먼저 찾아야 한다. 예를 들어, 가장 성공적인 전사 RPA를 구현하고 있는 일본의 금융기관은 생산성 향상이라는 회사의 경영 목표를 실현하기 위해 먼저 프로세스 혁신을 했고, RPA를 획기적으로 생산성을 향상시킬 수 있는 조력자(Enabler)로써 활용하고 있다. 툴이 전략이나 목표가 되서는 안 된다. 이처럼 목적에 맞게 사용하면 되는 것이다.

2 경영층이 지지하고 직원들이 동의하는 간단하고도 명확한 KPI가 있어야 한다

KPI는 모든 리더에 대한 평가와 연결되어야 하고, 성과는 공유되어야 하며, 직원들에 대한 보상과도 연계된다면 더 좋다. KPI는 잘해야 하는 긍정적인 지표를 정리한 'Green Index'와 발생하게 되면 사업적인 이슈가 발생할 수 있는 'Red Index'로 정리해도 좋을 것이다.

3 RPA 추진의 방향성 설정이 중요하다

환경과 회사의 상황에 따라 'Top Down(회사 주도형)'과 'Bottom Up(직원 참여형)' 중 어디에 더 무게를 둘 지에 대한 의사 결정은 전략 입장에서 매우 중요하다. 지금부터 이 두 가지 방향에 대한 이야기를 해 보겠다.

두 갈래의 방향성 : 회사 주도형 vs 직원 주도형

🐟 전개방식의 선택지

RPA를 전개하는 방식은 각양각색이다.

기업마다 나름대로의 전략이 있고, 각자의 상황에 맞는 KPI를 가지고 있으며, COE 조직의 주체와 구성이 다르고, RPA를 확산하는 방식이 다르다. 2년 이상의 중기 RPA 전략을 미리 수립하고 그에 기반해 추진하는 곳이 있는 반면, 일단 파일럿을 통해 성과를 확인해 본 후 제대로 된 전략을 세우겠다는 곳도 있다. 여하튼 경영자의 의지와 전담자의 열정 및 역량에 따라 전개 방식과 속도는 판이하게 달라질 수 있다.

2019년 상반기까지 회사 주도형 RPA의 전형은 POC를 하고, RPA 솔루션을 선정하며 파일럿을 하고, 부서별 적용을 하고, 전사적으로 확대하는 모습이었다. 하지만, RPA가 보편화되면서 전개 방식 또한 진화하고 있다. 혁신적인 기업들은 외부 상황과 내부 역량을 파악하고 자신에 맞는 RPA 전개 방식을 찾아 나가기 시작했다. 그리고 글로벌 기업은 이 같은 진화의 속도를 더 가속화하고 있다.

물론 RPA 전개 방식의 고민이 글로벌 기업이나 대기업의 전유물은 아니다. 중견 기업의 경우는 더 기민하게 움직일 수 있는 장점이 있기 때문에 오히려 창의적인 전개를 할 수 있을 것으로 기대된다.

이제부터 본격적으로 RPA 전개 방식의 선택지를 살펴보겠다.

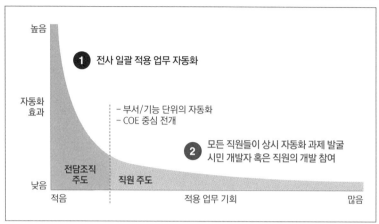

현재 RPA를 사용하고 있는 기업들의 대부분은 **그림21 〈RPA 전개 방향성**
〉의 중간 언저리에서 어느 방향으로 기수를 돌릴지 고민하고 있다.

그 첫 번째는 ❶번 방향인 회사 주도형 RPA의 가속화이다.

이 방향에서는 회사가 RPA 추진 절차를 미리 정하고, 하나씩 순차적
으로 실행해 나가는 모습을 보인다. POC를 하고, 파일럿을 하고, 전사
확산을 위한 과제를 취합하고, 적용 우선순위를 기반으로 자동화 로드
맵을 만들고, 1차 확산을 하고, 그리고 이후 중장기 전략을 세운다.

과제 발굴과 우선순위를 정함에 있어 회사의 통제와 관여가 크다는
것이 회사 주도형 RPA의 특징이다. 전문 개발자에 의한 자동화를 구
현하기 때문에 가장 효과가 큰 과제를 먼저 자동화해야 하고, 이후에
도 최대한 성과를 내기 위해 자동화 과제들 사이에서 적용 우선순위

를 정한다. 아울러 향후 확산을 감안하여 자동화 관련 문서와 개발의 표준화 프로젝트를 추진하는 경우도 있다.

회사 차원의 의사 결정을 하므로 때로는 실질적 성과보다는 정무적으로 자동화를 우선 적용하는 조직 또는 업무를 정하기도 한다. 비효율이 여기서 발생할 수도 있지만, 이후 경영층의 지원을 확실하게 이끌어 낼 수만 있다면 그리 나쁜 방법도 아니다.

두 번째는 ❷번 방향의 직원 주도형 RPA 확산이다.

회사 주도형과 가장 큰 차이는 과제의 제출과 개발이 민주화되고 개인화된다는 점이다. 이 방향을 채택하기 위해서는, 누구나 아이디어를 내고, 개발에 참여하며 피드백을 줄 수 있는 환경이 먼저 만들어져야 한다. 직원들로부터 제안되는 많은 아이디어를 효과적으로 접수, 보관 및 공유할 수 있는 온라인 공간이 필요하고, 직원 스스로 쉽게 자동화할 수 있는 디자인 툴이 제공되어야 하고, 직원들에게 RPA 교육을 체계적이고 지속적으로 할 수 있는 교육 프레임이 있어야 한다. 그리고 중요한 것은 제안 혹은 개발에 참여해 성과를 낸 직원들을 적절하게 보상하는 제도가 있어야 한다.

직원 주도형 RPA의 전략과 전개 방식, 그리고 기술적인 준비 등 자세한 내용은 이후 별도의 파트에서 자세히 설명하겠다.

어떤 모습으로 RPA를 시작하든 자연스럽게 이 두 갈래 길을 두고 고민하게 되는 시점이 온다. 회사 내에서 여러 이해 당사자들의 요구에 따라 시작되기도 하지만, 전담조직이 RPA의 빠른 확산을 위해 의

도적으로 분위기를 조성하기도 하고, 최고 경영층의 관심 증대와 변화 요구가 발단이 되기도 한다.

처음부터 디지털 혁신을 위해 둘 다 필요하다고 느끼는 기업들은 순차적으로 진행하거나 동시에 추진하기도 한다. 일본의 사례에서 소개한 'S'금융기관은 전자에 속한다고 볼 수 있다.

기업들은 이제 RPA를 통해 회사 중심의 효과와 직원 중심의 스피드라는 두 마리 토끼를 잡아야 한다.

참고로 기업들의 RPA 전개 방향의 고민에 도움이 될 수 있는 2020년 이후 RPA 트렌드 예측을 다음과 같이 정리해 보았다.

1 사람이 로봇을 옆에 두고 비서처럼 사용하는 자동화가 증가할 것이다. IT부서에 의해 전적으로 관리 통제되는 RPA 대비, 개별 사용자가 필요할 때 로봇을 불러 사용하는 개념의 자동화 비중이 늘어날 것으로 예상된다.

2 클라우드 기반의 사용이 확대될 것이며, 이로 인해 당연히 라이선스 사용 방식과 사용료 청구 체계의 변화가 일어날 것이다. 로봇이 처리하는 트랜잭션 수 혹은 로봇을 점유해 사용하는 시간 개념의 사용료 정책이 나타나고 자리를 잡을 수도 있을 것으로 예상된다.

3 RPA 자동화 디자인 툴이 점점 쉬워지고, 과제 발굴을 과학적으로 도와주는 기술 또한 소개될 것이다. 이를 통해 이전과는 비교하기 어려운 속도로 많은 과제를 발굴하고 자동화할 수 있을 것으로 예상된다.

4 전사 차원에서 RPA 과제 라이프 사이클(아이디어 제출, 평가, 개발, 공유, 폐기)을 관

리할 수 있는 포털 구현이 늘어날 것이다. 이와 같은 시스템이 있으면 더 많은 과제를 더 많은 직원들부터 받을 수 있는 아이디어의 크라우드 소싱(Crowd Sourcing)이 가능해질 수 있게 된다.

5 비즈니스 프로세스 혁신과 연계한 RPA가 더 많이 추진될 것이다. 자동화되기 전에 업무 프로세스가 미리 상당히 표준화되고 정제될 것이기 때문에 자동화는 더 빨라질 것이고 이후 변화관리도 수월해진다. 게다가 더 많은 자동화 기회가 들어오더라도 소화할 수 있는 체력이 생겼기 때문에 기업들은 과제 발굴에 더 힘을 기울이게 된다.

예측들을 정리해 보니, 직원 주도형 RPA 추진의 필요성이 향후 더 중요해질 것으로 보인다. 물론 지금 하고 있는 RPA 추진 방향을 당장 바꿔야 한다는 것은 아니다. 하지만 확산을 준비하고 있는 기업 혹은 RPA를 막 시작한 기업이라면, 이제는 직원 주도형 RPA를 반드시 고려해야 하겠다는 생각이 든다.

🕶 회사 주도형 RPA는 여전히 중요

RPA가 단위 부서 혹은 기능 중심의 업무 자동화로 출발을 했든, 최고 경영층의 의지에 의해 처음부터 전사적으로 출발을 했든, 자동화를 통한 목표 중에는 생산성 향상과 재무적 성과가 공통적으로 자리 잡고 있다. 엔터프라이즈 RPA에서 효율성 추구와 비용 절감은 여전히 매우 유효한 성과지표라는 것이다.

물론 이 둘만 지나치게 강조할 경우에는 오히려 역효과가 발생할 수도 있다. 초기에 실무진 혹은 추진 임원이 지나치게 높은 의지치를 가지고 있다면, 그리고 그게 전사적인 기대감으로 발전한 경우에, 혹시 첫해 목표와 실제 성과와의 갭이 벌어지게 된다면 급격히 열기가 식거나 추진 동력을 잃을 수 있기 때문이다.

하지만, RPA는 제대로만 추진된다면 그 성과가 일반적으로 하키스틱처럼 나타난다.

RPA 성공 방정식에는 '더하기' 보다는 '곱하기'가 작용하기 때문에, 가속도가 붙을 시점까지의 추진력이 필요하고, 회사 주도형 RPA에서 전담 조직은 이 역할을 담당한다. 이들이 이 책의 이전 파트에서 설명한 회사 주도 RPA의 전형적인 단계를 잘 밟아 나가기만 한다면, 회사 주도형의 RPA는 성공 가능성에 한 발 더 가까이 다가갈 수 있다.

경영층의 강력한 의지와 전담 조직의 존재가 RPA의 중요한 성공 요인이지만, 이것이 이미 자리를 잡고 있는 회사에서 가장 중요한 것을 뽑으라면 제대로 된 과제의 발굴과 구현이다. 좋은 과제를 발굴해 적은 노력으로 최대의 성과를 내는 것은 회사 주도형 RPA의 특징이다.

첫 단추가 중요하기 때문에, 제대로 된 과제를 발굴하는 고도의 집중력과 그 안에서 효과를 반드시 내겠다는 집요함이 전담 조직 내에 우선 존재해야 한다. 그래야만 확실한 몇 개를 찾아낼 수 있고, 전담조직에 역할과 책임을 부여하는 회사 주도 RPA가 그 의미를 발하게 된다.

발굴한 과제가 초기에는 확실한 성과를 내야 한다. 특히, '검증 후 확산'이라는 RPA 전개 전략을 가지고 있는 기업이라면, 초기에 빠르고 큰 성과를 내기 위해서는 회사 주도형 RPA가 더 효과적이다. 이 경우 직원 중심의 RPA는 보완적 역할을 하거나, 추후 추진 범위에 들어가게 된다.

최근 RPA 성과에 대한 정의가 조금씩 변하고 있다. 생산성 향상을 기본으로 두되, 사업적 기회 창출이라는 목표를 추가로 잡고 있는 기업들이 늘고 있다. RPA를 통해 시장 점유율을 올리고 싶다는 기대감이 생겨나고 있는 것 또한 이런 맥락으로 볼 수 있다. 직원들로부터 다양한 아이디어를 받아서 참고는 할 수 있겠지만, 거기에 예산과 자원을 투입해 효과를 내는 몫은 회사가 가지고 있다. 그래서 회사 주도형 RPA는 여전히 중요하다.

🎴 직원 주도형 RPA도 필요하다

회사 주도형 RPA는 조직 또는 사업적 니즈에 의해 시작하고, IT부서가 깊이 관여하며, 핵심 프로세스가 먼저 자동화된다. 그래서 초기 자동화의 효과와 제공해 주는 가치가 크다.

하지만, 역설적으로 전문 개발자에 의존하다 보니, 동시에 개발하거나 적용할 수 있는 과제의 수가 제한된다. RPA 적용 회사 중 상당수가 초기에 최대한 많은 자동화 아이디어를 수집하지만 전담 개발자가 감당할 수 있는 범위를 넘어서면, 나머지는 그대로 재고가 되어 쌓이게 된다.

여기서 회사의 딜레마가 생긴다. 디지털 트렌스포메이션을 실현하는 가장 빠른 솔루션으로 도입한 것이 RPA인데, 개발자가 없어서 구현을 못하는 상황을 맞닥뜨리게 된 것이다. 전담 조직의 입장에서 매우 답답한 노릇이고, 현상을 이해하지 못하는 경영층은 느린 속도를 나무라기도 한다. 그리고 아이디어를 제출한 직원은 자신이 제출한 아이디어가 도대체 언제 자동화될지 모르게 되니 애정이 금방 식어 버릴 수도 있다. 물론 더 많은 예산과 자원을 투입해 속도를 해결해 볼 수도 있겠지만, 대부분의 기업들이 이같이 비싼 방법을 선택하기란 어렵다.

혹여 직원들이 제출한 개별 아이디어의 자동화 효과가 미미할 경우에는, 더더욱 RPA 재고 창고에 들어가서 나오기 어렵게 된다. 직원이 제출한 과제수가 점점 많아지면, 결국 집합적으로 회사에 의미가 있는 성과를 줄 수 있게 될 텐데, 그때까지 어떻게 기다릴 것인가?

그래서 처음부터 전 직원들을 대상으로 RPA교육을 함으로써 스스로 개발하는 RPA를 추진하는 회사들이 있다. 하지만, IT 개발 경험이 없는 개인이 자신의 업무를 스스로 개발해 자동화하기란 실제 만만치가 않다. 몇 기업들이 교육을 통해 직원 스스로 자동화를 개발하는 환경을 만들었다고 해도, 실상을 보면 RPA를 체험 교육을 받고 매우 간단한 과제를 가지고 테스트를 해본 수준이다. 그나마 자신의 업무를 가지고 테스트라도 해 봤다면 많이 진도가 나간 것이다.

그래서 직원 주도형 RPA를 리드하고 있는 'P'사는 전혀 새로운 전개 방식이 필요함을 느끼고 출발점부터 다르게 접근하였다. 전 직원이 수시로 자동화 아이디어를 내게 하고, 중복되거나 비슷한 과제는 걸러

냈다. RPA 교육을 전사 모든 직급을 대상으로 실시하고, 개발은 전문 개발자를 포함한 직원 스스로도 가능케 하고, 많은 자동화가 동시에 구현됨에 따라 분산 환경에서의 운영체계를 준비하였다. 그리고 가장 중요한, 현업의 직원 중에서 RPA를 직접 개발할 수 있는 선수를 양성했다. 이 선수들은 현업 직원들의 아이디어 중 일부는 스스로 개발해 자동화를 해버리고, 난이도가 있는 자동화는 요건을 명확하게 정의한 후 전문 개발자에게 전달한다. 이들로 인해 회사는 더 많은 과제를 더 빠르게 발굴하고 개발할 수 있게 되었다.

회사 주도형의 RPA를 추진한 기업이라 하더라도, RPA 성숙단계에서는 직원 주도형 RPA를 검토하는 것이 매우 당연한 수순이 될 것으로 기대된다. 물론 지금 RPA를 도입하는 기업들은 처음부터 검토해봐야 하는 옵션이 되기도 했다. 결국, 누구나 싼 비용으로 사용하고, 개발하며 피드백할 수 있는 민주화가 RPA에도 빠르게 스며들 것으로 예측된다.

Part 5

RPA에 부는 민주화의 바람

가트너가 2020년 10대 전략적 기술 중의 하나로 선정한 것이 민주화 Democratization 이다. 민주화는 '전문적인 영역이라 여겼던 기술 혹은 지식에 누구나 쉽고 저렴하게 혹은 비용이 없이 접근할 수 있는 것'을 의미한다.

사실 전문가의 수는 항상 제한되어 있으며, 일반인들이 학습만으로 그 수준에 도달하기란 현실적으로 어렵다. 그래서 전문가들은 일반인들이 간단한 아이디어 혹은 조작만으로 기술을 쉽게 사용할 수 있도록 그 뒤의 복잡한 프로그램은 숨겨 놓는다. 스마트폰의 제조 기술과 인터페이스 그 자체는 상상할 수 없을 정도로 복잡하겠지만, 앱을 사용하는 사람들은 그 내용을 알 필요가 없다. 나의 목적에 맞게 설치하고, 사용하고, 만일 필요가 없으면 지우면 된다. 그리고 앱에는 딱 사용자 수준에서 필요한 사용 설명과 설정 변경의 옵션이 존재한다.

RPA에서 민주화는 누구나 자동화를 구현해 볼 수 있도록 디자인 툴 사용법이 쉬워지고, 비용은 적게 들며, 자동화 업무 범위가 확대되는 것으로 해석해 볼 수 있겠다. 하지만, RPA 솔루션 기업들에 의한 기술의 민주화 노력에도 불구하고 RPA가 아직은 오피스 프로그램처럼 쉽지도 일반화되지도 않고 있다.

그래서 완전한 RPA 민주화를 구현하는 중간 단계로서 먼저 그 단계를 밟아 보는 선구자가 필요한데 이들을 우리는 시민 개발자 Citizen Developer 라 부른다. 이들은 집중적으로 교육을 받고 아직까지는 조금 어려운 RPA 개발을 스스로 혹은 전문 개발자의 도움을 받아 진행한다. 이것이 RPA 민주화의 핵심 요소이며, 이들의 피드백이 RPA 기술의 민주화를 더 당길 수 있을 것으로 본다.

다음 장에서는 RPA민주화에 대한 개념과 사업적 준비사항 그리고 지원하는 솔루션과 로드맵을 순차적으로 소개해 보겠다.

RPA 민주화? 이렇게 준비하면 된다

🪬 RPA의 민주화?

RPA민주화는 누구나 쉽고 저렴하게 RPA를 개발하거나 사용하는 것을 의미한다.

우선 민주화 차원에서 직원을 둘로 구분해보면 다음과 같다.

___
1   개인적이든, 집단적이든 RPA 아이디어를 내고 혜택을 추구하는 사용자 집단
___
2   전문 개발자의 부족을 보완하기 위해 현업에서 찾아낸 파워 유저 혹은 시민 개발자 집단

파워유저 혹은 시민 개발자는 COE 조직과 유기적으로 연결되어 자동화 과제를 식별하고, 설계하고, 개발하며, 사용 결과를 피드백 한다.

민주화는 RPA를 더 재미있는 프로그램으로 만들 수 있는 계기가 되기도 한데, RPA 민주화를 통해 기대하는 효과를 정리해 보면 다음과 같다.

___
1   시민 개발자들에 의한 자동화가 늘어나면서, 자신의 업무 자동화에 대한 효과를 빠르게 체험하게 되고, 이는 자동화에 대한 반감을 줄일 수 있다.
___
2   참여자가 늘어나니, 전사 차원의 자동화 아이디어 숫자가 크게 늘어난다.

3 그동안 지연되었던 COE의 업무가 파워유저 혹은 시민 개발자에 의해 보완되다 보니 빠르게 해소될 수 있다.

4 직원들의 디지털 역량이 RPA 체험을 통해 직접 육성되기 때문에, 미래 인력을 확보할 수 있는 토대가 마련된다.

5 빠른 업무 개선으로 직원들의 직무 만족도가 높아진다.

6 더 많은 자동화 기회가 발굴되고, 개발됨에 따라 RPA 확산과 성과 실현에 가속도가 붙게 된다.

RPA 민주화는 '1인 1로봇'과 혼용되어 쓰이기도 하는 데, 사실 둘은 조금 다른 차원의 개념이라고 할 수 있다. 1인 1로봇이 오피스 프로그램처럼 로봇을 누구나 가지고 쓰게 하겠다는 사용 관점의 아이디어라면, RPA 민주화는 과제 발굴과 개발이라는 측면까지 포함하는 더 확장된 개념이다. 그래서 RPA 민주화는 더 큰 테마이고 중요한 화두이다.

👁 누구나 아이디어를 내다

자동화 아이디어를 취합할 때 문을 너무 좁게 만들면 직원들이 아예 들어오지 못하고, 복잡하게 만들어 버리면 어떻게 들어와야 할지 못 찾는다.

이는 초기에 자동화 아이디어를 받을 때 많은 회사들이 겪었던 시행착오 중의 하나이다. 자동화 아이디어 제출 절차와 방법은 직원들이 가장 간단하고 편하게 의견을 낼 수 있도록 구성되어 있어야 한다.

RPA전담자는 직원 누구도 나만큼 열정적이지도 책임감을 갖지도 않을 거라는 생각을 기저에 두고, 그들의 귀차니즘을 어떻게 하면 최소화할 것인지를 고민하고 또 고민해야 한다.

RPA 전략 가이드를 기업들에게 하다 보면 간혹, COE 조직에서 회사의 현업 직원들이 멋지고 복잡하게 만든 프로세스 정의 문서 Process Definition Document 를 자랑스럽게 보여주는 경우가 있다. 그 자료를 갖고 회사 직원들의 참여도와 열정이 높다고 오해를 한다. 사실 그렇게 한 번이라도 문서를 만들어 본 현업 직원은, 그 번거로움으로 인해, 이후 RPA 아이디어 제출 요청을 거부하거나 COE 조직과의 만남을 멀리할 가능성이 십중팔구다. COE 부서는 빨리 착각에서 벗어나야 한다.

그럼 어떻게 하면 과제 발굴 절차를 단순하게 할 수 있을까?

1 우선 세미나 타입의 간단한 RPA 교육을 한다. 오프라인이면 좋겠지만 온라인도 무방하다. 교육에서는 자동화에 적합한 과제를 판단하는 기준을 알려주고 다른 회사에서 자동화한 사례를 소개해 주면 좋다.

2 세미나에서 바로 설문지를 작성하는 것보다는 실무에 돌아가서 동료들과 의견을 나눈 후, 자동화 아이디어를 내게 한다. 이때 질문은 최대한 단순해야 한다. 업무명, 실행 주기 및 주기당 횟수, 건당 실행 시간, 자동화 아이디어 정도만 먼저 받아보는 것도 방법이다. 해당 업무 전문가들이라면 이것만 봐도 자동화의 효과가 있는지 1차 판별은 할 수 있을 것이기 때문이다.

3 　1차 판별에서 통과한 과제에 대해서만 추가 질문 혹은 조사(많은 부분은 아이디어

제공자보다 업무 전문가가 더 많이 알고 있을 수 있다.)를 한다. 이때도 프로세스 정의 문

서 작성과 같은 작업을 할 필요는 없다. 문서 작업은 개발을 결정한 과제에 대해

서만 해도 충분하기 때문이다.

　과제를 제출하고 자신의 과제가 개발로 넘어갈 때, 직원들이 공통

으로 느끼고 있는 부담은 문서작성이다. 하지만, 아무리 단순하게 하

더라도 현재와 향후 프로세스 정의가 이루어지지 않으면 개발 단계로

넘어갈 수 없기 때문에 이 단계는 어쩔 수 없는 불편함이다.

　어떤 회사는 현업 직원의 업무 수행과정을 동영상으로 촬영해 개발

자에게 넘기기도 하지만, 보안정책상 화면 촬영이 허용되지 않는 기

업도 있고, 파일 사이즈가 커서 모든 자동화에 적용하기 어려울 수도

있다.

　이러한 불편함을 없애기 위해 프로세스 정의 문서를 자동으로 만들

어 주는 툴이 2020년 초 RPA 솔루션 기업에 의해 개발되고 상용화

되었는데, 유아이패스의 태스크캡쳐 Task Capture 가 바로 그것이다. 현업

직원이 자신의 업무를 하는 동안 프로그램이 백그라운드에서 자동적

으로 화면 캡처를 하고 마우스 클릭이나 키보드 액티비티, 처리시간,

사용 프로그램까지 기록해 준다. 업무가 끝나면 녹화를 중단하고 전

송 Export 기능을 사용해 프로세스 정의 문서를 자동 생성하면 된다. 더

나아가서 RPA 디자인 툴로 전송하면 RPA 개발의 기초 뼈대까지 자동

으로 만들어 준다. 현업의 문서 작성 불편함을 줄이고, 정확한 프로세스 단계를 파악하기 위해 기업들이 도입하여 사용하고 있다.

이 같은 자동화 문서 작성 및 과제 발굴 가이드 솔루션은 오토메이션애니웨어를 포함해 여러 RPA 솔루션 기업에 의해서도 소개되고 있으니, 직원들의 부담은 갈수록 줄어 들것으로 예상된다.

✦ RPA 페르소나를 구분한다

RPA 과제를 제출하고 개발하는 책임을 전적으로 COE가 가지고 있다고 생각한다면, 이는 잘못된 가정이다. RPA란 구축하면 끝나는 개별 프로젝트가 아니고 직원들이 지속적으로 사용하고 변화 관리를 해야 하는 전사 프로그램이기 때문에, 사용자의 범위 또한 매우 넓게 볼 필요가 있다. 적절한 기준으로 사람들을 정의하고 분류한 다음 각 그룹별로 그에 맞는 역할을 부여하고 디지털 역량을 양성해 주어야 한다.

이에 RPA 기준의 역할과 책임에 따라 페르소나를 재정의하는 과정이 필요하다.

회사 주도의 RPA에서는 전담 조직과 전문 개발자라는 페르소나가 중요하다면, 직원 중심의 RPA에는 이들 이외에도 직원 페르소나가 중요하다. 직원 주도형 RPA 측면에서 필요한 직원 페르소나를 구분해 보면, 다음과 같다.

1 현업 사용자

자신의 업무 혹은 개인적 편의를 위해 로봇을 개발할 수도 있지만, 주로 수동적으로 회사가 개발해서 배포한 자동화를 이용하는 주체이다. RPA 개발에 대한 지식이 그다지 필요하지 않은 그룹이며, 이들의 역할은 적극적으로 자동화 아이디어를 내고 사용 결과에 대해 피드백을 하는 것이다.

2 시민 개발자

회사마다 이를 표현하는 방법은 좀 다르다. 어떤 회사는 파워 유저라는 표현을 쓰기도 한다. 이들은 자신의 업무는 물론이고 다른 직원의 간단한 자동화 요구 사항에 대해 어느 정도 수준까지는 직접 개발할 수 있는 역량을 가지고 있다. RPA 개발 교육을 집중적 혹은 정기적으로 받으며, 개발 이후에는 간단한 수준의 문제는 스스로 해결하기도 한다. 혹시 자신들의 역량으로 개발하기 어려운 수준의 자동화 과제를 만나면, 해당 프로세스를 진단한 결과와 자동화 요건을 전문 개발자에게 넘긴다. 현업의 업무를 하면서 자동화 전도사 역할을 동시에 하는 경우가 많기 때문에 회사는 이들에 대한 별도의 보상 체계를 제공하기도 한다.

3 시민 개발자 양성자

회사에서 통상 팀 단위당 1명 정도의 시민 개발자를 둔다면, 그들을 양성하는 것은 RPA COE 조직의 중요한 미션이 된다. 그래서 COE내에 시민 개발자를 양성하는 전담 인력을 두거나, 외부 개발회사와 별도 교육 프로그램을 만들기도 한다. 이들은 상당한 수준의 개발 역량, RPA 솔루션에 대한 깊은 이해, 그리고 실제 RPA운영 경험을 가지고 있어야 한다. 그래야 제대로 된 코칭과 교육을 할 수 있기 때문에, 이들에 대한 선발은 매우 중요하다. 외부 구현회사에 시민개발자 양성을 일임하는 기업들도 있기는 하지만, 적어도 프로그램을 구성하는 핵심멤버 중 일부는 내부에 있어야 시민 개발자 양성을 기민하게 진행할 수 있을 것으로 보인다.

---

4 전문 개발자

아무리 직원 중심의 자동화라고 하더라도 직원이 제출한 아이디어가 회사의 많은 시스템과 연동해야 하고, 개발의 난이도가 높다면 전문 개발자를 활용해야 한다. 회사 내부에 이들을 둘 수도 있지만, RPA 솔루션 자체가 빠르게 진화하고 있는 만큼, 이 영역만큼은 RPA 솔루션 기업의 전문 구현 파트너 회사에 의존하는 편이 나을 수도 있다.

COE는 이와 같이 RPA 페르소나를 구분한 이후에 체계화된 교육 로드맵 혹은 안정적인 외부 전문가 소싱 방안을 마련해야 한다.

2019년 하반기부터 RPA를 직원 디지털 교육 기초 프로그램의 하나로 넣는 회사가 등장하고 있는데, COE는 조금 더 전문적으로 RPA 개발과 운영이라는 측면에서 교육 프레임을 준비할 필요가 있다. 해외에서는 RPA 교육 프로그램 컨설팅이 RPA 서비스의 새로운 영역으로 소개되기도 한다. 컨설팅에는 직원을 RPA 페르소나 별로 구분하고, 비즈니스와 기술 측면에서 체계화된 RPA 교육 로드맵을 제시하고, 그리고 개별 커리큘럼을 디자인하는 것이 핵심이 된다.

🐟 내재화는 어떻게?

개발 교육에서 조금 더 나아가 '내재화'라는 테마를 이야기해보고 싶다.

내재화는 새로운 기술을 교육, 이벤트, 보상, 성과 공유 등을 통해 조직 내부적으로 광범위하게 스며들게 하는 것을 말한다. 사실 외부 기술을 어떻게 내부로 가져올 것인지, 그리고 내부 역량을 어떻게 동시에 강화해 나갈지란 쉽지 않은 과제이다. 어쩌면 일부 전문화된 영역은 내재화를 하지 않는 것이 오히려 더 효과적일 수도 있기 때문이다.

하지만 RPA는 모든 직원들의 일상 업무에 영향을 미칠 수 있기 때문에 다른 어느 기술보다 내재화가 중요한 테마가 되어야 한다. 그래서 RPA 내재화를 위해 갖추어야 할 것들을 다음과 같이 정리해 보았다.

1 우선 내재화 차원에서 디지털 전략을 다시 봐야 한다. 당초의 전략에 기초해 무엇을 먼저 할지 어디에 더 집중할지 우선순위를 정하는 과정이 필요하다. 그러지 않으면, 내재화가 엉뚱한 방향으로 흘러 잘못된 산으로 갈 수도 있다.

2 다음으로는 COE 조직이 해야 할 일과 인사 혹은 재무팀과 같이 전문성을 가지고 있는 곳에 위임해야 하는 일의 구분이 필요하다. COE 조직이 커서 다행히 여러 기능을 담당할 수 있다면 모르겠으나 그렇지 않으면 COE가 이 큰 주제까지 혼자 안고 끌어가는 것은 효과가 적을 수 있다. RPA 내재화를 통해 문화의 변화와 지속적인 혁신의 토대를 만들고 싶다면 회사 내 그 기능을 잘 할 수 있는 조

직 또는 인력과 협업하는 것이 필요하다.

3 내재화 대상을 잘 정의하는 것이 필요하다. 회사 내부의 상하 혹은 좌우 조직을 기준으로 대상을 구분하는 것은 비교적 쉽게 할 수 있다. 하지만, 디지털 인재 양성이라는 측면에서 역량 기준으로 접근하게 되면 다소 복잡하게 된다.

여하튼 하루아침에 내재화가 되는 것은 아니기 때문에, 가장 흡수가 쉬운 대상을 선정해 파일럿을 해 보는 것은 좋은 출발점이 될 수 있다. 파일럿을 하면서 다음 대상을 정하고, 가급적 완성된 모습이 아니더라도 내재화의 큰 그림을 이 때에는 그려보는 것을 권한다.

4 각 페르소나 별로 어떤 교육을 제공하고, 어느 수준까지 역량을 올릴 것인지에 대한 교육 로드맵이 필요하다. 교육은 온라인 혹은 오프라인을 통해 가능할 것이고, 내부 교육은 물론이고 필요할 경우 외부 위탁 교육도 해야 된다.

페르소나 구분 없이 교육 과정에 반드시 들어가야 하는 것은 '과제 발굴 및 아이디어 제출'이다. 직원(경영층도 포함)이 자신의 업무에서 자동화할 수 있는 아이디어를 찾아 RPA 과제를 제출하려면, 더구나 그 아이디어가 창의적인 것이 되려면, 어떤 업무가 자동화에 적합한지를 판단할 수 있는 최소한의 지식이 필요하다.

하나 더 추가하자면 구성원들을 대상으로 하는 RPA 체험 교육(자동화 적용 사례 소개 및 간단한 자동화 실습 과정)이 중요하다. 실습을 마친 사람들을 중심으로 회사 내 RPA효과에 대한 구전 마케팅이 생각보다 크게 나타날 수 있기 때문이다.

그리고 교육 프레임워크를 일단 만들게 되면 이대로 끝나는 것이 아니라, 이후 지속적으로 관리하고 업그레이드해야 한다.

5 내재화의 방법으로 다른 툴 혹은 방식을 함께 사용해 보는 것이 효과적일 수 있다. 프로세스에 대한 이해와 접근이 필요하기 때문에, LEAN 교육 혹은 LEAN 액션 워크아웃(단 기간 프로세스 개선을 위한 워크숍)을 함께 해 보는 것이 좋을 수 있다. 회사의 필요 혹은 고충(Pain Point)을 제대로 이해하고 거기에서 자동화의 테마와 방향을 잡으려면, 여기에 어울리는 디자인 씽킹(Design Thinking)을 활용해 보길 추천한다. 최근에는 직원들이 즐겁게 RPA를 활용할 수 있게끔, 게이미피케이션(Gamification. 성과에 따라 포인트를 주고 레벨업을 하고, 랠리를 하는 등 게임 방식의 RPA) 방법을 사용하는 기업도 나타나고 있다. 이렇듯 시너지가 나는 방법을 같이 활용하게 되면, RPA가 더 빠르게 조직 내에 스며들고 하나의 언어가 될 수 있을 것이다.

6 홍보가 필요하다. 직원들이 언제 어디서든 RPA가 진행되고 있다는 것과 그 성과를 확인할 수 있다면 RPA 내재화는 빨라질 수 있다. 회사 내 RPA 포털을 두거나, 포스터를 붙여 성과를 공유하거나, 로봇을 의인화(회사의 이미지에 맞는 로봇 아이콘을 만들고 이름을 부여)해서 친근하게 부르게 하거나, 성과가 좋은 직원을 히어로 보드에 올려놓는 등 일련의 RPA 홍보 활동은 문화적인 변화 관리에 큰 도움이 된다.

7 그리고 무엇보다 중요한 것은 더 많은 아이디어를 내고, 더 잘 사용하고, 더 잘 홍보하는 조직과 직원에 대한 보상과 포상 정책이다. 내재화를 가속화하기 위해서는 직원들 스스로 동기부여가 되어야 하는데, 만약 금전적이든 비 금전적이든 보상이 없다면 이들을 자극하기가 어렵다. 경영자들은 전사 RPA KPI를 기준으로 간접 평가를 할 수도 있겠지만, 직원들은 직접적이고 적극적으로 보

상 혹은 포상받기를 바란다.

👁 주요 부서는 각자의 역할이 있다

RPA 민주화는 매우 흥미로운 테마이자 전문 개발자 중심으로 이끌어
왔던 초기 RPA를 기준으로 본다면 혁신적 아이디어이다. 모든 페르소
나들은 각자의 수준에 맞는 개발과 사용을 동시에 할 것이고, 그 결과
규모와 속도에서 전혀 다른 RPA 게임이 펼쳐질 것이기 때문이다.

하지만, 대량 개발은 다시 대량 문제를 야기할 수도 있기 때문에, 혼
란이 생기지 않도록 중심을 잘 잡아 나가야 한다. 그래서 RPA에 참여
하는 주요 부서를 기준으로 RPA 민주화 차원에서 고려해야 하는 것을
다음과 같이 정리해 봤다.

1 COE 조직

COE 차원에서 어느 정도까지 관여할지 정해야 한다. RPA 민주화 차원에서도
반드시 통제해야 하는 영역과 완전한 자유도를 주는 것이 좋은 영역이 존재한
다. 하지만, 상당수는 그 중간에 있기 때문에 COE 조직이 체계적으로 가이드하
고 지원해야 할 필요가 있다. 특히, 시민 개발자들은 COE 역할을 보완할 수 있
는 사람들이기 때문에 이들을 어디까지 활용할 것인지에 대한 정책적 의사 결
정을 COE가 내려야 한다.

COE는 RPA가 큰 규모로 전개될 경우를 감안해 횡적 확장성을 지원하는 RPA 솔루
션을 선정해야 한다. 또한, 100개의 과제를 관리하는 것과 1,000개의 과제를 관리

하는 수준은 매우 다르므로, 운영 효율화를 반드시 고려해야 한다. 개발된 과제를 안정적으로 사용하게끔 하는 변화 관리는 COE의 중요한 역할이 될 수 있기 때문이다.

2 인사 부서

직원 교육 프로그램의 커리큘럼을 어떻게 만들어야 할지, 직원들의 참여에 대한 동기부여(보상 및 포상)는 어떻게 할지, 더 나아가 직원들의 디지털 마인드를 어떻게 끌어올릴지에 대한 고민과 대응을 해야 한다.

기업 중에는 RPA를 직원 정규 교육 과정에 포함하는 곳이 있으며, 신입직원의 교육 프로그램에 넣는 경우도 있다. 이처럼 초기 정착 단계에서는 다소 강제성이 필요할 수도 있다.

일본의 기업 중 한 곳은 일찌감치 직원들의 RPA 역량지도(Skill Map)를 만들어 관리하고 있다. 직원들의 교육 과정 참석 및 이수 여부를 확인하고, 각 부서별 대시보드를 만들어 미진한 부서장들로 하여금 부담을 갖게 한다. 이 과정을 통해서 회사는 뛰어난 RPA 개발 역량을 갖춘 직원들을 찾아낼 수 있었고, 이 선수들을 중심으로 자동화는 탄력을 받고 있다고 했다.

3 혁신 및 재무부서

RPA 민주화로 인해 늘어날 수 있는 초기 투자를 어떻게 사업적 성과와 연결해 합리화할지는 매우 중요한데, 그 역할은 COE의 도움을 받아 혁신 혹은 재무부서가 담당하는 경우가 많다.

이들의 역할은 이후 RPA 성과를 추적하고(KPI 모니터링), 그 성과가 어떻게 사업적인 결과로 이어지고 있는지를 평가하는 것까지 확장된다. 상대적으로 많은 과제의 자동화가 모여야 전사 차원의 효과를 낼 수 있기 때문에, 체계적인 추적 및 평가 체계가 없다면 "RPA 민주화를 통해 무슨 효과가 있었나요?"라고 경영층이 질문했을 때, 그 답변이 우왕좌왕할 수 있다. 그리고 이처럼 답변을 했다면 그날로부터 RPA 민주화는 경영층의 관심과 지원으로부터 멀어질 수 있다. 그러지 않기 위해서는 COE 부서와 혁신 혹은 재무부서의 긴밀한 커뮤니케이션과 공조가 필요하다.

4 IT 부서

기술적으로 시민 개발자에게 개발 및 운영 환경을 제공해야 하는데, 서버 환경에서 이들의 개발 및 운영을 통제할 것인지, 혹은 자율적으로 개별 데스크탑에서 개발 및 운영하게끔 놔 둘 것인지, 중요한 의사 결정을 해야 한다.

각 시민 개발자의 전사 로봇에 대한 접근 권한 부여 및 관리를 시스템 보안 측면에서 정의해야 하고, 적절한 수준의 개발 프레임워크에 기반해서 직원들의 RPA 개발을 지원해야 한다. 그리고 COE 조직과 협의하여 직원들이 개별적으로 만든 자동화가 회사 업무에 미칠 수 있는 위험 등을 미연에 방지하거나 문제 발생 시 대처하는 체계를 갖춰야 한다.

1인 1로봇을 선도적으로 추진하는 싱가폴 통신 회사의 COE 리더와 이 부분에 대해 이야기를 나눈 적이 있는데, 그는 "우리는 직원 개개인의 편의를 위한 자동화 개발과 로봇 사용에 대해서는 최대한의 자유도를 제공합니다. 그래야만 직원들이 RPA에 친숙해질 것이고, 그로부터 새롭고 창의적인 아이디어가 나올 수 있기 때문입니다. 하지만, 회사 시스템에 영향을 미칠 수 있는 자동화 개발과 실행은 반드시 COE 조직으로부터 사용 전 확인을 받는 절차를 운영하고 있습니다. 아이디어의 제출에는 아무런 제약이 없지만, 개발과 운영에 있어서는 안전장치를 가지고 있습니다."라고 했다.

매우 적절한 답변이며, 공감이 간다.

🔷 RPA 민주화의 거버넌스와 솔루션의 선택

RPA 민주화는 많은 아이디어가 수시로 제안되고, 다양한 수준의 개발자가 개발하기 때문에, 회사가 직원들에게 무한한 자유도를 줄 경우에 예기치 못한 사업 혹은 운영의 위험이 발생할 수 있다.

왜냐하면, 직원들은 대외적으로 회사를 대표하는 것으로 비춰질 수 있기 때문에, 개인적인 목적으로 시도한 자동화라 하더라도 그로 인해 어떤 이슈가 발생하면, 회사의 평판에 중대한 영향을 미칠 수도 있다. 그래서 개발자가 누구이든 자동화는 적정한 수준의 통제 선상에서 관리해야 할 필요성이 있다.

직원 주도형 RPA를 전면적으로 도입하고 있는 글로벌 회사의 COE 리더를 만나서, 회사의 통제와 직원의 권리에 대해 질문해 본 적이 있다. 1인 1로봇을 슬로건으로 하고 있는 기업이지만, 그들 역시 직원들의 단순한 개인 업무 자동화가 회사 전체에 미칠 수 있는 영향에 대한 우려감을 갖고 있었다. 그래서 이 회사는 순수한 개인 사용 목적 _{공연 티켓 예매, 개인 SNS 상의 지인 정보 관리 등} 의 자동화에 대해서는 체험을 확대한다는 차원에서 제약을 두지 않지만, 조금이라도 업무에 관련성이 있는 자동화는 미리 COE의 확인을 받은 후 개발과 사용을 하게끔 통제하고 있었다. 하지만, 간혹 그 경계가 모호한 경우가 있기 때문에, 회사는 직

원들이 자동화를 올바른 방향으로 활용할 수 있도록 지속적인 교육과
가이드를 한다고 했다.

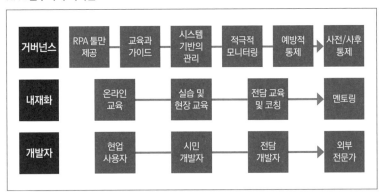

물론 시간이 한참 지나면 이러한 걱정이 기우였다는 판단이 나올 수
도 있겠지만, RPA 성숙기에 도달하지 않은 지금은 회사가 나름대로
통제와 관리의 체계를 가지고 있는 것이 좋을 것 같다.

한편 전사 업무 목적의 자동화와 개인 체험 목적의 자동화에 각각
다른 RPA 솔루션을 사용하고 있는 기업이 있다.

향후 확산 시점의 관리를 생각해 보면 다소 위험한 시도로 보인다.
과거 IBM에 근무할 때 회사에서 두 개의 스프레드시트를 사용한 적
이 있었다. IBM이 인수한 로터스123은 내부 업무용으로 엑셀 프로
그램은 외부 업무용으로 사용했는데, 외부 업무를 주로 하는 직원들

이 이 두 프로그램 간의 호환성을 몸으로 해결해야만 했던 불편함이 기억난다.

RPA를 단위 부서 수준에서 사용하고 있기 때문에 그 불편함을 적게 느낄 뿐이지, RPA를 전사적으로 사용하는 단계에 도달하게 되면 이종 솔루션을 동시에 쓰는 것이 얼마나 불편하고 때로는 위험할 수 있는 지는 굳이 설명하지 않더라도, IT 운영을 해 본 사람이라면 그 상황을 쉽게 예측할 수 있을 것이다. 직원 스스로 개발한 RPA가 자연스럽게 회사 업무로 연결될 것인데 만약 직원이 사용하는 RPA 솔루션과 회사 가 사용하는 RPA 솔루션이 다르다면 매번 그 많은 자동화를 어떻게 마이그레이션 할 수 있을까? 상상만 해봐도 혼란스럽다.

회사는 시스템과 어플리케이션에 대한 관리 및 통제 체계를 가지고 있어야 하기 때문에 유사한 업무에는 하나의 솔루션을 적용하는 것이 상식적이다. 한 회사가 여러 종류의 ERP를 동시에 사용하지 않은 것 은 이런 이유이다.

소프트웨어 시장에서는 여러 회사가 경쟁을 하다가 어느 순간 가장 범용적으로 사용되는 시장 표준이 나타나고, 일단 표준이 된 솔루션은 점점 더 기능을 향상해 나간다. PC 운영체계 시장이나 ERP 시장에서 나타난 상황이 그러하다.

기업들은 새로운 영역의 소프트웨어가 나왔을 때, 초기에는 자신의 사용 목적에 맞은 솔루션을 찾기 위해 여러 제품을 테스트해보기도 한다. 하지만, 어느 순간에는 기술을 리드하는 산업 표준 제품을 자연스럽게 선호하게 되고, 회사의 디지털 전략을 그 기술의 발전에 맞춰 디자인하게 된다.

2020년을 기점으로 RPA 솔루션 시장 또한 표준화의 길을 걸을 것이고, 몇 개의 리딩 솔루션 기업만이 생존하여 시장의 주인공이 될 것이라는 전망이 있다. RPA는 한 번 도입을 하면 전사적으로 적용하고 확대하기 때문에, 제대로 된 솔루션을 초기에 도입하는 혜안이 필요하다. 적어도 수년 혹은 그 이상의 기간 동안 선택한 솔루션에 기반을 두어 직원들을 양성하고 운영 정책을 세우고, 디지털 전략을 완성해 나갈 것이기 때문이다.

🎴 배포와 관리

회사에 영향을 미칠 수 있는 자동화가 COE에 의한 관리 체계를 통과하고, 로봇의 업무 수행이 항상 적정한 수준에서 추적되고 관리된다면, 잠재적인 컴플라이언스 위험을 예방하거나 발생한 위험으로부터 회사를 보호할 수 있을 것이다.

그래서 시민 개발자가 과제를 발굴하여 개발 단계로 이동할 때, COE는 몇 가지 기준을 가지고 미리 배포 및 적용 의사 결정을 해줘야 한다. 자동화에 대한 기대 효과를 판단하고, 자동화로 전환될 경우 회사 정책을 준수할 수 있을지 검토하고, 워크플로우가 효과적으로 디자인되어 있는지 검증하고, 향후 수정이 쉽도록 표준 코드를 사용했는지 등을 확인해야 한다.

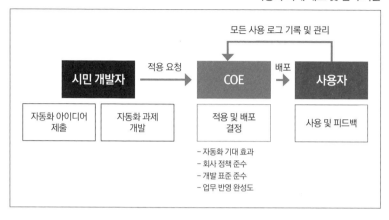

이러한 일련의 기준을 통과한 자동화 과제만 추후 개발 과정을 거쳐 전사적으로 배포되고 사용된다. 이후에도 COE 조직은 RPA 서버를 통해 직원들의 사용 여부, 발생한 에러 및 해결 처리, 컴플라이언스 위배 여부 등을 지속적으로 모니터링해야 한다. 아울러 사용자의 사용 피드백을 수렴해 자동화 워크플로우 개선 및 변화관리에 반영하는 운영 체계를 가지고 있어야 한다.

🦖 재미있는 RPA

직원들에게 회사의 인사부 혹은 혁신부가 다음과 같이 직원들과 커뮤니케이션을 했다고 보자.

자동화 과제를 내세요.

1인당 최소 3건 이상의 과제를 이달 말까지 제출하고,

RPA를 개인 계발 필수 항목으로 잡고,

회사가 제공하는 교육을 일정에 따라 이수하고,

제출한 과제는 코칭을 받으면서 직접 개발해 자신의 업무에 활용하고,

그 결과를 매니저에게 보고하세요.

RPA는 앞으로 여러분의 성과 평가에 활용되고,

보상에도 영향을 미칠 것입니다.

얼마든지 벌어질 수 있는 일이지만, 사실 쓰면서도 숨이 턱 막힌다. 이런 방식의 커뮤니케이션은 시작도 하기 전에 직원들의 사기를 바로 꺾어 버리는 역효과를 낼 것이다. 직원들은 회사가 그동안 실패했던 시도들을 떠올리며, "또 말도 안 되는 걸로 직원들을 힘들게 하는군. 저걸 언제 다 하라고…" 생각할 것이다.

그럼 어떻게 효과적으로 커뮤니케이션할 수 있을까? 사실 변화는 직원들에게 건전한 긴장감을 줘서 스스로 움직이게끔 해야 하는데, 그 방법 찾는 것이 생각처럼 쉬운 일이 아니다.

RPA 도입 초기에는 나의 업무를 로봇이 가져갈 수도 있다는 우려감에 직원들의 저항감이 생길 수 있다. 특히, 폐쇄적인 조직 문화를 가지고 있는 기업의 직원들은 동료 혹은 후배 직원과도 자신의 업무를 잘 공유하지 않는데, "RPA 때문에 나의 업무를 낱낱이 분석해서 공개하라고? 게다가 그중 일부는 앞으로 내가 아닌 로봇이 할 수도 있다고?"

당연히 이런 반응이 나올 수 있다. 변화는 이처럼 쉽지 않고, 잘못하면 아니 한 만 못할 수 있다.

그래서 아예 한 발짝 물러서서 직원 중심의 자동화가 가져올 재미 있는 상상을 직원들과 함께 해 보는 기업들이 있다. 그들은 다음과 같은 색다른 시도를 해서 자동화가 조직 내에 자연스럽게 스며들게 한다.

1 로봇의 의인화

일부 기업은 로봇에 이름을 부여해 직원들로 하여금 친근감을 갖게 한다. 일본 기업에는 '로보진'과 '로보타'가 있고, 싱가폴 기업에는 'JEN'과 'ATOM'이 있으며, 한국에도 '하나봇' 같은 로봇 이름을 쓰는 기업이 있다. 일본의 한 기업은 로봇 포스터에 다음과 같은 문구를 쓰기도 한다. "안녕하세요? 저는 여러분의 부서에 새로 입사한 직원입니다. 무슨 일이든지 잘 가르쳐 주시면 열심히 하겠습니다." 그리고 로봇 운영 조직의 이름을 '로봇 인사부'로 둬서, 직원들로 하여금 자동화가 만드는 변화를 일상으로 받아들이게 하는 회사도 있다.

2 디자인 씽킹을 활용

디자인 씽킹을 해보면 애로 사항(Pain Points)을 찾아내고 그것을 극복하면 얻게 되는 것(Gain)을 찾는 것이 자유롭고 재미있는 토론을 통해 이루어진다.

고객과 함께 RPA를 위한 디자인 씽킹 워크숍을 해 본 적이 있다. 당시 나는 고객사 CDO(Chief Digital Officer)와 둘이 한 조가 되었는데, 직접 그분으로부터 현재의 고민을 듣고, 조직 내에서 디지털 전환과 RPA 의미를 같이 찾아보고, 이미지 컷을 함께 그리는 과정에서 막연했던 많은 부분들을 자연스럽게 정리하였다. 문제 해결이 아니라 문제 그 자체에 대해 함께 고민하고 토론하는 과정이기 때문에, RPA 도입 혹은 확산 단계에서 활용해 보면 매우 좋을 것 같다.

3 게이미피케이션 (Gamification)

게임의 가장 큰 묘미 중의 하나는 등업(Level Up)이라고 하는데, 그 방법을 RPA에도 활용해 보는 것이다. 제출 아이디어의 숫자, 공동으로 참여하는 멤버의 수, 다음 단계(개발, 검증, 사용)로 이동하는 속도, 내가 개발한 자동화를 사용하는 직원 수, 사용 결과에 대한 피드백 등 모든 항목에 포인트를 부여해, 어느 점수를 획득하면 그 등급에 해당하는 배지를 주고 회사가 포상하는 개념이다.

이를 더 재미있게 하려면 직원들의 놀이터를 회사가 만들고 그 안에서 자신의 아바타를 만들어 성장하게 하는 등 실제 게임처럼 해 볼 수도 있을 것이다. 심지어 멤버를 초대하고, 포인트를 나눠 주고, 어떤 경우는 새로운 아이디어를 내서 다른 사람의 포인트를 가져오는 등 배틀 그라운드처럼 만들어 보면 어떨까? 물론 어디까지 스킬을 허용하고 선수들은 어떻게 보호하고, 필요한 제제를 어떻게 가할지의 게임의 룰은 필요하겠지만 말이다.

레벨이 높은 플레이어는 챗봇, AI, 머신 러닝 등 강력한 아이템을 사용해 지존의 자리에 오를 수 있을 것이고, 어떤 사용자는 아이템을 만들어 시장에서 판매를 할 수도 있을 것이다. 별나라 이야기로 들린다면 안타깝지만 꼰대 세대이다. 디지털 원어민(Digital Native) 세대들에게 RPA를 게임처럼 만들어 보자고 맡겨 보면, 상상도 못했던 아이디어가 쏟아져 나올 지도 모른다.

나의 자동화 이력을 관리해 준다

RPA를 도입한 기업들 중에는 자동화 과제를 효과적으로 관리(아이디어 제출, 평가, 개발 전환, 개발된 과제 게시 등)하기 위해 RPA 포털을 구축하는 곳이 있다.

회사는 당연히 RPA 자동화 과제의 전체 흐름을 파악하고 있어야 하는데, 포털을 만들어 개인화 차원에서도 이 같은 서비스를 제공해 주겠다는 것이다. 직원은 자신이 낸 과제의 전환 단계를 직접 추적해보고, 함께 개발할 사람들을 찾아보고, 비슷한 과제가 이미 개발되어 있지는 않은 지 확인하고, 그리고 나의 결과물을 공유할 수 있도록 게시하는 등 일련의 과정을 포털에서 수행한다.

국내 기업 중 한 곳은 여기에서 더 나아가, 포털에 게시되어 있는 자동화 업무 목록 중 내가 사용할 로봇을 직접 선택하고, 포털에서 바로 실행하며, 사용 만족도를 포인트로 피드백 할 수 있게 만들었다. 이 회사는 궁극적으로 1인 1로봇을 지향하기 때문에, 보다 창의적이며 직관적인 개인화된 포털을 구현한 것이다.

🔖 RPA 민주화 성공의 팁

끝으로 RPA 민주화를 성공적으로 구현하기 위한 팁을 정리해 보고자 한다. 일반화하기는 어렵지만, 먼저 추진하고 있는 기업들의 경험을 바탕으로, 공통적인 것을 요약해 봤다.

1 전사 직원들의 참여가 요구되는 만큼, 경영층의 적극적인 스폰서십이 필요하다

회사 주도의 RPA에서 경영층의 역할이 자원 배분과 예산 승인이었다면, RPA

민주화에서는 한 발 더 나아가 변화를 이끄는 전 과정을 지지하고 작은 성과라
도 보상하는 적극적인 역할을 해 줘야 한다. 경영층의 의지가 약한 상황에서도
자발적으로 직원들이 잘 운영할 것이라고 믿는다면, 그것은 지나치게 긍정적인
상상이다.

2 현업의 스타가 있으면 좋다

의외의 인물이 자동화를 통해 업무 혁신을 했다는 사례도 좋고(글로벌 'S' 통신사
는 46년간 근무한 인사부서의 임원이 RPA 교육을 받고 자신의 업무를 자동화했다는 홍보 사례가
있다.), 영업 부서의 직원이 RPA를 통해 그동안 하지 않았던 새로운 영업 방식을
구현해 매출이 증대되었다는 식의 사례도 좋을 것 같다. 남의 사례가 아닌 나의
동료가 만든 자동화일수록 더 빨리 이해되고, 공감되고, 조직에 흡수된다.

3 RPA 민주화는 참여자의 수는 물론이고 확산 속도를 빠르게 늘릴 텐데, 이를 감당할 수 있는 COE 조직과 역량이 갖춰져 있어야 한다

특히, 업무 전문가 및 현업의 아이디어 제공자와 함께 논의하고 우선순위를 매
기고 과정과 결과에 대해 피드백을 적절하게 할 수 있는 커뮤니케이션 스킬이
매우 중요한 역량이다.

4 RPA 과정에 대한 추적, 관리, 그리고 결과물을 자산화해야 한다

동시에 여기저기서 자동화가 일어날 것이기 때문에, 문서와 결과물을 집중하고
데이터베이스화해서 추후 과제 발굴 및 개발에 누구나 활용할 수 있게 하며, 중
복 개발을 방지해야 한다.

5 RPA 민주화를 구현할 수 있는 인프라가 준비되어 있어야 한다

인프라에는 시민 개발자도 쉽게 개발할 수 있는 RPA 솔루션, 현업과 시민 개발

자에 대한 개발 교육 프로그램, 그리고 RPA라이프사이클 포털 등이 있다.

6 그리고 중요한 것이 교육이다

각각의 페르소나를 정의하고 그들을 양성하는 교육 체계를 가지고 있어야 한다. 그렇지 않으면 자동화를 통한 혁신이 하나의 문화로 자리 잡을 수 없으며, 회사 공통의 언어가 될 수도 없고, 탄력을 받아 계속 확대해 나가기도 어렵다.

7 직원들에 대한 보상 혹은 포상 제도를 가지고 있어야 한다

자동화 결과가 개인적으로 보상되고 인정될 때, 직원들은 드디어 적극적이고 자발적으로 참여할 것이기 때문이다.

RPA 민주화를 가능케 하는 기술

👁 RPA 민주화를 가능케 하는 기술

2020년 중요한 기술 트렌드의 하나에 민주화가 자리를 잡고 있다. 이는 새로운 기술을 누구나 감당할 수 있는 예산에서, 학습하고, 개발하고, 유지 보수를 스스로 할 수 있게 되는 과정을 의미한다. 그러려면 개발이 쉬워야 하고, 내가 사용하고 있는 시스템과 연결의 범위가 넓고, 정확해야 하며, 사용 또한 편해야 한다.

RPA 민주화를 가능케 하는 다양한 기술적 시도들이 RPA 솔루션 기업들에 의해 진행되고 있다.

전략적으로는 1인 1로봇에 그 목적지가 맞춰져 있다고 볼 수 있다.

솔루션 기업들은 디자인하고, 운영하고, 로봇이 업무를 수행하는 단순한 RPA 제품 체계를 넘어서, 아이디어를 찾는 계획 단계부터 과학적으로 접근하고, 사람과 로봇이 협업할 수 있는 기술 체계를 만들고, 성과와 효과를 분석하는 전 과정을 지원할 수 있도록 제품을 혁신하고 있다.

RPA민주화와 관련해 기술적 요구 사항을 살펴본다면 다음과 같다.

---

1   우선 시민 개발자 혹은 현업 사용자들이 쉽게 사용할 수 있는 디자인 툴이 있어야 한다. 복잡한 업무를 자동화하기 위해 사용하는 전문 개발자용 디자인 툴

을 시민 개발자 혹은 현업 사용자가 능숙하게 사용하는 것은 현실적으로 어렵기 때문에, 툴 그 자체가 쉬워야 한다. RPA 솔루션 기업들이 가장 고민하고 있는 부분 중의 하나이고 그래서 그들은 기존의 디자인 툴을 더 쉽게 사용할 수 있도록 개선하거나, 일반 직원들조차 개발에 사용할 있는 새로운 디자인 툴을 소개하기도 한다. 유아이패스의 '스튜디오 X'와 마이크로소프트의 '파워오토메이트'가 이 같은 시도이다.

2   아이디어를 제출할 때 현재 프로세스를 설명하기 위한 문서 작성 부담을 갖지 않게 해야 한다. 그래서 PC상의 작업을 자동 캡처하고, 프로세스 정의 문서 혹은 RPA디자인의 뼈대까지 생성해 주는 초기 단계의 기술들이 소개되기 시작했다. 2019년 말에 소개된 유아이패스의 '태스크 캡처'가 이에 해당된다.

3   이왕이면 내가 하고 있는 업무 프로세스를 자동적으로 분석하고, 어떤 태스크 혹은 프로세스를 자동화하면 좋은지 찾아주는 스마트한 툴이 있으면 좋겠다. 그래서 2020년 RPA 솔루션 기업 혹은 프로세스 마이닝 기업들은 태스크 마이닝 솔루션 로드맵을 소개하고 있다. 셀로니스의 태스크 마이닝 솔루션, 유아이패스의 태스크 마이닝, 그리고 오토메이션 애니웨어의 디스커버리봇이 그런 툴이다.

4   급격히 늘어나는 자동화 아이디어를 제출 단계로부터 최종 구현 단계에 이르기까지 전 과정을 관리하고 통제하는 체계가 필요할 수 있다. 아무리 민주화라고 하더라도 자동화는 사업에 영향을 미칠 수도 있기 때문에, 회사는 과제 그 자체는 물론이고 자동화 과정과 자동화의 위험 및 성과에 대한 현황을 파악하고 있어야 한다.

중복된 개발을 미연에 방지하기 위해 이미 개발한 RPA 자산(프로세스 자동화, 액티

비티, 스니팻 등)을 공유하고, 누구나 재사용할 수 있도록 게시하는 포털이 필요할

수 있다.

RPA는 프로세스 혁신을 포함한 기획, 개발, 운영 및 변화관리를 다
포함하는 솔루션이기 때문에 기술의 발전에 비즈니스 혹은 사용자의
요구가 강하다. 이제부터는 이를 감안해 이상에서 소개한 RPA 민주화
를 위한 기술을 좀 더 자세하게 설명해 보겠다.

🐌 쉽게 개발하고

프로그래밍 언어, 코딩, 개발, 구현 등은 IT부서에서 개발을 담당하거
나 SI System Integration 기업에서 개발 프로젝트를 수행해 본 사람이 아
니라면 매우 어려운 단어이자 부담스러운 영역이다. 새로운 기술을
사용하기 위해 일반 사용자들 또한 이 복잡한 것들을 모두 알아야 한
다면 과연 그 기술은 언제까지 살아남고 도대체 몇 명이나 사용할 수
있을까?

IBM에 근무할 때는 PC로부터 메인프레임에 이르기까지 각 장비의
구조와 기능을 학습하고, 항상 최신의 기술을 익히면서 영업했다. 제
조 판매사의 영업담당으로서는 너무나 당연한 책임과 업무 방식이었
다. 그런데 이후 이직을 해서 전략, 마케팅, 기업 금융과 같은 현업 업
무를 하다 보니, 더 이상 PC의 구조를 알거나 도대체 서버는 어떻게

작동하는지 궁금함조차 가질 필요가 없어졌다. 그 영역은 전문가들만 알면 되는 것이기 때문이다.

사용자가 되니 오히려 어떻게 하면 장비를 더 효과적으로 사용할 수 있는지만 고민하면 되었다. 즉, 활용과 응용의 중요성이 더 컸다.

경영학 박사 과정 수업 중에 반 학기 동안 엑셀 프로그램을 파헤쳐 본 적 있다. 정확하게 말하면 작동 원리를 공부한 것이다. 나는 다양한 함수도 쓰고, 고급 필터를 써서 원하는 정보를 요약해 볼 수도 있으니, 선수는 아니지만 그래도 제법 엑셀을 잘 쓰는 사용자였다. 사용하는 데 불편함이 없는 이 엑셀 프로그램의 깊은 논리적 구조를 학문이니까 해 본 것이지, 실무적으로는 왜 공부를 해야하는 지 이유를 찾기 어려웠다. 극히 일부 사용자는 소프트웨어의 원리를 알고 사용하는 데 희열을 느낄 수도 있겠지만, 그것은 일반 사용자의 몫은 아닌 것 같다.

RPA는 어떨까?

RPA도 분명 전문 개발자가 감당해야 하는 복잡하고도 고급스러운 개발 영역이 있다. 작동 원리를 알고 더 효과적인 개발 프레임 혹은 코드를 사용할 수 있다면 그 성과는 매우 커질 것이다. 하지만, 모든 자동화의 영역이 그들에게 의존해야 할 만큼 복잡하고 어렵지는 않다.

RPA는 복잡하고 긴 프로세스의 자동화에 활용되지만, 동시에 비 전문 개발자가 직접 개발하고 활용할 수 있는 단순 업무에 쓰이기도 한다. 그리고 후자에 대한 요구는 점점 늘어나고 있다. 시민 개발자와 더 나아가 현업 사용자가 직접 개발하는 자동화가 필요한 이유이다. 그래서 RPA는 개발과 사용이 쉬워야 한다.

RPA 솔루션 기업 중에는 "저희 회사 RPA는 처음부터 데스크탑 자동화를 위해 만들어 졌습니다."라고 포지셔닝을 하는 곳이 있지만, 이는 자동화하려는 프로세스가 그렇다는 것이지 실제 RPA 디자인 툴이 누구나 쉽게 쓸 수 있을 만큼 쉽다는 의미는 아니다.

시민 개발자 혹은 현업 사용자가 업무 개선을 위해 RPA 개발을 해보려면, RPA 디자인 툴 그 자체가 실제 쉬워져야 한다. 하지만, 여전히 스크립트 방식의 RPA 디자인 툴이 많아서 누구나 쉽게 개발할 수 있는 수준이라 하기는 어렵다.

실제 기술적으로 사용하기 쉬운 디자인 툴은 화면 구성이 보기에 편하고, 코딩 지식이 필요하지 않아도 될 만큼 미리 정의된 다양한 액티비티가 기본으로 제공되어야 한다. 디자인은 누구나 쉽게 할 수 있도록 단순한 시퀀스 형태 개발을 지원하고, 플로우챠트 형태의 디자인을 가능케 해 쉽게 응용할 수 있어야 한다.

최근 소개되고 있는 RPA 민주화 디자인 툴의 초기 모델은 엑셀, 아웃룩, 웹과 같이 가장 많이 사용하는 영역을 커버하면서 다음과 같은 특징을 가지고 있다. 점차 더 단순하면서도 더 똑똑한 모습으로 발전해 나갈 것이 기대된다.

- ← 복잡한 프로세스가 아닌 간단한 태스크 위주의 자동화
- ← 서버에 의해 스케줄링이 되는 것이 아니라 사용자가 필요할 때 직접 구동

- 변수는 조작을 아예 하지 않거나 최대한 단순화

- 에러 처리는 직관적으로 수행

🔖 문서작성의 부담을 없앨 수 없나?

COE 조직은 항상 아이디어를 가지고 있는 현업 부서의 직원들로부터 자동화 과제를 얼마나 많이 받아낼 수 있을지를 고민하고 있다. 이 문제는 초기 단계는 물론이고 확산단계의 기업들도 공통적으로 가지고 있는 RPA 숙제이다.

"우리 회사는 현업의 참여가 달라요. 모두들 자신의 업무를 개선하려고 자발적으로 많은 아이디어를 내고 있어요." COE 조직이 매우 하고 싶은 이야기이다.

실제 자동화 아이디어를 낸 직원에게, 곧바로 COE 담당자가 "○○○님 감사합니다. 그런데 자동화 여부를 평가하기 위해서는 꼭 필요한 과정이니, 하시는 업무의 각 단계를 구체적으로 쓰시고, 각 단계마다 화면을 캡처하고, 접속한 시스템의 종류를 알려주시고, 각 단계별로 처리하는 업무 시간을 알려 주세요. 물론 자동화 아이디어는 간단히 열 줄 이내로 써 주시면 됩니다. 그리고 모든 내용은 별첨으로 제공해 드린 파워포인트에 기록해 주시면 됩니다."라고 요청했다고 하자.

요청을 받은 아이디어 제출자의 어두운 표정이 바로 떠오르지 않는지?

이런 경험을 한 현업의 직원은 그다음부터는 과제를 제출할 때, 디지털 혁신에 동참한다는 멋진 동기부여는 사라지고, 이를 통해 늘어난 업무 부담을 계산하게 될 것이다.

실제 RPA 개발자들은 직원들이 1차 작성한 프로세스 정의 문서만으로 개발하기가 불가능하다. 그래서 더 자세한 정보를 요청하거나, 그래도 부족한 부분은 인터뷰를 통해 보완한다. 운이 좋은 경우는 현업 사용자로부터 업무 처리 현황을 동영상으로 받기도 한다. 하지만, 전자의 경우는 문서 작성과 현업 미팅의 부담과 번거로움이 있고, 후자는 지속적으로 보관해야 하기 때문에 파일 사이즈의 부담이 있다.

예쁘고 자세하게 정리한 프로세스 정의 문서가 많아질수록 직원들은 점점 더 RPA에서 멀어져 간다고 보면 된다. 현업의 직원은 가볍고, 쉽고, 그리고 재미있게 RPA 맛을 보아야 한다. 처음부터 문서 작성이라는 높은 장벽을 세워 놓으면 그 성안으로는 제한된 사람만 들어갈 수 있기 때문이다.

현업 중심의 RPA 개발을 추진하고 있던 글로벌 제조회사가 직원들의 문서 작업이 RPA 확산에 큰 걸림돌이 된다는 것을 파악한 후, RPA 벤더에게 현업 직원들의 문서 작성 부담을 줄여 줄 수 있는 솔루션 개발 요청을 했다. 그리고 이에 부응하기 위해 RPA 솔루션 기업은 직원들의 업무 태스크를 자동으로 캡처하는 툴을 내놓았다.

이 태스크 캡처 툴은 사용자의 키보드 터치와 마우스 클릭과 같은 액티비티는 물론이고, 사용한 어플리케이션과 웹페이지를 기록하고, 그때 그때의 스크린 샷도 저장하며, 각 스텝의 시작과 끝 시간도 기록해서 문서로 출력해 준다. 효율적인 보관을 위해 스크린 샷의 해상도를 조정해 파일 사이즈를 줄일 수 있는 기능 또한 제공한다. 그리고 기록된 내용이 RPA 디자인 툴로 바로 전환이 되어 개발의 초기 단계 업무 부담을 줄여 주고 있다.

태스크캡쳐는 프로세스를 문서로 제공해야 하는 아이디어 제출자의 부담을 획기적으로 줄여 준 것뿐 아니라, 이를 이해하고 평가해야 하는 COE 조직에도 도움을 줄 수 있는 솔루션이다.

지역적으로 많은 거점을 두고 있는 기업 혹은 해외에 많은 사업장을 두고 있는 기업의 본사가 제한된 인원으로 현장의 업무를 파악하기란 매우 어렵다. 이런 곳에서 RPA를 활용해 각 거점의 업무 효율화를 추진한다면 태스크 캡처 툴을 써 볼 것을 추천한다. 멀리 있는 아이디어 제공자가 캡처를 통해 추출한 프로세스 정의 문서를 COE에 전달만 하면, COE 부서는 제출된 업무의 기초 판단을 위해 이를 사용할 수 있을 것이다.

프로세스 정의 문서의 표준을 만들고, 모든 자동화 아이디어 구현의 출발점에 직원들에 의한 문서 작성을 두는 기업들이 있다. 하지만, COE 팀이 소중하게 생각하는 이 문서가 정작 COE 자신의 편의를 위해 요청하고 있는 것은 아닌지 냉정하게 살펴볼 필요가 있다.

🔮 누가 대신 과학적으로 자동화 아이디어를 찾아 줄 수 있다면…

기업들이 자동화를 하면서 공통적으로 가지는 의문이 있다. "우리 회사는 최선의 자동화 과제를 찾아서 제대로 성과를 내고 있는지?" 이는 발굴한 과제의 수와 질을 모두 포함하는 질문이다.

그래서 COE 조직은 다른 회사의 자동화 과제 그 자체와 그들은 어떻게 과제를 찾아내는지 수시로 벤치마킹하고 있다. 하지만 같은 산업에 있는 기업들조차도 처한 도전과 기회가 다를 수 있기 때문에 이는 어디까지나 보완적인 방법일 수밖에 없다.

만약, 직원들의 업무를 분석하고 어떤 부분이 자동화될 수 있는지를 스스로 찾아주는 툴이 있다면 얼마나 편할까? 2020년 RPA 솔루션 기업들과 기존의 프로세스 마이닝 기업이 이에 대한 대응으로 태스크 마이닝 기술을 준비하고 있다.

어플리케이션의 로그 정보를 수집해서 분석하는 프로세스 마이닝과 달리 태스크 마이닝은 직원들이 PC 상에서 하는 모든 액티비티 로그를 수집하고 분석할 수 있는 툴이다. RPA와 프로세스 마이닝의 결합이라고 볼 수 있다.

태스크 마이닝은 대상 직원의 업무에 직접 개입하지 않고, 사용자의 모든 PC 태스크 로그를 기록하고 분석한다. COE 혹은 업무 전문가는 그 결과를 보고 프로세스를 최적화하거나 자동화할 수 있는 아이디어를 찾게 된다. 더 발전하면 태스크 마이닝 툴이 자동화 과제를 추천해 줄 수도 있을 것이다.

태스크 마이닝이 RPA 민주화에 기여할 수 있는 가치를 정리해 보면 다음과 같다.

　일상적인 업무 프로세스를 더 높은 수준에서 이해할 수 있다.

2　과학적으로 어떤 과제를 먼저 자동화해야 하는지에 대한 분석 데이터를 제공한다.

3　제대로 된 과제를 자동화함으로써 RPA 민주화의 ROI를 극대화할 수 있다.

이를 활용하면 직원들 부담을 최소화하는 차원에서 RPA의 확장을 보다 빠르고 쉽게 할 수 있을 것이다.

👁 나의 RPA 라이프사이클을 보고 싶다

운영자 관점에서 RPA포털을 사용하고 있는 회사들을 보면, 그것은 IT 부서 혹은 COE 중심의 기술적인 대시보드인 것이 일반적이다. 물론 안정적인 RPA 운영 차원에서 매우 필요한 정보이지만, 이를 통해 경영층이나 일반 현업 사용자들도 원하는 정보와 인사이트를 얻기는 힘들다.

그래서 조직 내 다양한 이해당사자들의 요구를 맞추기 위한 포털의 진화가 시작되고 있다. 특히 직원 중심의 RPA가 본격적으로 확대되면서 개인화가 포털에서도 중요한 테마가 되고 있다.

조직 내 각 주체별로 RPA 포털에 대한 기대감을 민주화와 연결해 정리해 보면 다음과 같다.

1　COE는 과제 발굴, 우선순위의 정의, 개발 의사 결정, 전사 과제 관리 및 공유의 책임이 있다. 특히, 어떤 과제를 우선적으로 적용하는지 현업과 경영층에 설명

할 수 있는 투명한 근거와 기준이 필요한데, 이 차원에서 모든 과정과 결과물이 보관되고 공유되는 장소로서 포털을 필요로 한다.

2 경영층은 RPA로부터 사업(생산성 향상, 매출 기여) 및 재무성과(비용 절감, ROI 극대화)를 내고 싶어 하며, 동시에 RPA를 통한 디지털 혁신 및 조직 쇄신이 가속화되길 기대한다. 이들에게는 전 직원들의 참여와 빠른 규모 확대가 중요하기 때문에, COE가 특정 부서 차원의 소규모 RPA적용에 매몰되지 않기를 요구한다. 그래서 전 직원이 RPA로 들썩거릴 수 있는 장소로써 포털에 대한 기대감을 갖는다.

3 시민 개발자를 포함한 현업 부서의 직원들이 RPA에 적극적으로 참여하게 되면, 이들의 관심사는 어떻게 하면 나의 업무를 개선할 수 있을지와 성과를 내면 어떤 보상을 받게 되는 건지에 귀결된다. 따라서 이들은 나의 자동화 아이디어가 어떻게 흘러가서 개발되고 사용되며 성과를 내는지 지극히 개인화된 대시보드를 보고 싶어 하며, 나의 동료들은 어떻게 참여하고 있는지 또한 확인해 보고 싶어 한다.

RPA 민주화가 진행되면 'RPA 과제에 대한 라이프사이클 관리', 'RPA의 비즈니스 성과 파악', 그리고 '직원이 참여할 수 있는 커뮤니티'의 중요성이 커지게 된다. 그래서 이들을 한 번에 보여주고, 관리하고, 그리고 누구나 이용할 수 있는 포털이 점차 하나의 트렌드로 자리 잡을 것으로 예상된다. 포털이 RPA 민주화 차원에서 갖추었으면 하는 기능을 정리해 보면 다음과 같다.

1 자동화 과제의 흐름 관리

RPA는 현업 사용자 혹은 시민 개발자에 의한 자동화 아이디어 제출에서 출발한다. 아이디어 적합성은 사전에 정의된 기준에 의해 스스로 또는 COE에 의해 평가되고, 그 결과 과제의 개발 우선순위가 결정된다. 내가 제출한 아이디어가 RPA 관점에서 의미가 있는지를 확인해 보고, 이후 어느 단계에 가 있는지를 한 눈에 볼 수 있는 공간은 개인화에 있어서 매우 중요한 부분이다. 기존의 자동화 아이디어에 대한 우선순위 결정이 직관적이었고 다소 정무적이었다면, 이를 통해 데이터 중심의 투명한 우선순위 선택 기준이 모두에게 공유될 수 있다. 직원들의 신뢰가 생길수록, RPA에 대한 참여와 관심은 늘어날 수 있다.

2 자동화 성과 현황

내가 제출(혹은, 직접 구현)한 자동화의 성과를 부서 혹은 회사 전체의 RPA 성과와 비교해서 한눈에 볼 수 있는 장소가 필요하다. 이를 통해 어떤 과제의 자동화가 더 효과적인지 정확하게 파악할 수 있게 되며, 다음 번 자동화 아이디어를 제출할 때 참고와 도움이 된다.

3 지식 공유

직원이 참고할 수 있는 교육 자료가 제공되거나, 온라인 교육 과정으로 연결할 수 있는 링크가 있으면 좋다. 여기서 각 직원들은 디지털 지식수준을 스스로 평가하고, 자신에게 맞는 계발 계획을 올린다. 회사 내부 혹은 외부 교육 프로그램에 등록한 후, 그 결과 이력까지 관리할 수 있다면 이 자체가 하나의 디지털 역량 포털이 될 수도 있을 것이다.

4 문서 공유

문서 저장소를 만들어, 직원이 개발할 때 참고할 수 있는 가이드북을 올려놓고, 회사가 그동안 축적한 RPA 관련 각종 표준 문서 및 템플릿을 넣어 두는 것이다. 유사한 업무 자동화에 사용된 기존 프로세스 정의 문서와 개발 요건서 등을 참조함으로써 향후 개발에 적극 활용할 수 있다. 문서의 중복 생산을 막고, 기존에 활용한 방식을 참조함으로써 과제 평가 및 개발의 속도를 올릴 수 있다.

5 자동화 자산 공유

전문 개발자만이 RPA 개발을 한다면, COE 통제에 의해 표준화가 진행되고, 이미 개발에 사용된 코드를 쉽게 재사용될 수 있을 것이다. 하지만, 많은 직원들이 RPA 과제 제출과 개발에 참여하게 되면 필연적으로 중복된 자동화와 수준이 낮은 자동화가 양산될 수 있다. 이를 막기 위해 직원이 자동화 아이디어를 제출하는 순간부터 그 아이디어는 중복되는 것이 아닌지 확인하는 절차가 필요한데, 이를 포털에서 라이브러리로 제공하는 것이다. 그리고 여기에 COE 혹은 전문 개발자가 미리 만들어 놓은 코드 혹은 다른 시스템과 쉽게 연결할 수 있는 커넥터를 게시한다면, 모든 개발자들이 쉽게 내려받아서 쓸 수 있을 것이다.

6 사용자의 피드백

자동화를 사용한 직원이 피드백 할 수 있는 공간을 두게 되면, 효과가 좋은 자동화를 선별할 수 있는 기준이 업그레이드될 수 있을 것이다. 아울러 그러한 과제를 제출하거나 개발에 참여한 사람들에게 적절한 보상과 포상을 해 줄 수 있을 것이다.

Part 6

RPA 솔루션 혁신과
신기술 융합의 로드맵

이 책은 전문 기술서가 아니기 때문에, RPA 기술의 진화와 로드맵은 간단한 수준에서 소개해 드리고자 한다. 그래서 최근의 트렌드라고 할 수 있는 하이퍼오토메이션을 먼저 RPA와 연결에 설명하고, RPA 솔루션 기업이 가지고 있는 제품 로드맵을 안내하며 로드맵에서 중요한 일부 기술들에 대해서만 부연 설명을 드리겠다.

🎴 하이퍼오토메이션과 RPA

2019년 IT사업의 리더들이 선정한 비즈니스 트랜스포메이션을 이끌 10대 신기술에 RPA가 2위에 오른 보고서가 있다. 2018년에 동일한 모 집단을 대상으로 조사했을 때는 9위에 그 이름을 겨우 올렸던 RPA가 단 1년 만에 일곱 단계나 뛰어올라 핵심 자리를 차지하게 된 것이다. 재미있는 것은 성과에 대한 설문 중 시장 점유율을 늘릴 수 있을 기술을 선택하는 항목에서도 RPA가 매우 중요하게 선택되었다는 점이다. 이를 보면 RPA는 더 이상 변방의 기술이 아니라 기업의 혁신 기술의 축으로도 제대로 자리를 잡았다고 할 수 있겠다.

가트너가 발표한 2020년 전략적 기술 트렌드 보고서의 중심에는 하이퍼오토메이션이 있다. 가트너는 '사람 중심'과 '스마트 공간'으로 구분해 열 개의 트렌드를 소개했는데, 사람 중심의 기술 트렌드 가장 첫 자리에 하이퍼오토메이션을 두고 있다.

보고서에서는 하이퍼오토메이션을 전사 차원에서 모든 업무를 처음부터 끝까지 자동화하는 개념으로 설명하고 있다. 하이퍼오토메이션에는 광범위한 도구와 기술이 활용되지만, 그중에서 핵심이 되는 두 기술로는 기존 혹은 새로운 기술을 연결하는 RPA와, 긴 업무 프로세스를 자동화하는 iBPMS Intelligent Business Process Management Suites 를 소개하고 있다.

하이퍼오토메이션을 RPA차원에서 다시 해석한다면 다음과 같이 정리할 수 있다.

1. 투명하고 통제 가능한 상황에서 모든 자동화 기회를 발굴, 개발, 그리고 관리한다.
2. 모든 사람들이 자동화 툴을 사용하게 함으로써 전사적인 자동화를 이룬다.
3. 실질적인 방법으로 AI를 RPA와 연계하여 구현하고 관리한다.
4. 자동화의 재무적 성과와 사업적 가치를 동시에 실현한다.

RPA가 특정 조직 혹은 전담자만을 위한 이니셔티브가 아니고, 실질적인 성과를 이루기 위해 전사적으로 움직일 때, 그것을 하이퍼오토메이션 차원의 RPA 추진이라 부를 수 있다는 것이다.

실제 RPA는 단순하고, 빠르며, 쉽기 때문에 모두에 의한 자동화의 중심에 설 수 있고, 하이퍼오토메이션은 RPA를 통해 가속화될 것을 전망하고 있다.

최근, RPA를 도입한 기업들은 점점 복잡한 프로세스 자동화에도 관심을 가지고 있으며, 이를 가능케 하기 위해, AI, 머신 러닝, 마이닝, 분석 툴과 같은 새로운 기술과 RPA의 결합을 요구하고 있다. 사실 RPA 솔루션 기업들에 의해 RPA 중심의 새로운 기술 통합은 이미 시작되었고, 이는 늘어나는 고객들의 니즈로 인해 가속화될 것으로 예측된다.

한편, 한동안 RPA가 새로운 기술의 중심에서 하이퍼오토메이션을 이끌어 나갈 수는 있겠지만, 그 이후에도 RPA가 계속 플랫폼의 역할을 할 수 있을지, 혹은 단지 신기술 중의 하나로 남을지에 대해 의문을 제기하는 사람들도 있다. RPA의 갑작스러운 성장을 보면 당연히 가질 수 있는 의문이다.

여하튼 앞으로 수년간은 RPA가 신기술의 무게 중심 역할을 할 것에 대한 컨센서스가 있으니, 어떻게 하면 RPA와 신기술을 더 잘 활용할 수 있을지 고민하는 것은 모두에게 필요해 보인다.

🔷 RPA 기술 로드맵

RPA는 RPA 자체 기술의 발전 로드맵과 다른 신기술을 잘 활용해서 어떻게 하면 보다 똑똑한 지능적이고, 인지적인 RPA를 만들 것인지에 대해 두 가지 계획을 가지고 있다.

우선, RPA자체의 기술 발전 로드맵을 정리해 보겠다.

RPA는 더 과학적인 과제 발굴과, 더 쉬운 개발, 더 안정적인 운영, 그리고 성과에 대한 인사이트를 제공하는 방향으로 발전해 나가고 있다.

과학적인 과제 발굴을 위해서는 태스크를 캡처하거나 마이닝을 하는 기술을 출시했거나 준비하고 있다. 앞선 RPA 민주화와 관련해 설명한 바가 있으니 참조하시기 바란다.

더 쉬운 개발을 가능하게 하기 위해서는 디자인 툴 안에 다양한 액티비티 혹은 코드를 미리 만들어 제공함으로써 개발의 편의성을 도모하는 경우가 있고, 아예 새로운 디자인 툴을 목적에 맞게 개발해 버리는 방향도 있다. 시민 개발자와 현업 사용자의 쉬운 개발을 지원하기 위해 만든 유아이패스의 '스튜디오 X'는 후자에 해당한다. 향후 전문 개발자와 현업 사용자의 디자인 툴을 분리하는 것은 트렌드가 될 수도 있을 것 같다.

안정적인 운영을 지원하기 위해 서버 프로그램을 개선하거나, 로봇 사용을 통제하고 관리하는 기능을 강화하는 노력 또한 RPA 솔루션 로

RPA 기술 진화 로드맵 24

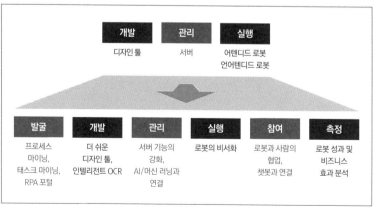

출처: 유아이패스 제품 로드맵 참조

드맵의 중요한 부분의 하나이다.

그리고 서버에서 제공하는 모든 로그를 분석해 운영 대시보드를 만드는 것에서 더 나아가, 당초 설정한 사업적 성과에 대한 달성 여부를 모니터링할 수 있는 비즈니스 분석 툴 개발도 진일보하고 있다.

개별 솔루션으로서 역할을 하면서도 RPA와 융합되는 기술을 각각 지금부터 살펴보겠다.

🖎 마이닝, 과학적인 자동화 발굴과 진단, 그리고 추천

자동화 대상 프로세스를 과학적으로 발굴하고 진단할 수 있는 솔루션에 대한 니즈가 해외는 물론이고, 국내에서도 커지고 있다.

컨설팅 회사를 활용하든, RPA 솔루션 기업의 가이드를 받든, 매우 일반적이며 공통적인 자동화 과제 선정 기준이라는 것이 존재한다. 여기에다 채택 여부 그 자체를 결정하는 회사의 정책적인 기준을 적용하면 의사 결정하는 것에 큰 어려움은 없다. 그다지 과학적인 분석 방법이라고 보기는 어렵지만, COE 부서는 현재 이런 방식으로 과제의 우선순위를 정하고 개발 의사 결정을 하고 있다.

하지만, RPA가 성숙 혹은 확산될수록, 과학적으로 태스크와 프로세스를 분석하고 투명한 방법으로 자동화 과제의 우선순위를 정해야 하는 책임이 COE 조직에게 부담스럽게 주어진다. 그래서 COE 조직이 고려할 수 있는 솔루션 중의 하나가 마이닝 기술이다.

프로세스 마이닝 기업과 RPA회사 간의 협력은 2018년부터 있었는데, 2019년에는 유아이패스가 '프로세스골드'라는 프로세스 마이닝 기업을 인수했고, 오토메이션애니웨어는 2020년 '디스커버리 봇'을 소개했다. 그리고 그동안 프로세스 마이닝을 했던 셀로니스는 태스크 마이닝도 제공하겠다며 제품 로드맵을 소개하였다.

RPA와 관련된 마이닝은 태스크 마이닝과 프로세스 마이닝으로 구분할 수 있다.

태스크 마이닝은 RPA에 보다 가까운 마이닝 기술이다. 사용자가 PC 환경에서 수행하는 모든 액티비티 로그를 태스크 리코더 방식으로 수집하고, 수집된 로그는 중앙 리파지토리에서 마이닝이 되고, 그 결과는 자동화 효과에 대한 분석과 추정으로 이어지며, 더 나아가 자동화 영역을 제안해 주기까지 한다.

반면, 프로세스 마이닝은 시스템 혹은 어플리케이션으로부터 직접 로그를 수집하고, 마이닝하는 기술이다. 프로세스 마이닝을 통해 수집하는 데이터는 크게 액티비티, 타임스탬프, 그리고 케이스 아이디로 구분된다. 이들 프로세스 로그는 프로세스에 대한 통찰, 병목식별과 문제 예측, 업무 수행 규정 위반 검사 및 대책 권고, 그리고 프로세스 간소화 제안 등 다양한 목적에 활용될 수 있다. 이를 다시 각 단계별로 구분하면, 1 어플리케이션, 데이터베이스, 파일 등 백 엔드 로그를 수집하고, 2 수집된 로그를 분석이 가능한 데이터로 변환 및 전 처리하고, 3 분석, 모니터, 최적화, 개선의 활동 수행 으로 정리할 수 있다. 프로세스 마이닝을 사용하게 되면, 어느 프로세스가 반복적으로 돌고 있으며, 어떤 프로세스에서 가장 큰 병목 현상이 나타나는지, 그리고 어떤 프로세스는 아예 없애거나 필요하지 않을 경우 우회해도 되는지를 확인할 수 있다.

하지만, 프로세스 마이닝은 태스크 마이닝과 달리, 데스크탑에서 수행되는 사용자 액티비티 로그를 수집하기 어려우며, 시스템 자체가 로그를 수집하지 않는 경우에는 아예 사용할 수 없는 단점이 있다. 그래서 RPA에는 태스크 마이닝이 좀 더 유용한 솔루션이라 할 수 있다.

🔶 인텔리전트 OCR

RPA와 가장 긴밀한 협업을 하고 있는 기술 영역이다.

하지만, 이미지 혹은 수기로 되어 있는 문서에서 기계가 이해할 수 있도록 문자와 숫자를 찾고 분류하고 읽어내는 것은 여전히 난이도가 높은 일이다.

예를 들어, 공급자 세금계산서 처리를 하기 위해 두 기업 간에 EDI Electronic Data Interchange 가 구현되어 있다면 매우 이상적이겠지만, 현실은 그렇지 않다. PDF로 오는 것은 그나마 양반인데, 팩스로 오는 경우, 스캔한 이미지로 오는 경우, 그리고 거기에다가 공급자별로 양식이 다른 경우 결국 사람이 읽고 직접 입력할 수밖에 없는 것이 기존의 업무 방식이었다.

이를 추출하고, 읽어내고, 정확성을 높이려는 것이 OCR 기술이고, 다행히 RPA 성장에 힘입어 같이 빠르게 발전하고 있다. 국내는 2019년에 들어서야 RPA에 OCR를 제대로 도입하는 사례가 나오고 있는

데, 이후부터는 많은 기업들의 도입이 예상된다.

점차 단순히 전체 내용을 열심히 읽어 내는 OCR에서 진화해, 문서의 양식이 다양해도 시스템에 입력해야 하는 문자 및 숫자를 오브젝트 기반으로 찾아서 입력하는 인텔리전트 OCR이 상용화되고 고도화되고 있다. OCR 솔루션 기업 중 가장 유명한 ABBYY는 머신 러닝을 탑재한 솔루션으로 인텔리전트 OCR 영역을 리드해 나가고 있으며, 국내에도 한글 위주의 OCR 엔진을 가지고 있는 여러 기업들이 존재한다.

OCR은 읽어 내는 수준과 읽어 낸 내용의 정확도가 동시에 고려되어야 하는 데, RPA와 연계해 사용될 경우에는, 사람이 아닌 로봇이 업무를 처리하기 때문에, 어느 정도까지 정확도 목표를 세울지가 실무적으로 중요한 의사 결정이다. 사실 어느 정도까지 못 읽어 내는 것을 허용할 것이라는 표현이 더 정확할 수도 있겠다.

일본에 본사를 둔 AI 기업 대표로부터 그들이 일본 보험회사와 하고 있는 OCR프로젝트에 대한 설명을 들은 적이 있다. 보험금 청구 문서 내 수기로 기재한 사업자등록번호 또는 개인 주민등록번호를 읽어 내는 인텔리전트 OCR을 같이 하고 있는데, 그들의 정확도 목표율이 고작 60%라고 했다. 처음에는 그 수준의 정확도를 가지고 도대체 무엇을 하려는지 의문이 들었지만, 이내 듣게 된 그의 이야기는 내 고개를 절로 끄덕이게 만들었다. 유입되는 수많은 보험금 신청자의 고객 여부 및 보험 계약 내역 확인에만 많은 직원들이 투입되어 있는데, OCR이

60%만 제대로 읽고 분류해 줄 수 있다면 단순 반복적인 일을 획기적으로 줄일 수 있다는 것이었다.

여러 기업들을 만나보면, "저희 회사는 OCR 정확도가 100%가 되지 않으면 쓸 수 없습니다."라고 하는 곳이 많다. 틀린 말은 아닐 수 있지만, 그렇다고 맞는 말도 아니다. 일본 보험회사의 사례와 같이 적절한 수준의 기대감을 가지고 활용할 수 있는 업무를 찾아 적용해 봐도 된다.

◈ 머신 러닝, RPA와 시너지를 낸다

RPA와 AI가 융합되어야 된다는 부분에 있어서는 이견이 없는 것 같다. 하지만, 2020년 상반기 기준으로 RPA는 여전히 AI를 상당히 수동적으로 활용하고 있다.

2019년 글로벌 AI 기업이 입사 지원자 이력서 검토에 RPA와 AI를 연계한 사례를 소개했다. 데이터 전문가를 채용하는 회사가 경력직의 이력서를 읽고, 해당 포지션의 업무 내용과 이력서의 기재 사항이 어느 정도 관련성이 있는지를 판단한 후, 그다음의 인터뷰 단계로 이동할지를 결정하는 과정을 자동화한 프로세스이다. 여기서 직무 관련성 여부를 판단하는 것은 AI 프로그램이 처리하고, 그 이외 이력서를 열고, 내용을 AI 모델에 로드하고, AI가 제공한 결괏값을 기준으로 1차 서류 통과 혹은 탈락의 결과를 인사부 직원과 지원자에게 보내는 것은 로봇이 수행한다. 관련도가 경계선에 있는 애매한 지원자의 경우, 인사담당자가 직접 판단하게끔 통보해 주는 역할도 로봇이 한다. 재미

있는 사례이지만, 사실 RPA와 AI의 연결고리는 매우 약하다.

비슷한 사례로는 구글AI와 RPA가 연결된 '자동차 보험 사고 손해 사정 업무'가 있다. 자동차 사고가 났을 때, 보험계약자는 보험회사의 챗봇을 통해 보험 사고를 접수하고, 챗봇이 요구한 사고 사진을 보험 계약자가 업로드하면, 이후 구글 AI가 이미지를 읽어 사고의 크기 및 그에 따른 예상 보험금을 사정하고, 결과는 챗봇을 통해 고객에게 제공하는 프로세스의 자동화이다. 여기서 AI는 과거 보험사고 이력 데이터를 기초로 사고 사진 이미지를 분석해 보험금 지급액을 추정하며, 이외의 모든 프로세스는 챗봇에 의해 구동되는 로봇이 처리한다. 즉, 챗봇과 구글 AI, RPA의 협업에 의한 단계별 프로세스의 자동화이며 앞선 직원 이력서 검토 프로세스 보다는 진일보한 협업이다.

현재 많은 머신 러닝 기술들은 상용화 솔루션 혹은 기업들이 필요해서 자체 개발한 형태로 존재한다. 'RPA + AI'가 하나의 테마로 잡아가고 있기 때문에, 이 둘 간의 더욱 긴밀한 융합은 필연적이고, 가속화될 것으로 기대된다. RPA의 역할이 단순히 머신 러닝 프로그램을 구동하고 결과를 전달하는 것에서 진일보해서, AI 기능이 RPA 디자인 툴 안에서 액티비티로 제공되거나, 기업의 머신 러닝 엔진에 대한 버전 및 변화 관리를 RPA에서 직접 수행하는 것 등이 바로 그것이다.

하지만, 아직은 AI 자체에 대한 기업들의 실질적 혜택 인식과 실현 수준이 낮은 것이 사실이다. 그러니 RPA와 AI를 융합해 실질적인 결과를 기대하는 것은 시기 상조라고 할 수도 있겠다. 경영층의 입장에서는 AI와 RPA를 연계한 사례나 전략적 가이드가 부족하면 투자를 주저하게 된다.

그럼에도 불구하고, 기업들의 'RPA + AI' 니즈가 커지고 있고, RPA 솔루션 기업들도 이에 부응하고자 관련 기술을 내놓고 있으며, AI 기업들 또한 생태계의 중심에 있는 RPA와 보다 직접적인 연결의 시도를 하고 있으니, 앞으로는 많은 실질적인 사례와 기술을 보게 될 것이다.

이제 기업들이 겪고 있는 현실적인 고민과 이를 해결하는 데 도움을 주려는 'RPA + AI' 기술을 조금만 더 자세하게 소개해 보겠다.

RPA COE 조직은 인지적인 프로세스를 자동화하고 싶으나, 통상 회사의 AI 전문가들이 활용하고 있는 머신 러닝 모델에 대한 접근이 쉽지 않다. 그러다 보니 RPA 워크플로우에 모델을 넣는 것이 아예 시도되지 않거나, 어떤 머신 러닝 모델이 RPA와 연결되면 시너지를 낼 것인지 파악하기도 쉽지 않다.

한편, 회사의 AI 조직은 자신들이 개발한 모델을 자산화해야 하는 미션이 있지만, 정작 자신이 만든 모델의 성과를 비즈니스적으로 파악하는 것이 쉽지 않다. 그로 인해 개발한 모델 수정, 업그레이드, 및 유지 보수를 계속해야 하는지에 대한 자문을 계속하게 된다. 외부의 머신 러닝 모델을 가져와서 사용해도 상황은 비슷하다.

그래서 두 추진 조직이 협업을 하고 커뮤니케이션을 잘하면 쉽게 풀리지 않을까, 하는 생각을 하게 되었고, RPA 솔루션 기업들은 AI와 RPA를 보다 유기적으로 혹은 직접 연결하는 시도를 하고 있다. 그 과정과 기술을 살펴보면 다음과 같다.

1 기업이 사용하고 있는(혹은 사용할 수 있는) 머신 러닝 모델을 먼저 선택한다. 여기에는 회사가 자체 개발한 것에서부터, 오픈 소스 혹은 AI기업에 의해 개발된 모델, 그리고 RPA 솔루션 기업이 개발해 제공하는 모델 등이 모두 포함된다.

2 다음은 이들이 RPA와 상호 작용할 수 있도록 플랫폼과 연결한다. 플랫폼은 기업의 머신 러닝 모델과 RPA 디자인 툴 사이에서 가교 역할을 한다. 별도의 플랫폼을 만드는 것보다는 RPA 서버 플랫폼을 활용되는 것이 이상적일 수 있다.

3 다음 단계는 머신 러닝 모델 구동을 RPA 디자인 툴에 액티비티로 삽입하거나, 아예 별도의 커넥터를 만들어 둘을 직접 연결한다.

4 마지막으로는 로봇이 머신 러닝 모델을 수행하고, 피드백은 다시 머신 러닝 모델에 업로드되어서 모델 자체를 발전시킨다.

머신 러닝 모델을 로봇이 수행하게 되면, 그동안 쉽지 않았던 실제 업무 데이터 수집이 자동으로 이루어지며, 그 결과는 직접 머신 러닝 모델에 피드백 될 수 있다는 장점이 있다. 정상적인 케이스는 물론이고 각종 예외 사항 혹은 에러 또한 바로 반영할 수 있게 된다. RPA를 사용하지 않고 독자적으로 머신 러닝 모델을 사용하는 것과는 속도감과 규모에서 큰 차이가 날 것이다.

로봇의 업무 수행 시 바로 업로드되는 데이터가 머신 러닝 모델을 재학습하게 하고, 실제 데이터에 기반을 둔 모델은 빠르게 진화할 수 있다는 것이 바로 'RPA + AI' 플랫폼 아이디어이다. 물론, 그 진화의 과정에서 머신 러닝 버전은 RPA와 연결됨으로써 자동 관리될 것이다.

결국 머신 러닝 전문가는 자신이 개발 혹은 사용하는 모델을 RPA에 연결함으로써, 실제 데이터를 기준으로 모델을 적용하고, 결과값과 새롭게 유입되는 데이터를 기반으로 모델을 업그레이드할 수 있게 된다. 더욱 중요한 것은 자신이 만들거나 운영하고 있는 모델이 사업에 바로 적용되기 때문에, 그 성과와 효과를 빠르게 확인할 수 있다는 점이다. 그동안 별동대와 같았던 이들이 회사의 디지털 혁신에 실질적으로 기여하고 있음을 보여줄 수 있는 좋은 기회이다.

그리고 RPA 개발자는 머신 러닝 모델을 바로 사용함으로써 복잡하고 인지적인 프로세스를 자동화할 수 있다.

즉 둘이 합쳐지면, 경영층은 머신 러닝 혹은 RPA에 대한 투자 의사결정을 더 쉽게 할 수 있으며 AI 전략 추진을 보다 가속화할 수 있다.

◈ Human in the Loop, 로봇과 사람이 일을 주고받다

하이퍼오토메이션의 테마이기도 한 엔드 투 엔드 End to End 프로세스 자동화에 대한 니즈는 계속 커지고 있다.

하지만, 초기 RPA는 이를 지원하는 기술이 제공되지 않아, 프로세스 중간에 사람의 판단이 필요한 단계를 만나면, 어쩔 수 없이 앞뒤를 두 개 과제로 구분한 후 개발했다. 그래서 어떤 경우는 이런 프로세스 자동화를 우선순위에서 낮추기도 하고 심지어 배제하기도 했다.

기업의 프로세스를 자동화해 효과를 내겠다고 도입한 것이 RPA인데, 여기서 부딪히다니⋯. 이래서는 어떻게 전사 확장 개념의 RPA를 도입할 수 있겠는가, 라는 의문이 자연스럽게 제기되었다.

그래서 RPA 솔루션 기업은 BPM Business Process Management 개념을 RPA에 도입하기 시작했다. 사람과 로봇을 각자의 역할에 따라 전체 프로세스에 배치하고, 서로 업무를 주거나 받게끔 디자인을 하는 것이다. 로봇이 업무를 먼저 하고 의사 결정이 필요한 단계에 도달하면 사람에게 이메일 혹은 앱을 통해 요청하고 요청 방식은 별도의 양식을 만들어 사용하는데, 판단은 Yes/No, 승인/거절 등의 버튼으로 구현할 수도 있다. , 사람이 승인 혹은 필요한 절차를 수행하면, 그것이 바로 다음 로봇을 구동하는 트리거가 되는 업무 흐름이다.

사람이 로봇들이 하는 업무 중간에 배치되어 필요한 역할을 하기 때문에 'Human in the Loop'이라는 표현을 쓸 수 있다. 사람이 로봇에 업무를 주듯이, 로봇이 사람의 판단이 요구되는 단계에 도달하면 담당자에게 판단해 달라고 요청하는 것이다. 이렇게 되면 긴 업무 프로세스도 하나의 체인에서 중단 없이 자동화될 수 있을 것이다.

🐾 로봇 성과와 비즈니스 효과를 동시에 분석

RPA가 확산되면서 로봇의 효율성과 비즈니스 차원의 성과를 같이 보고자 하는 니즈가 커지고 있다.

로봇 성과 모니터링은 기술적인 대시보드에 가까우며, RPA 솔루션 그 자체 혹은 RPA에 포함된 오픈 소스 프로그램에 의해 간단히 제공되고 있다. 좀 더 자세한 분석과 커스터마이징이 된 모습으로 보길 원하면 유료 비즈니스 인텔리전스 툴을 구입해 사용해도 된다.

하지만, 점차 보다 정밀한 로봇 운영, 관리, 그리고 성과를 모니터링하겠다는 요구가 많아지고 있기 때문에, 이 영역 자체에 대한 새로운 솔루션 혹은 구현 프로젝트도 발전하고 있다. 국내에서는 기존에 모니터링 솔루션을 가지고 있는 팀스톤이라는 회사가 RPA 대시보드 영역에 새롭게 진출해 'RPA 뷰어'라는 솔루션을 내놓기도 했다.

비즈니스 효과 분석은 기업들이 당초 설정한 혹은, 새롭게 설정 KPI를 자동화가 어느 정도 달성하고 있는지를 모니터링해 보고 싶은 요구와 관련되어 있다. RPA가 전략적인 디지털 과제가 되다 보니 당연히 나타나는 현상이다. 경영층과 현업 부서 리더가 보고 싶은 RPA의 비즈니스 성과를 그들의 언어로 보여주는 대시보드가 바로 그것이다.

RPA 솔루션 기업 중에는 고객이 원하는 두 가지 목적을 동시에 충족시켜주고자 이를 자사 제품화해서 내놓은 곳도 있다. 향후 비즈니스 인사이트의 중요성은 더 커질 것으로 예측되며, 이 부분에 대한 컨텐츠의 발전이 기대된다.

Part 7

RPA 확산과
전개방식에 대한 조언

저는 RPA라는 새로운 트렌드를

운 좋게도 가장 앞단에서 경험하고 있는 사람입니다.

오늘 여러분께 저의 전문적 지식이 아닌,

국내외 RPA 사례로부터 제가 알게 된 교훈을 공유하고자 합니다.

그리고 현재 RPA가 어떤 방향으로 발전해 나가고 있는지와

RPA를 중심에 두고 일어나고 있는 세상의

재미있는 이야기를 들려 드리고자 합니다.

나는 대체로 서두에 이런 이야기를 하면서 교육 혹은 강연을 시작한다.

나의 이야기를 경청하는 고객과 참석자들을 볼 때면 "아, 나는 적어도 국내 RPA의 1세대이고, 그래서 나의 경험과 지식을 공유하는 값지고 필요한 일을 이처럼 할 수 있구나."하며, 감사하게 생각한다.

사실 나는 참석한 분이 RPA라는 새로운 디지털 툴을 가지고 무한한 아이디어를 끌어낼 수 있도록 도와드리는 스토리텔러가 되고 싶다.

그래서 처음 RPA 세미나 강연자로 선 2018년 가을 이후, 단 한 곳에서도 그 이전에 사용한 자료를 그대로 써 본 적이 없다. 아니 쓸 수가 없었다. 각 시점마다 청중의 구성과 니즈가 다르고 그 시점에 소개할 수 있는 RPA 테마가 다르기도 하지만, 기저에는 청중이 궁금해하는 부분을 제대로 건드려 보자는 나의 욕심과 책임감이 있기 때문

이었다.

끊임없이 쏟아져 나오는 RPA 성공과 실패 사례, 그리고 그로부터 갖게 되는 새로운 인사이트는 항상 나를 자극한다. 그리고 청중의 RPA 이해와 적용 수준이 매우 빠르게 향상되고 있기 때문에 그들의 눈높이에 맞는 새로운 재료와 이야기를 드려야 한다는 긴장감은 항상 내 마음속에 자리 잡고 있다.

RPA는 실로 매년 큰 차원에서 기술적 로드맵의 변화가 일어나고 있으며, 그와 연결되든 혹은 그렇지 않든 기업의 RPA 전개 방식도 크게 진화하고 있다. RPA라는 플랫폼에 연결되어 있는 에코시스템의 발전은 이와 같은 변화와 혁신을 더욱 가속화하고 있다.

그래서 지금부터는 더 늦기 전에 감히 기업과 공공에 RPA 전략과 전개 방식에 대한 조언을 드려 볼까 한다.

이제까지 직접 경험하거나 인터뷰한 기업들의 RPA 전략과 테마, 전개 및 확산 방식, 그리고 신기술을 적용하는 방법에 기초한 내용이며, 이 책에서 지금까지 이야기한 많은 것들을 독자의 입장에서 어떻게 소화하면 되는지를 안내하는 것이라 봐도 좋겠다.

사실 가장 트렌디한 주제를 가지고 누군가에게 조언을 한다는 것이 매우 부담스럽다.

그럼에도 불구하고 RPA를 확산하려는 대기업, 도입을 검토하고 있는 중견 기업, 그리고 점차 그 적용 범위가 늘어날 공공 부문에 조금이라도 도움이 될 수 있으면 좋겠다는 오지랖 넓은 마음으로 이야기를 풀어 본다. 혹시 바라건 데, 이 조언의 일부가 지금으로부터 2~3년간은 고개를 끄덕일 수 있는 자료가 된다면 더할 나위 없이 좋겠다.

기업에게 : 확산의 여섯 가지 팁과 전략 간편 가이드

❖ RPA 확산단계의 기업에게

RPA 1세대를 이끈 일본에는 다양한 성공과 실패의 사례가 존재하며, 이러한 상황은 계속 나타나고 되풀이된다. 2018년 최고 경영자의 강력한 의지로 전사적인 도입을 했지만 준비 없이 달린 후유증으로 운영상의 문제점이 나와 고전하는 곳이 있으며, 매우 규모가 큰 직원 참여형 RPA를 구현했던 기업이 2020년부터는 새로운 테마를 찾지 못해 더 이상 확대하지 않는 곳도 있다. 반면 처음 시작할 때의 전략과 방향을 잃지 않고, 중장기 목표치를 거의 채우고, 더 나아가 RPA를 통한 신규 사업을 시작한 곳도 있다.

그래서 무엇이 이렇게 성장통을 겪게 하는지, 어떤 것이 지속적인 성공을 이끌어내는 동력이 되는지를 정리해 보는 것은 RPA 확산 단계에 있는 국내 기업들에게 의미가 있는 것으로 보인다.

돌아보면, 2018년에는 새로운 기술인 RPA가 전사적으로 자리를 잡기 위해, 경영층의 의지와 이를 집요하게 추진할 수 있는 전담 조직이 가장 중요한 RPA 성공 요인이었다. 물론, 지금 시점에서 봐도 이 둘은 매우 중요하다.

2018년 9월 RPA를 먼저 경험한 사람들을 한국으로 초대해 국내 금융기관과 대기업 열한 곳을 대상으로 RPA COE세미나를 한 적이 있다. 그때 자료를 보면 비록 어설프고 스토리도 약했지만, RPA COE의 중요성을 시장에 처음이자 제대로 소개한 시점임에는 분명하다. 아직도 세미나에 참석한 분들의 진지함이 생생하다.

경영층의 지지와 COE의 중요성은 그 이후 2019년까지 많은 세미나에서 강조했다. 그래서 RPA를 담당하는 사람들이 COE를 RPA의 당연한 요소이자 일반 명사화해서 사용하고 있음에 나름 나도 역할을 했다는 생각이 든다.

2019년 도쿄에서 개최된 RPA 고객 행사에서는 발표 고객들이 1년 혹은 2년의 RPA 경험을 통해 겪어본 그들의 성공과 실패 사례를 생생하게 공유했다. 그들은 경영층의 지지와 COE의 중요성을 강조하면서도, RPA성공을 위해 반드시 추가 고려해야 하는 것들을 자세히 언급했다.

일본과 우리의 상황이 다르기 때문에 경험적 차원에서 공감대를 갖기 쉽지 않을 수도 있겠지만, 확산을 계획하는 기업들에게 도움이 될 만한 부분들이 있어 다음과 같이 정리해 보았다.

---

1 경영층 주도(Top Down) 접근과 전담 COE 조직의 존재와 역할은 여전히 중요하다.

2 하지만, 전사적인 테마가 되려면 직원들이 적극적으로 관여하는 직원 참여형 (Bottom Up)접근이 병행되어야 한다. 비록 직원 참여형 방식으로 인한 효과가 경영층 주도방식으로 인한 효과에 비해 현저히 적을 수도 있지만, 아이디어를 내고 사용을 하는 직원들의 참여가 없다면 RPA는 지속하기 어렵기 때문에 이

를 간과해서는 안 된다는 결론이다.

3 RPA만 독자적으로 진행하지 말고, 프로세스 혁신과 함께 하는 것이 더 효과적일 수 있다. 기존의 프로세스도 제대로 정리되어 있지 않은 상황에서 무리하게 자동화를 한다면, 이후 수많은 예외 처리를 감당하기 위해 몇 배나 힘든 변화관리의 과정을 겪어야 하기 때문이다. 큰 규모의 프로세스 혁신이 아니어도 되며, 간단하게 LEAN 프로젝트를 통해 개선한 후 RPA를 적용해 보는 것도 방법이다.

4 끝으로 매우 중요한 것은 RPA를 적용하는 초기 시점부터 갖추어야 하는 운영 전략이다. RPA를 도입했다가 중단하거나 되돌이표를 하는 기업들은 대부분 RPA 운영의 난이도를 간과하고 일단 도입부터 한 곳이다. 실제 업무에 적용한 후 로봇이 작동하지 않는 경우는 기술적인 에러 또는 변화 관리를 제대로 하지 않아서 발생한다. 전자는 기술적으로 해결하면 되지만, 후자는 관리하고 커뮤니케이션을 하는 거버넌스 체계가 필요하다. 그래서 도입 전략이나 개발 체계만큼이나 운영체계가 중요하다.

RPA를 도입해 1단계 혹은 2단계를 마치고, 2020년 전사 확산을 준비하고 있는 우리나라 대기업들의 RPA에 이들을 매핑해 봐도, 어느 것 하나 중요하지 않은 것이 없다. 특히, 운영 COE의 중요성은 아무리 강조를 해도 지나치지 않을 것 같다. 로봇이 아직은 사람처럼 똑똑하게 판단을 하는 존재가 아니기 때문에, 일을 시키는 사람이 제대로 정리해 놓지 않는다면 엄청난 스피드로 일을 하는 이 로봇을 통제하기 어렵다. 도대체 어디서 무슨 사고를 치는지 찾는 것이 어려울 뿐 아니라, 찾아도 문제를 해결하기가 힘들어진다. 그래서 처음부터 로봇을 운영하는 관리 체계를 명확하게 잡아 놓지 않으면, 원활한 변화 관리와 예외 처리는 요원해진다.

이상의 내용이 일본의 기업들이 공유한 RPA 성공의 팁이었다고 하면, 지금부터는 RPA 확산 단계에 있는 국내 기업들이 고려해야 하는 것들을 우리 환경에 맞춰 정리해 보고자 한다. 이 내용은 내가 COE 조직 혹은 담당 임원들을 대상으로 RPA 확산 전략을 가이드 할 때 필요하다고 강조하는 부분들이기도 하다. 국내 기업에게 드리는 'RPA 성공적 확산을 위한 여섯 개의 팁'이 있다고 보면 된다.

■1 사업 목표와 연결된 RPA KPI를 설정한다

2020년 본격적 확산을 준비하는 기업들에게는 KPI를 원점에서 다시 고민해 보라는 조언을 한다.

2019년까지 매년 100만 시간을 RPA를 통해 자동화하는 일본 기업의 사례는 RPA 1세대들에게는 적어도 전설이었다. 그래서 국내 대기업들도 생산성 향상이라는 목표를 가지고 시간 절감 정확하게 표현을 하면 사람이 했던 업무 시간 대비 자동화 이후 로봇이 업무를 처리하는 시간의 차이 에 매달렸고, 2019년에는 연간 20만 시간을 절감한 제조업, 혹은 연간 40만 시간을 넘게 절감한 금융기관 들이 소개되기 시작했다. RPA 첫해로서는 놀라운 성과이고 이 주제는 회사 내에서도 붐을 일으키기에는 충분했다는 생각이 든다.

그런데 2020년에는 국내에서도 단일 기업이 100만 시간 이상을 자동화로 전환한 사례가 나왔다. 이제는 어지간해서는 절감한 시간만으로 성과를 자랑하기가 어렵게 된 것이다.

2019년 이후, 글로벌 RPA 성공 사례를 찾아보면, 실로 많은 기업들이 자신의 회사 상황 및 경영전략과 연계한 RPA 목표와 KPI를 수립하고 달성해 나가는 것을 확인할 수 있었다. 물론, 시간의 절감을 통한 생산성 향상이 여전히 중요한 지표가 되고는 있지만, 이것이 단일 지표로서 설정되거나 관리되지는 않는다.

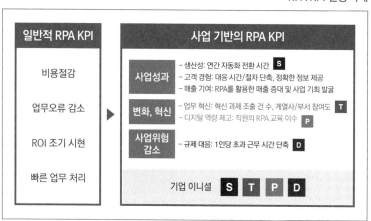

그럼 RPA를 확산하려는 국내 대기업들에게는 어떤 KPI가 중요할까? 바로 KPI 선정으로 들어가기보다는 회사가 도전하고 있는 상황을

먼저 직시하고, 그것을 극복하려는 회사의 전략, 그리고 전략이 실현되도록 지원하는 툴로서 RPA를 먼저 포지셔닝 해야 한다고 말하고 싶다. RPA KPI는 갑자기 뚝 떨어지는 것이 아니고, 그래서도 안 된다.

회사의 주요 목표를 달성하거나 미래를 준비하는 것에 RPA가 어떻게 쓰일 수 있을지를 고민하다 보면 RPA를 통해 달성하고 싶은 KPI가 쉽게 나올 수 있을 것이다. 시장 점유율을 10% 높이는 것이 회사의 전략이라고 하면, 어떤 업무를 어디까지 자동화해야 이 목표에 기여할 수 있을지를 고민할 것이고 이를 가장 잘 모니터링할 수 있는 지표가 바로 RPA KPI이다.

그리고 이렇게 정해진 RPA KPI야말로 경영층에 도달해 그들의 공감대를 얻을 수 있고, 회사 주요 부서로 하여금 당연히 자동화에 참여하게끔 유도할 수 있으며, 직원들 또한 적극적으로 아이디어를 내고 사용 피드백을 하게 할 수 있다.

2 사업적 성과를 내기 위해 책임 부서를 확장한다

RPA 초기 단계에는 비교적 간단한 KPI를 설정하기 때문에, COE가 성과를 추적하고 요약해 보고하는 것이 그리 어렵지 않다. 생산성 향상이 목표라면, 자동화 적용 전의 업무 처리 시간만 잘 기록해 두었다면 자동화로 대체하거나 절감한 시간을 쉽게 확인할 수 있다. 여기에다가 업무에 참여하는 사람들의 시간당 비용 직접 인건비 + 간접비 포함 을 적절하게 추정만 할 수 있다면, 자동화에 의한 경제적인 효과 또한 그리

어렵지 않게 구할 수 있다.

이는 대부분의 기업들이 1단계 프로젝트의 성과를 표현하는 데 사용하는 직관적인 관리 방법이다.

하지만, 확산 단계로 들어가게 되면, 이해 당사자들이 늘기 때문에, COE의 성과 계산법이 복잡해진다. 더구나 비슷한 산업군에 있는 경쟁사가 자동화를 통해 연간 몇 십만 시간을 절감했다는 등의 이야기를 듣게 되면, 더 이상 절감 시간이 아닌 새로운 성과 측정에 대한 고민이 시작된다. 혹시, 경쟁사만큼 시간을 절감할 자신이 없다면, 이 고민은 더 커지게 된다.

확산을 추진하고 있는 국내 기업은 물론이고, 이미 큰 규모의 RPA를 운영하고 있는 글로벌 기업도 비슷한 고민을 하는 것을 보았다.

자동화로 절감 혹은 대체한 시간도 중요하지만, 사실 그로 인해 직접적인 사업 효과가 어떻게 그리고 얼마나 나왔는지가 회사에는 더 중요하다. 그런데 COE 조직 단독으로는 이렇게 성과의 범위를 확장하기가 쉽지 않다. 그래서 기존 COE 중심의 RPA와 실제 성과를 낼 수 있는 부서와의 결합^{협업}을 권하고 싶다. 예를 들어, HR이 참여하고, 재무 혹은 혁신부서의 참여하는 것이다. 어떤 경우는 영업 부서가 붙어도 좋다.

예를 들어 자동화의 목표가 직원들의 업무 재배치 혹은 직무 전환을 추진하는 것이라면, 이는 COE 조직이 독자적으로 할 수 없기 때문에 HR의 적극적인 개입이 반드시 필요하다. HR이 자동화에 기반을 두어

우수 인력을 재배치하고, 경영층이 힘을 보태 디지털 환경에 맞게 조직을 재정렬해야 기대했던 성과를 달성할 수 있을 것이다.

RPA를 활용한 매출 증대 혹은 새로운 사업 기회를 찾는 것에는 혁신 부서와 영업부서의 역할이 중요하다. 영업담당자 혹은 영업 지원 인력으로 하여금 고객 경험 확대에 RPA를 적극 활용케 하고, 그 안에서 새로운 사업 기회를 찾게 해야 한다. RPA를 통한 사업 경쟁력 강화가 점점 중요해지고 있기 때문에, 이들의 역할은 갈수록 커지게 될 것이다.

③ 새로운 기술을 시도해 볼 때다

확산 단계에 있는 기업이라면, RPA와 연계한 새로운 기술을 도입해 보라고 권해드리고 싶다. 2019년 4분기를 기점으로 선도 회사의 'RPA + AI'의 적용이 확대되고 있다.

그 이전에는 새로운 기술보다는 민생고를 해결하는 것과 같은 단순 반복업무를 없애는 데 RPA가 필요하다고 했다. 이전에는 '5의 룰 5개 미만의 의사결정, 5개 미만의 어플리케이션 사용, 500개 미만의 클릭이 있는 프로세스에 RPA를 우선 적용하라는 RPA 초기 가이드'에 따라 자동화 기회를 찾아도 그 수가 충분히 많았다.

하지만, RPA가 하나의 사업 경쟁 요소가 되고, 심지어는 RPA를 통해 새로운 사업 기회를 창출해볼 수도 있다는 믿음이 커지고 있는 마당에, 확산 단계에서까지 그러면 안 된다는 생각이 든다. 남들과 차별화된 RPA를 하려면 새로운 기술을 RPA와 연계해 보는 노력이 필요하지 않을까?

국내 금융기관과 그룹 계열사 중에 이미 인텔리전트 OCR과 RPA를 연계해 실제 업무에 적용하고 있는 곳들이 있다. 물론 아직은 OCR의 인식률과 정확도가 기업의 매우 높은 기대에 미치지 못하고 있는 것은 사실이다. 하지만, OCR의 기대 수준을 미리 정해 놓고, 그 안에서만 효과 보겠다고 마음을 먹는다면, 생각보다 적용해 볼 영역이 많다. 그리고 이렇게 조금 일찍 시작해야 다른 기업과는 차별화된 RPA 경쟁력을 가질 수 있을 것이다.

긴 업무 프로세스 자동화에 RPA를 적용해 볼 필요도 있다. 로봇과 사람의 일이 구분되고 단절될수록 자동화의 효과는 낮을 수밖에 없다. 기존에 태스크 위주의 단위 업무 자동화를 했다면, 확장 단계에서는 사람과 로봇이 일을 서로 나누고 던져 주고 때로는 받는 'Robot in the Loop' 혹은 'Human in the Loop'을 구현해 보는 것이 어떨까? 현재 RPA 솔루션 기업에 의해 기술적으로도 그 기능이 제공되고 있으니 말이다.

프로세스 마이닝 기술에 대한 관심도 RPA의 성장에 따라 커지고 있다. 어떤 업무가 병목을 일으키고 있는지, 어떤 업무는 중복되고 더 복잡하게 수행되는지 등을 과학적으로 찾고 그 안에서 자동화 아이디어를 낸다면, 지금까지는 차원이 다른 규모와 스피드의 RPA를 구현해 볼 수 있을 것이다. RPA에 보다 가까운 태스크 마이닝 또한 시도해 볼 필요가 있다.

끝으로 기업이 사용하고 있는 여러 머신 러닝을 RPA와 연계하는 시도를 해보길 권한다. 물론 RPA 프로젝트 자체에도 도움이 되겠지만, 그동안 실질적 사업 효과 측면에서 다소 거리감이 있었던 머신 러닝이 비즈니스에 아주 가깝게 다가올 수 있는 계기가 될 것이다. 기술적으로도 AI 프로그램을 RPA 서버에 직접 연결하고 디자인 툴에서 구동하는 방법이 가능하다.

4 직원 중심의 자동화, 그리고 내재화는 매우 중요하다

보다 적극적으로 직원 참여형 RPA를 추진해 볼 것을 권한다.

물론 처음부터 적극적인 직원 참여형 RPA를 추진한 국내 'D'그룹과 'L'기업의 사례도 있지만, 대부분의 기업들이 RPA 이용 초기에는 공통후선 업무를 회사 주도하에 우선 자동화한다. 하지만, 여러 보고서에 나오는 것처럼 회사 주도로 자동화할 수 있는 영역은 회사 전체 업무의 3~7%에 불과하고, 실제 40%에 해당하는 자동화의 기회는 직원들로부터 나오기 때문에 후자를 간과해서는 안 된다.

회사 주도형 RPA를 대표적으로 구현하고 있는 일본 기업조차도, 90% 이상의 과제 수를 차지하지만 겨우 5% 미만이 개발되어 효과를 내는 직원 중심의 자동화를 병행하고 있다. 그 이유는 직원들의 참여가 결국 회사의 문화를 바꾸고, 디지털 혁신을 정착시킬 것이라는 믿음 때문이다. 그리고 직원들이 제안한 그 많은 자동화 아이디어를 실현하기 위해 이 회사는 2020년부터 직원이 직접 개발하는 자동화를 추진하고 있다.

회사 주도형 RPA는 동시에 많은 과제를 자동화하기 어렵다. 직원들이 제출한 자동화 과제가 예를 들어 500여 개가 있다면 언제 그 많은 것들을 다 자동화할 수 있을까? 많은 전문 개발자를 활용해 자동화하겠다는 생각을 해볼 수도 있겠지만, 그래서는 자동화의 ROI를 낼 수가 없다. 그래서 낮은 비용으로 남들보다 빠르게 성과를 내기 위해 자동화 개발 역량을 내재화할 필요가 있다.

직원들의 자동화 참여는 아이디어를 내고, 실제 개발해 보고, 사용하면서 개선점과 피드백을 제공하는 등 다양한 단계에서 가능하다. 하지만, 아직은 모든 직원이 개발할 수 있을 정도로 RPA가 쉬운 툴이 아니기 때문에, RPA의 민주화에서 언급한 것처럼 직원들을 역량에 따라 구분해 양성하는 과정이 필요하다. 이를 통해 전문 개발자는 아니지만 간단한 자동화는 스스로 개발할 수 있는 선수를 찾을 수 있다.

글로벌 기업 중 한 곳은 회사의 디지털 변화를 가속화할 것이라는 믿음에 이 선수들을 '디지털 엑셀러레이터 Digital Accelerator'라 부른다. 이들은 현업이 제공한 간단한 아이디어는 스스로 자동화하고, 업무 중 자동화가 필요하지만 개발의 난이도가 높다고 판단되는 경우 COE 혹은 전문 개발자에게 개발을 의뢰하는 역할을 맡는다. 시민 개발자이자 RPA전도사로서 자신의 업무와 이 역할을 병행한다. 그래서 회사는 이들이 동기부여 될 수 있도록 적절하게 포상하거나 보상하는 제도를 마련해 두고 있다.

5 RPA 사내 포털을 만든다

한편, 직원들이 더 많은 자동화 아이디어를 낼 수 있도록, RPA 사내 커뮤니티 혹은 포털과 같은 인프라를 만들 필요가 있다. 그래야만, 참여하는 직원들은 자신이 제출한 아이디어, 개발 적용, 그리고 실제 사용 현황을 추적할 수 있게 되고, 회사는 자동화로 인한 성과를 개인화해서 보여줄 수 있다. 자동화를 하나의 문화로 완전히 정착시키기 위해서는 직원들 개개인이 자신의 아이디어가 어떻게 구현되고 기여하고 있는지를 확인할 수 있는 체계가 필요하다. 그래야만 RPA가 일상이 되고 직원들이 소통하는 언어가 되며 실제 전사적인 문화 변화를 가능케 한다.

2020년 이후 회사 내 RPA 포털을 구현하려는 시도가 많아지고 있으며 포털의 형태 또한 다양해지고 있다. 사실 아래 세 단계의 내용을 모두 커버하는 사내 RPA 포털을 권하고 싶으나, 각 회사의 상황에 따라 어디까지 담을지 계획을 세우고 구현하길 바란다.

1 1단계인 RPA 서버로부터 로봇의 모든 액티비티 로그를 취합하고, 분석해 보여주는 기술적인 대시보드 형태의 포털은 RPA 솔루션 자체가 제공하는 것을 쓰거나 외부 비즈니스 인텔리전스 툴을 활용해 구현하면 된다.

2   2단계로 이야기할 수 있는 것은 RPA 과제 라이프 사이클 포털이다. 여기에는

현업 혹은 COE의 아이디어 제출로부터 평가, 승인, 개발의 과정에 이르기까지 모든 과제의 흐름을 관리하고, 개발된 자산(개발 코드, 문서, 과제 자체)을 게시하며, KPI를 설정하고 그 성과를 추적하는 내용이 포함된다. RPA 과제와 성과에 대한 경영층과 아이디어를 제공한 직원의 궁금점은 이 포털에 접속함으로써 대부분 해소될 수 있다.

3   마지막 3단계는 개인화된 RPA포털이다. 현업의 사용자가 포털에 접속함으로써 자신의 업무 자동화를 바로 실행하는 것은 물론이고, 앞으로 자주 사용할 로봇의 목록을 지정할 수 있고, 자동화의 과정 혹은 결과에 대한 피드백을 제공할 수도 있다. 더 나가면 각자 개인화된 나만의 RPA 포털 화면을 구성할 수 있게 된다.

6 제대로 된 운영(특히, 변화 관리)체계를 갖추는 것은 아무리 강조해도 지나치지 않는다

RPA 1세대를 이끈 일본과 미국의 기업들이 공동으로 하는 이야기가 있다. "RPA는 쉽게 시작했는데, 안정적으로 쓰는 것이 쉽지는 않더라"이다. 특히, 우리보다 먼저 간 일본의 여러 기업들이 RPA 확산 시점에 운영 역량이 받쳐주지 못해 겪는 많은 시행착오를 본 적이 있다. 이들의 전철을 밟지 않기 위해서라도 철저한 운영 준비가 필요할 것이다.

RPA의 안정적 사용에 영향을 미치는 것은 당초 제대로 된 개발을 했는지와 이후 변화 관리의 역량과 체계이다. 특히 변화 관리는 매우 중요하다.

RPA 운영과 관련된 변화는 크게 두 곳에서 발생한다. 하나는 로봇이 인터페이스하는 시스템의 변화이고, 다른 하나는 현업이 사용하는 업무 프로세스의 변화이다. 이 들의 변화가 RPA 운영 중 적시에 제대로 반영되지 못한다면 로봇은 사용 중 멈추게 된다. 사용자 입장에서는 로봇을 사용하지 못하는 것이 바로 에러이기 때문에, RPA 뿐만 아니라 연결된 시스템과 프로세스와 어떻게 커뮤니케이션 할 것인지 체계를 가지고 있어야 이와 같은 미사용률을 줄일 수 있다. RPA를 실무에 적용해 보면, 초기에는 다음과 같은 이유 때문에 에러가 발생한다.

___
1   업무 시스템 오류
___
2   RPA 소스코드 오류
___
3   로봇 PC 환경 설정 이슈
___
4   RPA 대상 시스템의 변경
___
5   업무 절차 변경 및 미 준수

1 ~ 3 은 IT부서와 개발자가 해결할 수 있는 이슈라 시간이 지나면서 빠르게 해결할 수 있다. 하지만, 4 와 5 는 유기적으로 확인하고 적시에 조정할 수 있는 체계를 갖추고 있지 않으면 근본적으로 해결할 수 없다. RPA COE가 IT 및 현업 부서와 긴밀하게 일을 해야 하는 것이 바로 이러한 이유 때문이다.

🐟 RPA를 시작하는 기업에게

RPA가 많은 기업들에 의해 도입 및 확산되고 있지만 사용하고 있는 기업의 수만 놓고 본다면, 여전히 태동기라고 할 수 있겠다. 그러니 아직 RPA를 도입하지 않았다 하더라도 너무 늦었다고 볼 필요는 없다.

하지만, 늦지 않았으니 천천히 해도 된다는 의미는 결코 아니다. IT에서 그리고 비즈니스에서 하나의 언어가 되어가고 있는 RPA를 어제 도입했으면 좋았겠지만, 그러지 못했다면 오늘은 도입해야 한다는 의미로 해석해 주면 좋겠다. RPA 세미나를 참가하거나 인터넷을 검색해 보면 RPA가 얼마나 붐을 일으키고 있는지 바로 확인해 볼 수 있고, 그로 인해 긴장감이 들 것이다.

이 책에서 전형적인 RPA 전개 방식을 소개한 바가 있다.

이상적으로는 전사 교육을 실시하고, 전담 조직을 갖추고, 명확한 RPA 전개 전략을 세우고, 성공을 정의하고, 부서별 적용을 하고, 전사로 확대하고, 이후 지속적으로 평가하고 개선하는 모든 단계가 순차적으로 필요하다. 하지만 어느 세월에 이를 다하면서 RPA를 추진해 나갈 수 있을까 하는 부담감이 들 수도 있을 것이다.

그래서 RPA를 도입하는 기업들이라면 다음만 잘 준비하면 어려움 없이 RPA를 성공적으로 활용할 수 있을 거라는 의미로 팁을 드린다.

---

1   1명이든 2명이든 전담 직원이 필요하다. 하루 종일 RPA 업무만을 고민하는 직원이 있어야, 바퀴가 앞으로 굴러가게 되어 있기 때문이다.

2   과제 발굴이다. 과제의 난이도와 상관없이 일단 자동화를 할 수 있는 모든 과제들을 다 찾아보는 거다. 가장 단순하게 과제 제출 양식을 만들어 현업이 아이디어 수준에서 제출하게 하거나, 자동적으로 태스크를 캡처하는 툴을 써 보는 것도 좋다. 많은 자료와 설명 요청으로 현업 부서 직원들을 귀찮게 한다면, 첫 단추부터 힘들어진다.

3   RPA 테마를 잘 잡는 것이다. 금융기관 혹은 서비스 기업처럼 인력이 자산인 회사와 원재료와 재고가 자산인 제조업은 다르다. 자동화로 감축된 시간을 통해 대규모 인력 재배치를 할 수 있는 규모의 회사가 실제 많지도 않다. 그래서 현실적인 목표를 잡는 것이다. 예를 들어, 단순 반복적인 업무가 많아서 직원들의 퇴사가 잦다면 그 업무를 자동화하면 되고, 퇴사로 인해 생긴 업무의 공백을 메우는 것에 자동화를 활용하면 된다.

4   처음부터 내재화는 어렵기 때문에 도입 초기에는 실력이 있는 외부 RPA 개발자를 활용한다. RPA 시장 성장과 함께 개발자 풀도 늘고 있기 때문에 그 안에서 회사와 잘 맞는 개발 회사 혹은 개발자를 찾으면 된다.

5   적당한 욕심을 부리는 것이다. RPA는 개발도 중요하지만 적용 이후의 변화관리가 매우 중요하다. 전담 RPA 운영 인력을 충분히 두기 어려운 상황이라면, 처음부터 복잡한(예외 처리 건수가 많거나 통제하기 어려운 대상 시스템 혹은 접속 사이트의 빈번한 변경이 예상되는 경우) 프로세스를 자동화해서는 안 된다. 유지 보수 비용과 시간이 많이 드는 것을 개발해 놓으면, 결국 아무도 사용하지 않은 애물단지가 될 수 있다.

6   신기술은 급하지 않다. 선진화된 RPA를 구현하겠다는 것은 지금 하지 않아도

된다. 그저 할 수 있는 업무 수준에서의 자동화를 먼저 하면 된다. 신기술은 대기업에서 먼저 사용해서 검증된 부분이 있다면, 그 경험이 있는 개발 회사를 활용해 필요한 시점에 회사에 적용해 보면 되기 때문이다.

🔍 RPA 전략 간편 가이드

RPA를 시작하는 기업들은 "어떻게 하면 쉽고 제대로 RPA 방향을 잡아갈 수 있을까요?" 라는 질문을 많이 한다. 회사마다 처한 상황이 다르겠지만, 지금까지 RPA 가이드를 하면서 고객과 같이 고민하고 세워봤던 전략이 도움이 될 것 같아 정리해 보았다.

그래서 이 자료를 'RPA 전략 간편 가이드'로 이름을 붙였다. RPA를 도입하는 기업들이라면 이 리스트에서 자신의 회사 상황을 감안해 필요한 부분을 참조해 보면 좋겠다. 우선 공통적으로 고려해야 하는 부분을 정리했고, 아래에는 자동화의 두 가지 추진 방향에 따라 각각 필요한 전략적 요소를 정리했다.

물론 컨설팅회사를 통해 RPA 전략 컨설팅을 받는다면, 그들이 가지고 있는 훌륭한 자산과 뛰어난 컨설턴트들의 역량을 활용해 제대로 된 서비스를 받을 수 있을 것이다. 그래서 이 내용은 다양한 이유로 컨설팅 회사를 사용하지 않거나 사용할 수 없는 회사에서 활용해 볼 수 있는 팁으로 봐주면 좋겠다.

실제 간편 전략 가이드는 아래와 같은 단계를 밟아서 진행하고 있다.

공통 단계

- 도입 목적 명확화: 기업의 내·외부 환경 감안, 사업 전략과 RPA를 연계
- 국내외 관련 사례 벤치마크
- 전개 방향성 수립: 회사 주도 혹은 직원 참여형, 1인 1로봇
- KPI 설정 및 기대 효과 추정
- 내부/외부 커뮤니케이션 방안 수립
- 전담 조직 구성 및 역할 정의. 현업 부서의 참여 정도 결정
- 신기술 적용 영역 파악 및 도입 시점 계획
- 운영(유지 보수, 변화 관리 등) 전략 수립
- 글로벌 거버넌스 검토

회사 주도 자동화

- 자동화 과제 및 발굴 및 확산 로드맵 수립
- 전사 RPA 확산 예산 수립
- 개발 및 운영 표준화
- 성과 분석을 통한 전략 점검
- 경영성과 연계한 대시보드 구현

직원 중심 자동화

- 자동화 과제 지속 발굴 방안 수립
- 사내 개발 인력 양성 프로그램 가동
- 직원 보상 프로그램
- RPA 사내 커뮤니티, 게임화, 이벤트 기획

1 **RPA 전담 조직의 리더(혹은 임원) 인터뷰**

이때는 RPA 도입의 목적, 기대 효과, 추진 방향, 경영층의 의지, 직원들의 참여 여부, 선정한 과제 등에 대한 질문을 한다. 답변을 잘 못하는 경우는 그만큼 고민이 부족했거나 경험이 부족했기 때문이라 생각하고 일단 사실 확인의 차원에서 충분히 청취해 본다.

2 **회사가 이미 발굴한 과제 분석**

정교하지 않더라도, RPA를 도입하고자 결정한 기업들은 자신들의 방식으로 과제

를 도출해 놓았거나, 나름의 기준으로 적용 우선순위도 매겨 놓는다. 그래서 회사로부터 과제를 받아서 분석해 보면, RPA 전담 조직 혹은 담당자의 지식과 경험, 직원의 참여 수준, 그리고 RPA 적용에 대한 현업 부서의 의지 등을 확인할 수 있다.

3 전략 세션

1 번과 2 번을 통해 파악한 인사이트를 가지고 COE 리더와 'RPA 전략 간편 가이드'를 펼쳐 놓고는 하나씩 짚어 본다. 이 과정에서 무엇이 빠졌고, 무엇이 부족한지를 확인할 수 있지만, 사실 더 중요한 것은 회사 RPA의 전략적 테마와 요소를 같이 찾아보게 된다는 점이다.

4 회사의 자체 전략 수립

회사 내부의 전략 수립 과정이며, 이 기간 동안은 Q&A 위주의 가이드를 한다.

5 피드백 세션

회사가 수립한 RPA 전략을 RPA 가이드 이전에 생각했던 부분과 비교함과 동시에, 전략의 실행에 도움이 될 수 있는 팁을 제공한다.

🎓 디지털 트랜스포메이션에서 RPA는 어떻게 포지셔닝을?

현재 대기업들 중에서 디지털 트랜스포메이션을 이야기하지 않는 곳이 있을까? 자체적이든 컨설팅 회사를 통하던 멋지게 전략을 세운 회사들이 많다.

하지만, 상당수 회사들이 디지털 트랜스포메이션을 통해 사업적 효과를 만들겠다는 거창한 목표만 세웠지, 어떻게 하겠다는 방법은 모호하게 가지고 있는 것으로 알고 있다. 너무 미래 지향적이라서 그런 건지도 모르겠다. 그들의 디지털 트랜스포메이션 전략은 새로운 기술을 나열한 후, 어떤 기술을 어느 조직 혹은 사업에 먼저 사용할지에 대한 로드맵처럼 보인다. 그리고 AI, 머신 러닝, 블록체인, 빅데이터 등 좋은 기술은 그 안에 들어가 있다.

그런데, 과연 얼마나 많은 직원들이 머신 러닝과 빅데이터 활용법을 이해하고 있을까? 과연, 이들을 쉽게 사용할 수 있는 수준으로 교육하고 이해시키는 것은 가능할까? 학습이 어렵고 적용이 까다로운 것을 통한 변화는 매우 고통스럽고 긴 과정이 될 것이다.

이러한 답답함을 풀어낼 수도 있을 거라는 기대감에, 점차 RPA가 디지털 트랜스포메이션의 한자리를 차지해 나가고 있다. 다른 기술들이 덜 중요하다는 것은 아니지만, 디지털 트랜스포메이션이 조직에 스며들기 위해서는 가시적인 성과를 빠르게 낼 수 있는 무언가 필요한데, RPA는 적절하게 그 역할을 해 내고 있는 것이다.

일단, RPA를 활용하면 현재 내가 하고 있는 일의 방식이 당장 바뀐다. 나대신 로봇이 더 빠르고 정확하게 그동안 귀찮았던 일을 처리하고, 그로 인해 여유 시간이 생기는 것을 바로 체감할 수 있다. 그리고 RPA는 어떤 디지털 기술보다 이해와 사용이 쉽다. 디지털 트랜스포메이션의 변방에 있던 RPA가 중심으로 등장하고 있는 이유는 바로 이 때문이다.

나는 많은 강연 자리에서 RPA는 디지털 트랜스포메이션 전략 그 자체가 아니라 조력자라고 소개한다. 한 방에 모든 걸 해결하는 마술과 같은 솔루션이 아니고, 기업이 원하고 직원이 필요로 하는 디지털 환경을 지속적으로 만들어 내는 툴이기 때문이다.

디지털 트랜스포메이션을 기술 중심과 사람 중심으로 풀어 본다면, RPA는 이 둘에 걸치는 영역이다. 그래서 더 강력하게 디지털 트랜스포메이션의 중심이 될 수도 있을 거라는 기대감을 갖게 한다. RPA는 비즈니스 프로세스와 직접 연결이 되고, 디지털 인력을 제공하고, 디지털 생태계의 중심에 설 수 있는 플랫폼으로 발전해 나가고 있다.

RPA가 잠시 머물렀다 가는 솔루션이며 결국에는 AI로 갈 것이라는 예측을 하는 사람들도 있지만, "그런 예측은 지나치게 기술적인 관점에서 RPA를 해석했기 때문은 아닙니까?" 오히려 내가 반문해 보는 것은 이와 같은 이유이다.

디지털 트랜스포메이션을 효과적으로 구현하기 위해 RPA가 어떻게 포지셔닝을 할 수 있을지를 정리해 보면 다음과 같다.

---

1 하나의 접점이 필요. RPA에게 그 역할을 맡긴다

디지털 트랜스포메이션이 직원들에게 어려운 것은 활용해야 하는 기술들이 많고, 그 기술들은 사용이 어렵다는 것이다. 하나만 쓰면 나머지는 뒤에서 자동적으로 구동되는 그런 기술은 없을까? IT 부서 직원들이 아니라면 당연히 가지는 의문이다.

RPA 포털을 사용하게 되면 그 안에서 자동화 아이디어 제출, 사용, 피드백 등 웬만한 것은 처리된다. 이처럼 디지털 트랜스포메이션에 포함되는 기술도 하나의 창구를 통해 나머지를 사용할 수 있다면?

그런 면에서 단일 접점으로서 사람 대신 다른 IT 기술을 구동할 수 있는 것이 RPA와 챗봇이다. 직원들이 로봇 하나만 구동하면, 그 이면에서 로봇이 AI 프로그램을 가동하고, 빅데이터를 분석 프로그램을 실행하고, 머신 러닝 엔진을 구동해 결과를 받을 수 있다. 만약, 챗봇을 사용하게 되면 챗봇이 로봇을 구동할 수 있으며, 그 이후의 프로세스는 동일하게 흘러간다.

비록 RPA가 다른 기술을 직접 연결하고 구동하기 위해서는 적지 않은 투자가 필요할 수도 있지만, RPA 솔루션 기업들이 제휴와 기술 개발을 통해 이를 가속화하고 있으니, 점점 더 저렴한 비용으로 이를 사용할 수 있게 될 것으로 보인다.

2 디지털 트랜스포메이션을 직관적으로 느끼게 하는 교육이 필요하다

디지털 교육을 어려운 솔루션 위주로 하고 있는 회사들이 있다. 개요를 하고, 초급자, 중급자, 전문가 과정을 만들어 직원들이 수강하게 한다. 하지만, 이러한 기술이 나의 업무 혹은 일상과 거리감이 있다면, 단지 교육을 통해 디지털 트랜스포메이션 그 자체의 중요성과 효과를 느끼기란 매우 어렵다.

그래서 자신의 일상 업무에 직접, 그리고 스스로 적용해 볼 수 있는 디지털 기술을 찾아서 교육하는 것이 필요하다. RPA는 아이디어 제출부터 개발, 사용까지 직원들의 참여가 직접적이고, 사용의 피드백 또한 바로 할 수 있기 때문에, 이러한 맥락에서 상당히 부합하는 기술이다.

RPA기반의 체계적인 교육 로드맵을 만들고, 거기에다가 주요 활용 기술을 붙인다면 효과적인 디지털 트랜스포메이션 교육이 될 수 있을 것이다.

공공기관에게 : 해외 사례 및 공공의 RPA

🏛 공공부문의 RPA 사례

공공기관의 RPA를 들은 것은, 2019년 1월 일본의 한 지방 현縣이 RPA 행사에 나와서 사례 발표하던 때가 처음이었다. 사례를 발표한 현은 낙후된 이미지를 극복하고, 대도시로의 인구 이탈을 줄이고, 부족한 공무원들의 업무를 경감하기 위한 방안으로 RPA를 도입했다고 했다.

이들은 보수적인 지방 자치단체의 운영 방식으로는 변화가 어려울 것이라는 판단하에, 처음부터 기업형 혁신 방법을 선택했다. 리더가 혁신이 필요하다는 메시지를 강력하게 공유하고, 컨설팅회사로부터 진단과 가이드를 받고, 그리고 IT 부서와 현업의 부서들이 협업하는 RPA 구현 조직을 만들었다. 비록 RPA 도입 규모가 크지는 않지만, 직원들이 체감하는 혜택과 현의 이미지 홍보 차원에서는 매우 효과적이었다고 했다. 이후 국내 지방 자치단체 중 한 곳이 이곳을 직접 벤치마킹했다는 이야기를 들었다.

2019년 1월 당시 일본에서 봤던 RPA 슬로건 중에 '자동화를 통해 일본에 활기를'이란 것이 있었다. 직접 RPA를 사용해 봤다는 일본 국회의원의 이야기는 이 슬로건과 함께 일본에서 RPA가 어떤 의미인지 알게 했다.

이후에는 여러 국가의 공공 부분 자동화 업무 및 그 효과가 소개되고 있다. 국방, 우체국과 같은 공공 서비스, 일반 행정, 그리고 에너지와 같은 공공사업의 반복적 업무에 RPA가 적용되고 있으며 그 적용범위는 점점 넓어지고 있다. 해외에서 RPA를 공공에 적용하고 있는 몇 사례를 간단히 살펴보면 다음과 같다. 이들은 RPA를 적용해서 내부 업무를 개선하는 것은 물론이고, 민원인 혹은 정부 거래 상대방의 경험 개선 또한 만들어 나가고 있다.

1 신규 연금 신청자에게 빠르게 대응…　　　`영국 공공기관 사례`

새롭게 연금을 청구하는 대기자가 3만여 명이 있는데, 수천 명의 직원이 수천 시간을 일해야 이를 정리할 수 있는 상황이었다. 회사 내에 'Intelligent Automation Garage'라는 디지털 혁신을 위한 아이디어 창구가 있는데, 여기서 RPA를 통한 업무 혁신 아이디어로 신규 연금 청구 프로세스 개선을 제안했다. 단순 반복적인 문서 작성 및 데이터 입력 업무 자동화만을 통해 3만 건을 2주 내에 모두 처리하는 성과를 냈다. 또한 RPA를 통해 주당 2,500건 신규 연금 청구 건 처리를 할 수 있는 역량을 확보했다.

2 직원들의 퇴사율을 줄이고, 본연 업무에 집중할 수 있도록…　　　`미국 봉사 단체`

미국에서 가장 오래된 봉사 단체 중의 하나인데, 직원들의 연간 퇴사율이 40%에 달해 새로운 봉사자를 채용하고 교육하는 것이 항상 부담이 되어 왔다. 그런데 퇴사 사유를 보니 과다한 단순 반복적인 업무로 인한 스트레스가 상당히 큰 비중을 차지하고 있었다. 직원들은 1주일에 꼬박 4시간 정도를 데이터를 복사한 후 시스템에 입력하는 데에만 쓰고 있었는데, 매우 간단한 RPA 개발을 통해 이 업무를 바로 자동화했다. 그 결과 직원들은 드디어 여유 시간을 갖게 되었고, 그 시간을 원래 하고 싶었던 봉사 활동에 사용함으로써 업무 보람을 느끼는 선순환이 나타나고 있다.

3 시민은 늘었는데, 공무원 수는 그대로. 어떻게 서비스 수준을 유지할 수 있을까… `덴마크 시 정부`

지난 10여 년간 지속적으로 시의 거주 인구가 늘었고 그로 인해 민원 업무의 양도 많아졌다. 하지만 공무원 수를 늘리지 않았기 때문에, 기존의 업무 방식으로는 더 이상 민원 서비스 수준을 그대로 유지하기 어려운 상황에 도달해 있었다. 그래서 우선 민원인의 요청이 많은 공공 정보 요청 업무 처리에 RPA를 활용해 봤는데, 그 업무에서만 연간 8,500 시간의 절감을 이루었다. 빠르게 민원에 대응할 수 있게 되자, 민원인의 만족도가 높아짐은 물론이고 공무원의 업무 보람도 커졌다. 이 같은 효과를 본 후, 시 정부는 공무원 개개인에게 로봇 비서를 줘서 민원 업무에 적극 활용하겠다는 계획을 수립했다.

4 자동화를 통해 직원들이 더 높은 수준의 일을 할 수 있다면… `미국 공공기관`

이 기관은 인사(이력서 검토 및 직무적합성 판단), IT(정기적인 시스템 접속 권한 및 패스워드 변경 업무), 그리고 재무(자금 배분 및 기관 자금 관리) 등 여러 업무에 RPA를 활용하고 있다. 단순 반복적인 업무만을 자동화하더라도 그 가치는 매우 크다고 보며 자동화는 예산과 초과 근무시간을 줄여주고 직원들이 더 높은 수준의 일을 할 수 있도록 도와준다는 기대감을 가지고 있다. 이 기관의 RPA 슬로건은 '낮은 가치의 업무로부터 높은 가치의 업무로 전환'이다.

우리나라에도 중앙부처, 지방 자치단체, 교육기관, 에너지 공기업에서 여러 자동화의 사례가 나오고 있다. 비록 적은 수의 단순 업무 자동화라고 하더라도 영향을 받은 민원인의 수는 많을 수 있기 때문에, 공공의 자동화는 매우 의미가 있다.

🔖 공공기관의 미션과 절실한 스피드

공공기관은 민원 업무를 더 잘 처리하기 위해, 새로운 정책을 수립하고, 효율적 운영 모델을 만들며, 프로세스를 최적화해야 하는 미션을 가지고 있다.

하지만 이를 하기 위해 맞닥뜨리는 도전이 실제 만만치 않다. 항상 예산과 인력 부족의 상황에 처해 있으며, 새로운 업무는 법 제정 혹은 개정을 통해서만 추진할 수 있고, 보안과 정보 보호는 민간 기업보다 더 엄격하게 적용된다. 또한, 인구 고령화로 인한 경제활동인구의 감소는 공공기관도 피할 수 없는 위기이다. 그래서 혁신은 공공 기관에게도 부여된 중요한 숙제 중의 하나이다.

2008년 금융 위기 극복 과정에서 중요한 역할을 했던 것처럼, 2020년 금융과 실물 위기가 동시에 우려되는 상황에서 정부의 역할은 더 중요해질 것이 예상된다.

그동안 우리나라는 공공부문의 디지털 혁신에서 상대적으로 강국의 면모를 보여 왔다. 하지만, 언택트 상황에서도 공공서비스를 지속하기 위해서는 더 혁신적이고 더 절실한 디지털 서비스를 키워야 한다. 단순 반복적이며 규칙적인 일은 자동화로 과감하게 덜어낼 필요가 있다.

현재 정부가 재정과 금융정책을 동시에 사용하면서 민간 위기 극복을 지원하고 있는데, 이럴 때일수록 공공 업무의 스피드와 정확성이 중요해진다. 급박하게 정부의 지원을 받아야 하는 개인 혹은 기업을 줄 세워서 기다리게 할 수는 없기 때문이다.

처리해야 하는 일이 빠르게 늘고, 지원 대상 민원인이 급격히 많아지는데, 이를 언제 새로운 시스템 개발이나 공무원을 늘려서 할 수 있을까? 이럴 때일수록 기존의 시스템을 사용하면서도 빠르게 많은 양의 업무를 처리할 수 있는 솔루션이 절실히 요구된다.

RPA는 태생이 그러하니, 지금의 시점에 가장 맞는 혁신 기술이 아닌가 생각된다. 이제 도입이 되고 있는 공공 부문의 RPA의 성장 가능성을 크게 보는 것은 이런 이유이다.

그림 〈공공 업무의 RPA 적용〉과 같이 RPA를 통해 단순 반복적인 업무를 덜어 냄으로써, 보다 시민을 위한 업무에 집중할 수 있는 균형을 잡아 갔으면 한다.

◈ 공공의 RPA

'공공기관의 RPA'가 공공기관 내부 업무의 자동화라고 한다면, 시민

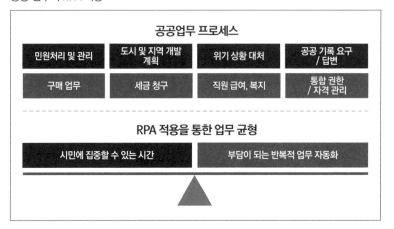

이 참여하는 자동화는 '공공의 RPA'라 할 수 있겠다.

공공의 RPA는 시민들이 아이디어를 제출하고, 사용하며, 그리고 사용에 대한 피드백을 공공기관에 제공하는 것을 의미한다. RPA의 민주화를 공공영역에 적용해 보는 것이다. 그래서 여기서의 RPA는 더 단순하고 더 빠르며, 더 많은 시민들이 혜택을 받는 자동화가 되어야 한다.

공공의 RPA 포털을 상상해 보자. 시민들은 그곳에서 자동화 아이디어를 내고, 자신이 필요로 하는 로봇을 사용하고, 좋은 효과를 내면 공유하고, 그리고 기여도에 따라 획득한 시민 참여 포인트를 쌓아서 사용하는 것이다. 어쩌면 이 상상은 빠르게 현실화될 수도 있겠다는 생각이 든다.

우리나라 공공 기관들은 RPA 도입 단계부터 '공공의 RPA와 민주화'를 감안해 설계하면 좋겠다.

RPA를 학습하고 경험할 수 있는 루트

RPA를 중심으로 새로운 직업과 사업 기회는 이미 생겼고, 그 규모는 점점 더 커질 것으로 보인다.

RPA를 성공적으로 추진하기 위해서는 회사 내부에 RPA 개발자, 운영 인력, 프로세스 혁신가, 업무 분석 전문가, 그리고 자동화 아이디어를 내는 직원이 필요하다. 그리고 기업 외부에는 RPA 개발자, RPA 아키텍트, 인프라 전문가, 그리고 컨설턴트 등 전문가 집단 요구가 늘어나고 있다. 더 나가면, RPA를 중심으로 발전하는 생태계 챗봇, OCR, 마이닝, RPA 포털 등 종사자에 대한 수요가 커지고 있다.

이제 취업을 중심으로 RPA를 생각하는 사람은 기업 내 외부에서 요구하는 다양한 커리어에 도전해 볼 수 있고, 창업을 생각하는 사람은 RPA와 융합될 생태계에서 더 큰 사업의 기회를 찾을 수 있게 되었다.

하지만, 아직도 RPA를 제대로 경험해 본 사람이 많지는 않다. 그래서 혹시나 도움이 되지 않을까 하는 마음에 RPA를 학습하고 경험할 수 있는 루트를 소개해 드리고자 한다.

1 온라인 교육 과정을 먼저 활용해 보자

가장 체계적으로 구성되어 있는 것은 RPA 솔루션 기업이 제공하는 온라인 교육 과정이다. 무료로 제공하는 곳을 찾아서 수강해도 된다. 이들의 RPA 온라인 학습은 크게 비즈니스 트랙과 기술 트랙 두 가지로 구성되어 있다. 전자는 RPA 가 무엇이며 어떻게 준비하면 되는지(과제 발굴, 조직의 구성, KPI 설정, 운영 모델)를 알려준다. 후자는 개발, 서버 운영, 그리고 다른 기술과 RPA를 어떻게 연결해서 사용할 수 있는지를 기술적으로 교육해 준다. 체험 판 제품도 직접 다운로드 받아서 사용해 볼 수 있으니, 이론과 실습을 동시에 경험해 보면 더 좋겠다.

요즘은 RPA 온라인 교육을 제공하는 국내 기업도 있으니, 약간의 교육비를 내고 수강해 봐도 좋을 것이다.

2 오프라인 강의 수강도 해 볼 수 있다

나름 제대로 된 강의장을 갖추고 RPA 오프라인 교육을 제공하고 있는 회사가 있다. 온라인 교육보다는 집중도가 높은 방법이니, 각자의 상황에 따라 선택해 볼 수 있는 옵션이다. 교육에서는 온라인과 유사하게 비즈니스 모듈과 개발자 과정이 제공된다.

3 다양한 온라인 컨텐츠를 활용하는 것도 방법이다

유튜브에 많은 자료가 올라와 있다. RPA에 대한 개념 강의부터 개발자 기초 과정, RPA로 구현한 데모 영상, 그리고 실제 고객 사례까지 참고할 수 있으니, RPA를 편하게 접근하고 싶다면 활용해 보기 바란다.

4 커뮤니티 혹은 밋업(Meet Up)을 활용해 보자

RPA는 국내는 물론이고 글로벌에도 많은 커뮤니티가 형성되어 있다. RPA 개발자가 개발 과정에서 겪게 되는 어려움을 질문하면 서로 답변해주고, RPA 벤더가 새로운 솔루션을 내놓으면 어떻게 활용하면 되는지를 공유한다. 그리고 전문 컨설턴트가 커뮤니티에 참여해 RPA 여정에 대해 조언을 하기도 한다.

RPA 관련 오프라인 밋업도 활용해 볼 만하다. 처음 접하는 사람들을 위한 밋업이나 개발자들을 위한 밋업으로 구성되는 경우도 있으니 자신에게 맞는 모임을 찾아서 참석해도 된다. 내가 근무하고 있는 회사에서도 2019년 수차례 RPA를 처음 접하는 분들을 대상으로 한 밋업과 전문 개발자를 위한 밋업으로 나누어 진행해 봤는데, 두 경우 모두 참여한 사람들의 피드백이 매우 좋았다.

5 RPA 마켓 플레이스에 참여한다

RPA 개발을 좀 해본 사람들이라면, RPA 솔루션 기업들이 운영하는 RPA 마켓 플레이스를 적극적으로 활용해 보라고 권한다. 여기에는 업무별로 자동화를 구현한 다양한 사례들이 게시되어 있으며, 직접 다운로드 할 수 있다. 편리하게 사용할 수 있는 자동화 액티비티도 사용해 볼 수 있다. 더 나아가 자신이 개발한 자동화를 마켓 플레이스에 게시해서 공유하고 직접 피드백을 받아 볼 수도 있으니, RPA를 활용한 사업 기회를 생각하는 사람들에게는 큰 도움이 될 것이다.

6 구글링을 해 본다

RPA 관련 트렌드 문서, 각 기업들의 적용 사례를 소개하는 기사(물론, 부풀려진 내용이 있을 수도 있겠지만, 기업들의 RPA 현황을 파악하는 데 많은 도움이 된다.), 그리고 학구열이 좀 더 있다면 전문 조사 기관 혹은 연구 기관에서 나오는 아티클을 읽어 볼 것을 권한다. RPA는 트렌디한 주제이므로, 맥락을 놓치지 않으려면 이 부분도 중요하다.

Part 8

디지털 인류와 공존 시대,
그리고 열 개의 상상

상상은 책임이 없기 때문에 자유롭다.

그래서 디지털 인력 등장이 바꿀 미래 세상에 대한 상상의 나래를 여기서 한 번 펴 보기로 했다.

RPA 소프트웨어 로봇 는 우리가 일하는 모습을 빠르고 그리고 많이도 바꿔 나가고 있다. 디지털 인류를 창조한다면 다소 거창한 표현일 수도 있겠지만, RPA가 전혀 새로운 개념의 디지털 세상을 열어 나가고 있다는 점에는 이의를 달기 어렵다.

RPA가 더 고도화되고 그로 인해 제대로 된 디지털 인력이 본격적으로 자리를 잡게 되면 세상은 어떻게 바뀌게 될까?

디지털 인류와 공존하게 될 최초의 세대로서, 흥분과 기대 그리고 걱정을 가지고, 지금부터 열 개의 상상을 해 본다. 동의하기 어려운 내용이 있으면, "참 많이도 나갔군"이라고 하며, 재미로 봐 줘도 좋겠다. 상상은 누구나 할 수 있는 것이니까.

1 **첫 번째 상상 : 로봇이 갑자기 스스로 멈춰버린다면?**

영화 터미네이터에서 핵전쟁을 일으키는 것은 기계 로봇인 터미네이터가 아니라 스카이넷이다. 스카이넷은 스스로 학습하고, 판단하고, 진화하는 소프트웨어이자 운영체계이고, 사이버 세상의 플랫폼이며 통치자로 나온다.

소프트웨어 로봇이 어떤 형태로 진화할지는 모르겠지만, 결국에는 사람의 명령에 따르는 도구가 아니라 스스로 무엇을 해야 하는지 말아야 하는지를 판단하는 주체가 되지 않을까? 이 공상 영화처럼….

그 때가 되면 사람이 과연 어떻게 로봇을 통제할 수 있을까? 어떤 것이 선한 로봇이고 어떤 것이 악한 로봇인지, 사람처럼 그들을 구분이나 할 수 있을까? 로봇이 적극적으로 우리 삶에 개입하는 세상을 상상하면 다소 섬뜩하다.

RPA를 도입한 기업 중에 하루 종일 로봇을 사용하지 않는 'No Robot Day'를 운영하는 곳이 있다고 들었다. 불편한 하루를 만듦으로써 RPA를 통한 효과를 직원들이 절감하게 하는 것이다. 물론 로봇이 자동으로 수행하는 업무를 사람이 감사하는 목적도 있다고는 한다. 사람들은 편안함이 일상이 되면, 당연하게 받아들이고 다시 돌아가려 하지 않는다. 이러한 재미있는 시도가 사람들에게 다소 충격적일 수 있는 것은 이런 이유이다.

만일, 로봇이 대부분의 업무를 해내는 세상이 왔는데, 갑자기 멈춰 버린다면? 그것도 한 번에 모두 말이다.

예를 들어 초고층 아파트 밖에 없는 도시 구조를 만들어 놓았는데, 갑자기 정전된 경우를 상상해 보자. 생필품은 배급을 받아야 하기 때문에 반드시 하루에 한 번은 집 밖에 나와야 한다. 평소 이런 상황을 대비해 운동해 뒀더라면 힘들어도 시도는 해 볼 것이다. 그런데 한 번도 정전이 되는 상황을 고려해 보지 않아 아무것도 할 수 없는 사람들은?

편리하고 새로운 기술이 나에게 더 큰 위협이 되는 것은, 이처럼 내가 익숙해질 때 그 기술이 갑자기 사라지는 것은 아닐까? 기술을 사용하는 것도 중요하지만, 기술이 멈추지 않도록 유지하는 것도 중요하다. 어떠한 경우라도 로봇이 스스로 셧다운 하는 것은 막아야 한다. 리셋하는 권한은 오직 사람만이 가지고 있어야 할 것이다.

② 두 번째 상상 : 나의 존재감, 새롭게 정의해야 한다

사람에게 중요한 가치는 무엇일까? 의식주라는 욕구 단계를 넘어서는 성취 단계에서 무엇이 더 중요할까?

일하는 보람을 이야기해 보자. 드물지만 일하는 것 자체로 성취감을 느끼는 사람들이 있다. 이들에게 일은 '긍지'를 갖게 하는 요소이며, 목표한 경지에 도달하기 위해서라면 1만 시간의 법칙을 믿고 같은 일을 수없이 반복하기도 한다.

하지만 다수의 사람들은 단순하고 반복적인 일을 매우 싫어하며, 이로 인한 인간성의 훼손을 걱정한다. 기계는 사람처럼 일을 할 수 있지만 사람은 기계가 될 수 없다며…. 그래서 누군가 내가 하고 있는 이 단순 반복적인 일을 대신해 준다면 나의 삶은 얼마나 행복해질까 하는 상상을 하게 되고 이런 상상은 혁신 기술을 출현시키는 원동력이 된다.

쓸데없는 일이 사라지면, 그로 인해 남게 되는 시간에 더 가치가 있고 더 많은 수익을 낼 수 있는 일을 할 것이라는 다짐을 한다. 주어진 일을 하는 것에서 보람을 찾는 것이 아니라, 내가 원하는 일을 함으로

써 소중한 가치를 찾겠다는 목표를 세운다.

이처럼 자동화는 인간 본연의 가치를 실현하는 데 많은 기여를 할 것이다.

그런데 내가 하고 있는 일을 조금씩 덜어주고 나를 편하게 해 주던 이 녀석이 돌변한다면? 조직 내에서 나의 존재감을 유지해 주던 소중한 나의 일을 슬그머니 가져가더니, 어느 순간부터는 아예 대 놓고 자기 일로 만들어 버린다면?

이때부터는 일과 존재감에 대한 나의 가치관이 큰 혼란을 겪게 될 것이다.

하던 일을 더 잘 해 나의 존재감을 유지하는 것이 아니라, 로봇을 사용해서 창의적인 일을 만들어 내고 그 중심에 내가 서야만 비로소 존재감을 보이는 세상을 맞게 된 것이다. 물론 시간을 두고 벌어질 일이라 당분간은 이를 준비할 여유가 있을 것이라고 생각할 수도 있을 것이다. 하지만 지금 준비하지 않는 사람은 상황이 닥쳐도 준비하지 않는다.

그래서 존재감을 만드는 방법을 빨리 찾아 두는 것이 필요하다. 혹시 멘토라도 있으면 좋겠다는 생각을 해 보겠지만, 안타깝게도 이 혁신적인 변화를 먼저 경험해 본 사람은 없다. 그래서 나 스스로 강해져야 하고 계획은 구체적이어야 한다.

로봇을 사용해 창의적인 생각을 하는 사람이 될 거라는 막연한 목표가 아닌, 똑똑한 로봇과 공존하는 시대에서 나 자신이 자리매김을 할 수 있는 실질적이며 구체적인 가치 영역을 찾고 강화해 나가야 한다. 존재감은 한 번 만들어 놓으면 유지되는 것이 아니라 항상 그 판단의 시점에서 정해지는 가치이기 때문에 남들보다 큰 존재감 혹은 더 나은 존재감을 가지려면 각고의 노력이 필요하다.

3 세 번째 상상 : 로봇이 조직의 중심으로 들어온다

이제까지 그 존재가 없었던 로봇 디지털인력 이 조직 내에 빠르게 들어오고 있다. 이들은 적은 비용으로 채용할 수 있고, 필요에 따라 어떤 일이든 바꿔 줄 수 있고, 미리 정의된 업무라면 교육을 받지 않아도 바로 투입될 수 있고, 그리고 놀랍게도 24시간 지치지도 않으면서 일을 한다.

이들의 수가 조직 내에 크게 늘어난 이후에도, 사람 중심의 조직 구조로 버틸 수 있을까? 더구나 로봇이 단순 반복적인 일을 대신해 주는 비서 수준이 아니라, 내가 해왔던 일의 상당 부분을 가져가서 하는 적극적 업무 주체가 된다면?

이때부터는 나에게 업무를 지시하는 주체와 나의 보고 혹은 업무 처리 결과를 받아주는 대상이 복잡해진다. 어디까지 사람과 일을 나누어야 하는지, 어느 선까지 권한을 줘야 하는지 등 도대체 피곤한 고민이 시작된다.

피할 수 없이, 로봇을 동료로서 받아들여야 하는 순간부터는 그들과의 치열한 경쟁을 염두에 둬야 한다. 로봇은 내가 그동안 잘했던 업무를 너무도 쉽고 빠르게 가져가서, 곱절 이상의 성과를 내버리는 그야말로 무서운 경쟁자가 될 수 있기 때문이다. 더 나가면 아부가 통하지 않는 냉정한 상사가 될 수도 있다. 이쯤 되면 로봇을 비서처럼 활용하겠다는 생각이 얼마나 순진한 기대감이었는지를 알게 될 것이다.

앞에서 이야기 한 것처럼 일본의 한 기업은 RPA 로봇 인사부를 가지고 있다. 로봇 인사부는 로봇을 배포하고, 로봇 업무를 모니터링하고, 에러가 나면 문제를 해결하는 기술 지원 중심의 역할을 한다. 하지만, 만일 로봇 수가 늘어나고, 로봇에 의한 업무가 전체 업무의 절반을 넘게 된다면, 본격적으로 로봇과 사람의 업무 분장, 배치, 권한 부여, 그리고 보상을 담당하는 인사부가 생기지 않을까?

사람처럼 로봇에게 업무 목표를 설정하고, 진행 사항을 보고하게 하고, 결과에 책임을 묻고, 성과에 대해서는 보상하는 시대를 상상해 보자.

▣ 네 번째 상상 : 디지털 인(人)에 대한 법률과 규제

로봇에 대한 규제, 정확하게 이야기하면 로봇이 수행한 업무에 대한 규제를 어떻게 할 것인지는 아직 그 첫 단추조차 채우지 못하고 있는 것 같다. RPA를 규모 있게 시작한 일본조차 로봇이 수행한 업무에 대한 규제 방안을 2018년부터 만들 거라 들었지만 아직까지 구체화되지 않은 것으로 알고 있다.

이는 마치 자율주행 자동차가 교통사고를 일으켰을 때 제조회사를 처벌해야 하는지, 통신 회사를 처벌해야 하는지, 그 차를 소유하고 있는 사람을 처벌해야 하는지, 통신 시그널을 방해한 사람을 처벌해야 하는지가 불분명한 것과 비슷하다.

하지만 디지털 인력에 대한 법 제정과 규제 논의가 향후 매우 광범위한 난제가 될 것이라는 점에는 의문을 갖기 어렵다.

법에서 이야기하는 인人에는 자연인과 법인이 있다. 멀지 않아, 법률이 이 둘에다가 새롭게 디지털 인人을 추가해야 하지 않을까? 보편타당하게 적용되어야 하는 것이 법률이라, 소프트웨어 로봇이 더 큰 규모로 활성화되면, 원하든 원하지 않든 이를 규율하는 법과 규제가 나올 것이기 때문이다.

물론 한동안 법은 기술의 발전과 기업들의 적용 속도를 바라만 보고 있을 것 같다. 그래서 기업들이 스스로 규율하고 관리하는 것은 상당 기간 필요할 것이다. 로봇을 사용할 때 혹은 로봇이 업무를 할 때 지켜야하는 행동 수칙을 미리 정하고 관리 감독함으로써 다가오는 규제에 선제적으로 대응하는 지혜가 있어야 하겠다.

5 다섯 번째 상상 : 여유 시간은 혜택과 특권, 그리고 디지털테크

지금의 시간 활용은 어떠한가?

오전에는 주로 회의, 오후에는 일상 업무, 퇴근 전에는 업무 마무리와 내일 해야 할 일을 정리하고 있을 것이다. 사무직 직원이라면 어느 산업이든 회사의 규모에 상관없이 재미없게도 이 비슷한 시간 활용법을 되풀이하고 있다.

그런데 본격적으로 RPA가 정착된다면?

낮 시간에 내가 해야 할 일, 낮 시간에 로봇에게 시킬 일, 저녁 시간에 로봇이 할 수 있는 일, 그리고 밤새 로봇이 해야 하는 일이 시간대별로 구분되기 시작한다. 이 같은 시간 배분은 지금 내 앞에 있는 디지털 인력으로 인해 가능해진다.

'사람 동료와 고객을 포함 중심'에서 '업무 혹은 로봇이라는 자원 활용' 중심으로 시간 배분의 기준과 방식이 바뀔 것이다.

1995년부터 나는, 당시에는 매우 드물었던, 주 5일 근무를 하는 회사에 다니기 시작했다. 비록 토요일마다 단 네 시간이 사실 대부분의 기업들은 점심 식사까지 했으니 물리적으로는 6시간 나에게 덤으로 주어졌지만, 활용도라는 측면에서는 온전히 하루가 내 것이었다. 그 당시 남들과 다른 주말 활용의 시간 셈법을 가지고 있었던 나는 이것을 매우 특별한 혜택이라 생각했다.

디지털 인력이 많은 회사일수록, 그 조직에 있는 사람들은 1990년대 후반 당시 내가 누렸던 상대적인 만족을 느끼지 않을까? 시간이라는 것이 자산이 되고, 혜택이 되고, 그리고 남들과 차별화할 수 있는 특권이 된다. 결국 자동화의 도입 수준에 따라 디지털 특권층이 생길 수도 있지 않을까?

재테크에서 최고는 내가 놀고 있을 때조차 나의 자산이 스스로 굴러 나에게 수익을 제공해 주는 것이다. 그러면 디지털테크는 로봇이라는 자산을 활용함으로써 내가 쉬고 있는 시간에도 성과를 내게 만드는 것이라 할 수 있지 않을까?

6 여섯 번째 상상 : 언택트, 누가 일하는지 알 필요가 있나?

2020년을 강타한 코로나19의 가장 큰 위협 중의 하나는 거리두기를 통한 접촉과 이동의 제한이 아닐까?

바이러스 확산을 막기 위해 사무직원들은 재택근무를 하거나 교대로 출근하기도 한다. 기업들은 비대면 영업을 강화하고 있고, 물리적 접촉이 요구되는 경제 활동은 이로 인해 큰 영향을 받고 있다.

상상도 못했던 이런 상황이 너무도 갑자기 쑥 우리 일상에 들어왔는데, 이 상황을 불편하게 느끼는 사람이 있는 반면 신기한 경험이라 반기는 사람도 있다. 여하튼, 전혀 해보지 않던 경험은 천천히 스며들 때보다 한 번에 확 왔을 때 오히려 집단의 수용도가 높을 수 있다고 본다. 그래서 코로나19가 진정세로 접어든다고 해도 기업들이 다시 과거의 모습으로 돌아가기보다는 이 극단적 상황과 경험을 바탕으로 새로운 판을 짜겠다는 다짐을 할 것으로 예상된다.

다가오는 세상에서는 디지털 인력이 적절한 직원의 모습일 수 있다. 이들은 사회적 거리두기와 상관없으며, 물리적 공간이 없는 것을 불평하지 않고, 사무실이 없어도 24시간 업무를 할 수 있다. 언택트 Untact 상황에서 기업들이 중단 없는 사업을 하기 위해서는 바로 이런 인력이 필요하다.

역할과 기능 그리고 책임이 중요하며, 이를 누가 하는지는 별로 중요하지 않은 세상이 오고 있는 것이다. 영화 매트릭스를 보면 현실 세계와 가상 세계를 계속 오가는데, 영화를 다 보고 나서도 어디가 현실이고 어디가 가상이었는지 여전히 헷갈린다.

디지털 인력의 업무 범위가 커질수록, 직원은 나에게 업무를 지시한 것이 사람인지 로봇인지, 그리고 고객은 나의 요청을 처리해 주고 있는 것이 사람인지 로봇인지 과연 쉽게 구분할 수 있을까? 아니, 다르게 표현해 보자. 과연 그것이 중요한지? 그리고 알 필요나 있는지?

그렇다. 이런 의문은 지금의 상황에서나 가져 보는 것이지, 그것이 당연한 시점이 오면 질문의 대상조차 아니게 될 것이다.

7 일곱 번째 상상 : 새로운 돈벌이

RPA는 다른 IT기술의 발전을 견인하고 있다.

OCR의 경우, RPA와 연계해 사용 니즈가 커지고 있고, 그러다 보니 산업 내 플레이어가 늘고, 기술의 발달 또한 가속화되고 있다. 향후 인텔리전트 OCR 시장은 RPA의 전개와 함께 크게 성장할 것이 예상된다.

프로세스 마이닝 시장에 대한 관심도 커지고 있다. 프로세스 마이닝 회사들이 RPA와 연계한 태스크 마이닝 솔루션을 내놓고 있으며, 컨설팅 회사들을 중심으로는 프로세스 혁신과 프로세스 마이닝, 그리고 RPA를 묶어서 제안하려는 움직임이 나타나고 있다.

알파고가 AI에 대한 재미있는 붐을 세상에 일으켰다면, RPA는 비즈니스 세상에서 신기술 생태계의 발전을 자극하고 있다. 더 좋은 자동화를 위해 RPA가 신기술의 연결을 요구하기도 하고, 더 큰 사업의 기회를 본 기술기업들이 스스로 RPA 연계 시장에 뛰어들기도 한다.

새로운 먹거리에 RPA가 플랫폼으로 자리를 잡고 있는 것은 참 다행이라는 생각이 든다. RPA 플랫폼은 지금까지 개별적으로 성장했던 신기술들이 시너지를 낼 수 있는 장을 만들어 주고 있기 때문이다. 가트너는 2022년까지 RPA와 함께 제공되는 애플리케이션 통합이 매년 40%씩 증가할 것을 예측하고 있다.

결국 기업들은 ROI가 나오는 곳에 투자를 할 것인데, RPA가 그 중심에 서 있으니, 어떻게 하든 RPA와 연결 고리를 찾아서 사업화 할 것이다. 그리고 이 안에서 새로운 돈벌이의 기회는 계속 등장하고 커질 것이다.

8 여덟 번째 상상 : 신 자본가의 등장

부와 권력은 남들이 가지지 못한 걸 갖고 있거나, 상대적으로 많이 가질 때 의미가 있다. 절대적인 평등 사회는 애당초 존재하지 않으니 말이다. 여러 연구에서 보면 행복이라는 것도 상대적인 개념이라 남들보다 더 많이 무언가를 가지거나 누린다고 판단할 때만 지속적으로 유지될 수 있다.

소유라는 측면과 연결해서 보면, 앞으로 디지털 로봇이라는 자산을 매우 잘 활용하는 신 자본가의 등장을 예측해 볼 수 있다. 이들은 남들보다 디지털 인력을 더 먼저 그리고 더 많이 고용해서, 열 배 혹은 그 이상의 속도로 달려 나가면서 새로운 부를 축적할 것이다.

로봇 격투기를 주제로 한 영화를 본 적이 있다. 오래된 로봇이 신형 로봇을 감동적으로 이겨내는 한 편의 드라마였는데, 그건 어디까지나 영화이기에 가능한 것으로 보인다. 영화에서 절대 강자로 존재하던 신형 로봇의 뒤에는 자본이 있고 조직이 있었다. 현실이었다면 이들은 작고 볼품이 없는 주인공 로봇이 도저히 상상조차 할 수 없을 정도의 힘으로 경기에서 눌렀을 것이다.

디지털 세상에서도 신 자본가는 이처럼 남다른 자본과 조직을 가진 강자일 것이다. 이들에게 로봇은 중요한 자본적 투자재이고, 로봇을 활용해 이전에는 없었던 규모와 스피드를 장착한 서비스를 시장에 내놓을 것이다. 그리고 이들 중에서 로봇이 둘러싸고 있는 생태계를 장악하는 시장의 지배자가 나올 것이다.

그렇게 되면 기업들은 신 자본가가 제공하는 디지털 인력을 직원 혹은 용병으로 사서 쓰게 되지 않을까? 더 혁신적인 기술이나 비즈니스 모델이 출현하지 않는 한, 이들 신 자본가의 역할과 시장 지배력은 점점 더 커질 것이다.

9 아홉 번째 상상 : 새로운 전쟁

역사상 몇 차례의 큰 기술적인 발명과 기계적인 혁명은 사람들이 살아가는 방식을 송두리째 바꿔 놓았다. 그리고 큰 변혁기에는 항상 구세력과 신세력의 크고 작은 충돌이 있었다. 심하게는 새로운 기술을 사용해서 영토를 확장하려는 집단과 기존의 방식으로 영역을 보호하려는 자들 사이에 전쟁이 일어나기도 했다. 때로는 새로운 기술을 가진 자가 그러지 못한 자를 너무 쉽게 지배해 버리기도 했다. 총으로 무장한 유럽 국가들이 아메리카를 식민지로 만든 것처럼 말이다.

남들이 가지지 않은 기술 혹은 같은 종류라 하더라도 확연하게 차이가 나는 기술을 가지고 있는 자들은 이처럼 역사적으로 끊임없이 지배자가 되려는 시도를 하고 있었다.

지금 우리는 디지털 인력 창조라는 새로운 시대를 맞고 있다.

그런데 이 같은 새 세상에 대응하는 모습은, 지금까지의 역사가 그랬듯, 지역 혹은 사람마다 매우 다양하게 나타날 것이다. 아마존 밀림의 부족처럼 동떨어져 사는 사람이 있을 것이고, 어쩔 수 없이 최소한의 경험 수준에서 디지털 인력을 사용해 보는 사람이 있을 것이고, 보다 적극적으로 사용하면서 힘을 키우는 사람이 있을 것이며, 이를 통해 새로운 사업의 기회를 찾는 적극적인 사람도 있을 것이다.

하지만, 한 가지 분명한 것은, 더 많은 디지털 인력을 활용하는 자들은 탐욕스럽게도 이 변화에서 권력을 잡고 영토를 넓히려 할 거라는 것이다. 그들은 '보다 나은 디지털 서비스'라는 순진한 슬로건을 앞에 내 세우고, 디지털 식민지를 하나씩 만들어 갈지도 모른다.

그럼 이 새로운 전쟁에서 살아남기 위해서는 어떻게 해야 할까? 그 답을 쉽게 찾기는 어려울 것이다. 하지만, 어디서 어떤 전쟁이 일어나고 있는지를 아는 것은 방어 혹은 공격 전략의 매우 중요한 첫 단계가 될 수 있다.

나의 디지털 지식과 네트워크를 최대한 가동해 나의 영역 어디까지 어떤 위협이 들어왔는지 파악해 보자. 그럼 이 난국을 스스로 헤쳐 나갈 것인지, 용병을 잘 활용해 이 전쟁에서 선방할 것인지, 아니면 아예 포식자로 전쟁을 선포할 것인지 결정할 수 있을 것이다.

10 열 번째 상상 : 신 종족의 등장. 신인류?

도구를 적극적으로 사용하는 인류는 그 이전의 인류와 다른 종으로 분류되었고, 사고의 범위가 넓어진 인류 또한 그 이전의 인류와 확실히 구분되었다.

그런 측면에서 디지털 인력을 활용하는 인류와 디지털 인력을 활용해 보지 못한 인류의 구분은 어떻게 해야 할까? 태어나면서부터 디지털 인력과 공존할 이 세대는 호모 사피엔스 사피엔스가 아닌 뭐라고 불러야 할까?

디지털 인력의 출현으로 인한 변화는 좀 더 똑똑하거나 덜 똑똑하기의 문제가 아니다. 디지털 인력을 활용해 이전의 인류보다 수천수만 배로 일을 더 빠르고 정확하게 할 수 있는 새로운 차원의 세상을 이야기하고 있는 것이다. 그래서 이러한 고민은 디지털 네이티브와 그 이전의 세대를 구분하는 정도와는 차원이 달라야 한다.

데이터가 종교이고 데이터를 활용하는 인류와 활용하지 못하는 인류는 다르게 구분을 해야 한다는 주장이 있다. 그런데 디지털 인류 디지털 인력을 사용하는 인간 는 데이터라는 객체를 기준으로 한 구분이 아니라, 데이터를 활용하는 주체가 바뀌는 것이므로 그 차원이 더 크다고 할 수 있겠다.

과거 아마존 밀림에서 세상과 단절되어 살다가 발견된 종족을 보면, 그들이 언어와 최소한의 도구를 사용한다는 이유로 과연 우리와 같은 인류라고 정의할 수 있을까 하는 의문이 들 때가 있었다. 그래서 문명화라는 기준으로 이들을 문명화되지 못한 종족으로 구분하고 있는지도 모르겠다는 생각을 했다.

이런 차원이라면 디지털 인력을 활용하며 사는 인간을 새로운 종족이라고 불러야 하지 않을까?

물론 아주 최근까지 수천 년간 문명과 정확하게 말하면 문명의 발전과 단절되어 살아가는 종족이 발견되는 사례를 생각해 보면, 이 두 종족이 공존하는 시대가 한동안 지속될 거라 예상해 볼 수도 있겠다. 하지만, 과거처럼 그 공존의 시기가 길지는 않을 것으로 보인다. 우리는 어느 때보다 시간과 공간의 경계가 낮은 세상에 살고 있기 때문이다.

그리고 여기서 한 가지 더 고민이 생긴다.

디지털 인력을 사용하는 종족과 그렇지 못하는 종족의 구분이 아닌, 디지털 인력 자체를 어떻게 해석해야 하나는 것이다. 생물학적 기준으로는 당연히 인류가 아니지만, 인문학적으로 혹은 사회학적으로는 혹시 이들을 신인류라고 해석할 수도 있지 않을까?

인류는 높은 수준의 생각과 판단을 하는 존재이다.

그런데 곧 디지털 인력도 에너지 _{전기} 만 공급되면 스스로 잠에서 깨고, 계획을 세우고, 다른 도구를 사용해 일을 하고, 판단을 하고, 휴식을 취하게 될 것이다. 이런 차원에서 디지털 인력 또한 사람처럼 주체적인 존재로 봐야 하는 것은 아닌지? 아니면 여전히 사람이 사용하는 객체로 봐야 하는지?

하지만 이들을 인류로 받아들이는 순간, 무서운 상상이 시작된다. 두 종류의 인류가 역사적으로 긴 시간 공존하지는 않았기 때문이다. 그래서 어디까지 디지털 인력을 똑똑하게 만들 건지는 생물학적 인류가 심각하게 고민해야 하는 부분이다.

스티븐 호킹은 AI가 좋은 일을 하고 인류와 조화를 이룰 수 있을 거라는 사람들의 낙관론에 대해 우려했다. 그는 이론적으로 컴퓨터가 인간을 뛰어넘을 수 있기 때문에, 만일 인류가 위험에 대처하는 방법을 익히지 못한다면, AI 발전이 인류 문명에 최악의 사건이 될 수 있다는 경고를 했다.

지금은 어떤 예측도 하기 어렵기 때문에, 이 책에서는 이 질문에 대한 답변을 개방형으로 남겨 두겠다.

○ 비교가 언젠가는 당연이 된다

대형 굴착기 시장이 가장 활발한 중국에서는 상대적으로 소형 굴착기의 판매가 잘되지 않는다. 그 이유는 소형 굴착기의 생산성이 낮아서가 아니라 이를 대체할 수 있는 저임금의 가용 인력이 충분하기 때문이라고 한다.

RPA도 이와 비슷하다.

상대적으로 많은 RPA 개발 인력을 가지고 있는 나라가 인도이지만, 정작 RPA를 주로 사용하는 기업들은 현지 기업이 아닌 글로벌 기업의 현지 지사 혹은 아웃소싱 서비스를 제공하는 글로벌 조직에 불과하다. 아직까지 인도에는 RPA보다 더 낮은 비용으로도 단순 반복 업무에 활용할 수 있는 인력이 많기 때문이다.

그래서 RPA는 인구의 고령화가 급속히 진행되는 선진국일수록 니즈와 활용도가 높다. 그럼 이런 현상이 향후 언제까지 지속될 것인가?

조금 다른 각도에서 RPA를 바라 보자.

'토르'라는 최초의 기계식 세탁기가 나왔을 때, 당시 사람들은 어떤 반응을 보였을까? 지금에서야 인류 역사상 가장 획기적인 발명품이라고 이야기하지만, 처음에는 남아도는 인력으로 할 수 있는 걸 왜 쓸데 없이 비싼 기계를 사서 하려는지 이해를 못하진 않았을까? 손세탁을 업으로 하는 사람들은 일자리가 없어질 거라며, 세탁기를 생산하는 회사 앞에서 데모를 하지는 않았을까?

물론, 아직도 세탁기를 사용하지 않고 손으로 빨래하는 사람들이 지구촌에 수없이 많을 것이다. 하지만, 일단 한 번 써 본 사람들이라면 다시 과거로 돌아가려 할까? 한국에서 갑자기 세탁기가 없어진다면? 한 겨울에 꽁꽁 언 빨래를 녹여본 기억이 있는 세대라면 다시는 돌아가고 싶지 않을 것이다.

여기서 비교와 당연에 대한 질문을 던져 본다.

처음 새로운 기계 혹은 기술이 나왔을 때, 사람들은 기존의 방식과 새로운 것이 제공하는 효율성 및 비용을 비교하기 시작한다. 단순한 비교로부터 복잡한 계산까지 한동안 격렬한 논쟁이 일어날 수도 있다. 이런 과정을 겪으면서 어떤 기술은 사라지기도 하지만, 어떤 기술은 살아남아 꾸준히 사용자를 늘리면서 일상에 스며든다. 그리고 사람들은 어느 순간 이 스며든 기술이 당연이 되어 있는 것을 발견하게 된다.

만약, 어떤 새로운 기술에 대해 이전과의 비교가 계속 일어나고 있다면, 아직 그 기술은 당연의 단계에 들어가지 못한 것뿐이다.

자동화도 그러하지 않을까?

여전히 RPA와 인건비를 비교하는 곳도 있지만, 이미 RPA가 당연이 되어 다시는 예전으로 돌아가기 어려운 단계에 도달한 곳도 있다. 그래서 기업 차원에서 자리를 잡기 시작한 당연이, 앞으로 사회적 혹은 국가적 차원으로도 확대될 것이라 예상해 볼 수 있다.

앞서 인도 국내 기업의 RPA 도입 예를 들었지만, 이는 어디까지나 현재 기준이고, 비록 속도감에서 차이는 있을 수 있겠지만 결국에는 이들도 자동화를 당연으로 받아들이지 않을까?

결국, RPA를 통한 당연화 과정은 예전에 했던 그 단순 반복적인 일을 다시는 하고 싶지 않은 상황으로 가는 것이라 정의해 보고 싶다.

○ 자동화를 당당하게 요구하는 세대가 들어오고 있다

자동화를 빠르게 확산하는 것에는 조직에 새로 유입되는 인력의 역할이 클 수 있다.

2020년 RPA를 중심으로 일어날 변화 예측 중 하나는, '사회에 진출하는 신입직원들은 조직에 자동화를 적극적으로 요구할 것이다.'라는 것이다. 이들은 너무 단순하고 쉬운 일이 결코 내 것이 되어서는 안된다고 생각한다. 지겹고 재미없는 일을 수년간 견뎌낼 만큼의 인내 DNA가 이들에게는 적게 자리 잡고 있기 때문이다.

그래서 이들은 단순 반복적인 일로부터의 나의 부담을 덜어 달라는 당당한 요구를 조직에 한다.

일본이 2010년대 중반부터 경제 가능 인구의 급격한 감소를 맞이한 것처럼, 우리나라도 향후 5년 이내에 급격한 경제 가능 인구 감소를 겪을 것으로 예상된다. 기업이 타이밍을 놓쳐 직원들이 보다 창의적인 일을 할 수 있는 환경을 만들어 두지 않는다면, 과연 그때에도 우수 인재를 채용하고 유지할 수 있을까?

내가 근무하고 있는 회사가 2019년 전국 대학생들을 대상으로 RPA 리그라는 프로젝트를 진행한 적이 있다. 첫날에는 RPA에 대한 소개와 간단한 체험의 기회를 제공했고, 이후에도 약 80시간의 RPA 온라인 교육 및 코칭을 제공함으로써 학습과 실습을 병행하게 했다. 3개월 과정을 마치는 시점에 1박 2일의 해커톤을 했으며, 참가 학생들의 취업과 연계할 수 있도록 잡페어도 진행했다.

컴퓨터 학과 전공자를 포함한 다양한 전공의 학생들이 과정에 참여했는데, 그중에는 문과 학생들과 졸업한 취업 준비생도 일부 있었다.

행사 첫날 한 경영학과 학생이 "저는 문과 학생인데, 이 과정을 잘 해 나갈 수 있을지 걱정이 됩니다. 그리고 RPA를 사용할 수 있게 되면 제 진로에 어떤 도움이 될 수 있습니까?"라고 질문을 했다.

RPA를 통해 생각해 볼 수 있는 다양한 커리어와 기회를 소개해 줬다. 하지만, 정작 중요한 것은 이 학생이 오늘 가지고 있는 새로운 기술에 대한 관심과 학습에 대한 열정이라는 생각이 들었다. 현재 기업들이 당장 필요로 하는 영역을 도전하는 것만으로도 기업의 채용 담당자에게 매우 어필할 수 있을 것이기 때문이다.

해커톤에는 모두 열여덟 팀이 참여했는데, 학생들의 창의성이 돋보이는 간단한 자동화에서부터 기업이 바로 사용해 볼 수도 있을 것 같은 수준 높은 자동화도 결과물로 나왔다. 여행지에서 숙소와 관광지 사이의 최단 거리를 좌표로 찾아 구글맵에 저장해 주는 로봇, 적혈구 모양을 분석해 정상 적혈구와 이상 적혈구를 비교해 건강 상태를 알려주는 로봇, 내가 있는 장소에서 주의해야 할 성범죄자 위치 정보를 찾아 알림을 주는 로봇 등이 소개되었다.

그중 나의 마음을 가장 크게 움직였던 것은 RPA를 활용하는 자신의 하루를 보여준 '카카오톡으로 구현한 나의 비서 로봇'이었다. 이 팀은 이후 회사의 주요 행사에 초대되어 자신들의 자동화 과제를 소개하기도 했다. 집에 있는 PC의 카카오톡과 나의 핸드폰에 있는 카카오톡을 동기화해서, 핸드폰의 카카오톡에서 특정한 명령어 예를 들어 '교통', '숙제'를 입력하면, 집에 켜 둔 PC가 교통 정보 사이트 혹은 학교의 학사정보시스템을 방문에서 내가 원하는 결과를 찾은 후, 카카오톡으로 보내주는 자동화이다.

이 팀은 대학생들이 겪는 일상을 재미있고 가볍게 RPA를 활용해 자동화했다. '나의 귀찮음을 대신해주는 비서'라는 RPA 취지를 가장 잘 살린 것이 아닌가 하는 생각이 든다. 아울러, 이 사례는 직원 주도형의 RPA를 계획하고 있는 기업들에게도 시사하는 바가 크다.

앞으로는 신입직원이 들어와서 이런 재미있는 아이디어를 내고 자동화를 구현해 보일 수도 있을 것이다. 그 창의성에 놀랄 준비만 하지 말고, 이들이 조직에 들어왔을 때 마음껏 아이디어를 펼칠 수 있는 인 프라와 문화를 지금부터라도 만들어 놓아야 할 것이다.

○ RPA 성공의 비밀 레시피?

요리의 일반적인 레시피는 대부분 공개되지만, 필살기는 고수가 인정 한 제자에게만 전수한다. RPA에도 필살기가 있다면 얼마나 좋을까? 하지만, 비즈니스 월드에서 이런 것은 존재하기 어렵다. 진정한 차별 화는 남들이 가르쳐 주는 비법에서 나오는 것이 아니라, 나 스스로 찾 아내서 내 몸에 맞게 활용해야 하기 때문이다.

컨설팅회사의 조언이나 다른 기업의 사례는 RPA를 전개함에 있어 상당히 도움이 된다. 물론 이 책에서 소개하고 있는 부분을 참고해도 궁금한 부분은 어느 정도 해소될 거라고 보인다.

하지만, 그다음에 중요한 것은 내가 먹고 싶은 요리를 내가 맛있게 만드는 나만의 레시피를 정리하는 것이다. 차별화는 여기서부터 본격 화된다.

간단하면서도 어려울 수 있는 식빵 만드는 과정을 RPA와 비교해 보자.

요리사라는 RPA가 있고, 오븐이라는 인프라가 있고, 재료라는 타겟 시스템이 있고, 반죽하고, 발효하고, 굽는 프로세스가 있다. 향후에도 같은 맛으로 식빵을 굽겠다고 생각한다면, 레시피 즉 프로세스 정의 문서를 정리해 볼 것이다.

　참고해 볼 만한 레시피도 쉽게 구할 수 있으니 처음에는 별반 어렵지 않아 보일 수 있다.

　하지만, 막상 내가 만든 빵을 제빵사 혹은, 제빵 명장 가 만든 것과 모양과 맛에서 비교해 보면, 생각이 복잡해진다.

　내가 만들면 하루에 생산할 수 있는 빵의 양이 너무 적거나, 매번 나오는 빵의 모양이 다르다. 그리고 정량대로 재료를 썼는데, 어떨 때는 푸석하고 어떨 때는 질어서 맛이 없다. 도대체 어디서부터 잘못되었는지?

　RPA도 그렇다. 현재 하고 있는 프로세스 혹은 남들이 하는 방식을 그대로 따라 자동화하더라도 동일한 결과물을 만들어 내기 어렵다. 고급스러운 빵을 만드는 비밀의 레시피가 없기 때문이다.

　그럼 나만의 비밀 레시피는 어떻게 만들 수 있을까?

　좀 더 고급스러운 레시피는 그야말로 비밀이다. 그래서 회사에서 치열한 고민을 통해 스스로 찾아내야 한다.

　요리사가 성공의 레시피를 만들기 위해 수없이 칼에 손이 베이고, 기름에 화상을 입는 과정을 되풀이하는 것처럼, 기업이 자동화를 통해 경쟁력을 가지려면 미친 듯이 혁신적이어야 할 것이다.

○ 항상 지금이 중요하다
"RPA는 지금은 물론이고 앞으로도 모든 새로운 IT 기술의 플랫폼으로서 무게 중심이 될 것이다."

"아니다. RPA가 현재 바람을 타고 있는 솔루션임에는 분명하지만, 수년 내에 여러 AI 기술 중의 하나가 될 것이기 때문에 지나친 기대감은 자제해야 한다."

참 때이른 논쟁이지만, RPA가 워낙 빠르게 성장하고 있으니, 충분히 벌어질 수 있는 현상이라 생각이 든다. 결국, 둘 중의 하나가 맞거나, 한 쪽의 주장이 더 그럴듯한 상황으로 갈 것이다. 왜냐하면, RPA는 더 중요한 플랫폼이 되기 위해 AI 기술 등을 연계해 달리고 있고, 다른 기술들은 보다 비즈니스적인 효과를 내기 위해 자동화 기능을 자신의 솔루션에 붙여 넣고 있으니 말이다.

사실 이런 질문을 받을 때, 나는 "그래서 뭐?"라고 반문해 보고 싶다. 항상 가장 중요한 것은 지금이 아닐까?

주도권을 어느 기술이 잡는지를 떠나서, 여하튼 가장 빠른 속도로 진화하는 RPA 중심의 자동화 트렌드를 남의 일처럼 생각하지 않았으면 한다. 국내에서도 대기업을 중심으로 시작한 RPA가 공공으로 그리고 중견기업으로 빠르게 확대되고 있기 때문이다.

냉정하게, 차별화가 어려우면 따라가는 전략이라도 필요하다고 본다.

다행히, RPA 제품 자체가 더 쉽고 안정적으로 구현할 수 있도록 발전하고 있으며, 시장에서의 개발자 증가와 그들의 실력 향상은 더 많은 자동화 수요를 감당할 수 있는 수준으로 가고 있다.

아직 RPA를 도입하지 않은 곳이라면, 지금의 전략은 일단 한번 해 보는 거다. 그리고는 경험과 결과를 조직 내에 공유한다. 물론 운영을 감안해 체계적으로 접근하면 좋겠지만, 거창한 전략과 체계는 파일럿 이후에 만들어도 늦지 않다.

"곧 자동화는 누구나 이야기하는 테마가 될 것이며, RPA는 그 대화의 중심이자 일반 언어가 될 것이다."라고 주장한다면, 이는 지나친 기대감일까? 하지만, 지금의 RPA는 민주화와 개인화의 테마를 가지고 이 방향으로 나아가고 있다.

○ 간단한 맺음

이 책은 독자들로 하여금 RPA를 통한 디지털 혁신의 영감을 갖게 해 드리고자 시작했는데, 오히려 너무 많은 정보를 쏟아부은 것 같아, 책 맺음에 오니 아쉬움이 남는다.

항상 강연할 때 갖는 전달 욕심을 여기에서도 부렸나 보다.

더 알려드리는 것보다는 더 고민하게 해 드렸어야 하는 건데….

다음에는 꼭 그렇게 하리라 다짐을 해 본다.

끝으로 이 책을 쓸 수 있게 용기를 준 모든 분들에게 다시 한번 깊이 감사드린다.

RPA
하이퍼오토메이션 플랫폼

초판 1쇄 발행 2020년 7월 20일
초판 2쇄 발행 2021년 3월 27일

지은이 백승헌
펴낸이 최익성
기획 김선영
편집 송준기
마케팅 임동건, 임주성, 김선영, 홍국주
마케팅 지원 황예지, 신원기, 박주현
경영지원 이순미, 신현아, 임정혁
펴낸곳 플랜비디자인
디자인 올컨텐츠그룹

출판등록 제2016-000001호
주소 경기도 화성시 동탄반석로 277
전화 031-8050-0508
팩스 02-2179-8994
이메일 planbdesigncompany@gmail.com

ISBN 979-11-89580-35-3 03320